本书由
中央高校建设世界一流大学（学科）
和特色发展引导专项资金
资助

中南财经政法大学"双一流"建设文库

创 | 新 | 治 | 理 | 系 | 列 |

# 论政府治理变革与
# 行政法发展

刘茂盛　著

长江出版传媒

湖北人民出版社

**图书在版编目（CIP）数据**

论政府治理变革与行政法发展 / 刘茂盛著.

武汉:湖北人民出版社, 2020.6

ISBN 978-7-216-09976-9

Ⅰ. 论⋯　Ⅱ. 刘⋯　Ⅲ.①国家行政机关－行政管理－研究－中国
②行政法－研究－中国　Ⅳ.①D630.1②D922.104

中国版本图书馆CIP数据核字(2020)第101140号


责任编辑：刘婉玲

封面设计：陈宇琰

　　　　　张　弦

责任校对：范承勇

责任印制：肖迎军

**论政府治理变革与行政法发展**

**LUN ZHENGFU ZHILI BIANGE YU XINGZHENGFA FAZHAN**　　　　刘茂盛　著

| | |
|---|---|
| **出版发行**:湖北人民出版社 | **地址**:武汉市雄楚大道268号 |
| **印刷**:武汉首壹印务有限公司 | **邮编**:430070 |
| **开本**:787毫米×1092毫米　1/16 | **印张**:16 |
| **版次**:2021年4月第1版 | **印次**:2021年4月第1次印刷 |
| **字数**:268千字 | **插页**:2 |
| **书号**:ISBN 978-7-216-09976-9 | **定价**:68.00元 |

本社网址：http://www.hbpp.com.cn

本社旗舰店：http://hbrmcbs.tmall.com

读者服务部电话：027-87679656

投诉举报电话：027-87679757

（图书如出现印装质量问题，由本社负责调换）

# 总　序

　　"中南财经政法大学'双一流'建设文库"是中南财经政法大学组织出版的系列学术图书，是学校"双一流"建设的特色项目和重要学术成果的展现。

　　中南财经政法大学源起于1948年以邓小平为第一书记的中共中央中原局在挺进中原、解放全中国的革命烽烟中创建的中原大学。1953年，以中原大学财经学院、政法学院为基础，荟萃中南地区多所高等院校的财经、政法系科与学术精英，成立中南财经学院和中南政法学院。之后学校历经湖北大学、湖北财经专科学校、湖北财经学院、复建中南政法学院、中南财经大学的发展时期。2000年5月26日，同根同源的中南财经大学与中南政法学院合并组建"中南财经政法大学"，成为一所财经、政法"强强联合"的人文社科类高校。2005年，学校入选国家"211工程"重点建设高校；2011年，学校入选国家"985工程优势学科创新平台"项目重点建设高校；2017年，学校入选世界一流大学和一流学科（简称"双一流"）建设高校。70年来，中南财经政法大学与新中国同呼吸、共命运，奋勇投身于中华民族从自强独立走向民主富强的复兴征程，参与缔造了新中国高等财经、政法教育从创立到繁荣的学科历史。

　　"板凳要坐十年冷，文章不写一句空。"作为一所传承红色基因的人文社科大学，中南财经政法大学将范文澜和潘梓年等前贤们坚守的马克思主义革命学风和严谨务实的学术品格内化为学术文化基因。学校继承优良学术传统，深入推进师德师风建设，改革完善人才引育机制，营造风清气正的学术氛围，为人才辈出提供良好的学术环境。入选"双一流"建设高校，是党和国家对学校70年办学历史、办学成就和办学特色的充分认可。"中南大"人不忘初心、牢记使命，以立德树人为根本，以"中国特色、世界一流"为核心，坚持内涵发展，"双一流"建设取得显著进步：学科体系不断健全，人才体系初步成型，师资队伍不断壮大，研究水平和创新能力不断提高，现代大学治理体系不断完善，国际交流合作优化升级，综合实力和核心竞争力显著提升，为在2048年建校百年时，实现主干学科跻身世界一流学科行列的发展愿景打下了坚实根基。

　　习近平总书记指出："当代中国正经历着我国历史上最为广泛而深刻的社会变革，也正在进行着人类历史上最为宏大而独特的实践创新。……这是一个需要理论而且一定能够产生理论的时代，这是一个需要思想而且一定能够产生思想的时代。"①坚持和发展中国特色社会主义，统筹推进"五位一体"总体布局和协调推进"四个全面"战略布局，实现"两个一百年"奋斗目标、实现中华民族伟大复兴的中国梦，需要构建中国特色哲学社会科学体系。市场经济就是法治经济，法学和经济学是哲学社会科学的重要支撑学科，是新时代构建中国特色哲学社会科学体系的着力点、着重点。法学与经济学交叉融合成为哲学社会科学创新发展的重要动力，也为塑造中国学术自主性提供了重大机遇。学校坚持财经政法融通的办学定位和学科学术发展战略，"双一流"建设以来，以"法与经济学科群"为引领，以构建中国特色法学和经济学学科、学术、话语体系为己任，立足新时代中国特色社会主义伟大实践，发掘中国传统经济思想、法律文化智慧，提炼中国经济发展与法治实践经验，推动马克思主义法学和经济学中国化、现代化、国际化，产出了一批高质量的研究成果，"中南财经政法大学'双一流'建设文库"即为其中部分学术成果的展现。

文库首批遴选、出版两百余册专著，以区域发展、长江经济带、"一带一路"、创新治理、中国经济发展、贸易冲突、全球治理、数字经济、文化传承、生态文明等十个主题系列呈现，通过问题导向、概念共享，探寻中华文明生生不息的内在复杂性与合理性，阐释新时代中国经济、法治成就与自信，展望人类命运共同体构建过程中所呈现的新生态体系，为解决全球经济、法治问题提供创新性思路和方案，进一步促进财经政法融合发展、范式更新。本文库的著者有德高望重的学科开拓者、奠基人，有风华正茂的学术带头人和领军人物，亦有崭露头角的青年一代，老中青学者秉持家国情怀、述学立论、建言献策，彰显"中南大"经世济民的学术底蕴和薪火相传的人才体系。放眼未来、走向世界，我们正以习近平新时代中国特色社会主义思想为指导，砥砺前行，凝心聚力推进"双一流"加快建设、特色建设、高质量建设，开创"中南学派"，以中国理论、中国实践引领法学和经济学研究的国际前沿，为世界经济发展、法治建设做出卓越贡献。为此，我们将积极回应社会发展出现的新问题、新趋势，不断推出新的主题系列，以增强文库的开放性和丰富性。

"中南财经政法大学'双一流'建设文库"的出版工作是一个系统工程，它的推进得到相关学院和出版单位的鼎力支持，学者们精益求精、数易其稿，付出极大辛劳。在此，我们向所有作者以及参与编纂出版工作的同志们致以诚挚的谢意！

因时间所囿，不妥之处还恳请广大读者和同行包涵、指正！

中南财经政法大学校长

---

① 习近平：《在哲学社会科学工作座谈会上的讲话》，2016 年 5 月 17 日。

# 摘　要

　　2013年党的十八届三中全会通过的《中共中央关于全面深化改革若干重大问题的决定》，首次提出推进国家治理体系和治理能力现代化，要求切实转变政府职能，深化行政体制改革，实现有效的政府治理。2014年党的十八届四中全会通过的《中共中央关于全面推进依法治国若干重大问题的决定》，首次系统阐述了全面推进依法治国是实现国家治理体系和治理能力现代化的重要保证。2017年党的十九大报告指明到2035年，我国法治国家、法治政府、法治社会基本建成，国家治理体系和治理能力现代化基本实现。从政府管理到政府治理的转变，是我国治国理政方略的重大调整，是与法制政府迈向法治政府同步进行的过程，这一变革必将深刻影响我国行政法未来发展方向。

　　本书以阐释政府治理的中国语义及其与行政法治的关系为研究的逻辑起点，通过梳理政府治理给以管理为特征的公共行政模式带来的变革，剖析形成于管理模式下的行政法体系在治理变革中面临的困境，并采用结构功能主义方法，探讨回应变革的未来行政法体系的建构路径。除导论之外，全书共分为四章。

　　第一章主要论述政府治理与行政法的相关范畴。"治理"是内涵丰富的概念，"政府治理"有着根植于中国特色社会主义实践的本土语义，"善治"是政府治理能力的表现和结果，政府治理达到"善治"的途径是法治。在中国语境下，政府治理的基本特征是政府主导的多元主体参与，公共权力运行的多向互动，协商与合作为主的治理方式，寓管理于服务之中、以人为本的行政目的。"政府治理"不同于西方学者赋予的"公共治理""元治理"的含义，它更强调政府对市场、社会和公民的责任与终极关怀，既要求政府以人为中心，培育企业、社会公共组织和公民管理国家事务、经济文化事务的能力，又要求政府改革自身体制、转变职能以建成现代政府。从我国政府的治道变迁历史观之，政府治理是对国家统治模式、政府管理模式的扬弃，它兴起于管理危机之中，与法治有着天然的耦合性。政府治理与行政法在政治哲学、内在价值上契合，且以良法善治来建构有限有为的法治政府为共同目标，是国家治理现代化和全面依法治国的重要组成部分。

第二章主要论述政府治理变革管理模式的形式与内容，以及在其影响下行政法的发展走向。政府治理以民主共治革新了权力垄断的管理模式。"治理"具有融合政治和行政的功能，政府治理是描述民主行政的最佳词汇。政府治理和民主行政互为表里，核心特征是民主。1978年以来中国行政法治发展和行政体制改革的历史，是优化政府权力结构并还权于市场和社会的过程，它破除了政府对公共权力的垄断，建立起了相对均衡的权力格局，使得政府与市场、社会之间协商合作处理公共事务成为必要。顺应这一形势，民主原则渗透进公共行政之中，保证了企业、社会公共组织和公民能够以主体身份直接参与公共行政事务。在此背景下，政府治理至少在两个方面改变着中国公共行政模式：一是内在维度变革，即政府对自身组织结构的治理，它要求政府职能由垄断管理转向合作服务，政府组织结构由官僚式管理向扁平化构造优化，政府行为价值取向由效率中心转向公平正义中心；二是外在维度拓展，即政府与企业、社会公共组织、公民对公共事务的协商与合作治理，它表现为以多元主体结构变革"政府—相对人"二元结构，追求公共产品和服务均衡供给的治理目标最优化，促进单一化管理行为向以行政任务为导向的多样化治理行为的转变，更多地选用协商制定规则、公共服务外包、私营化等柔性治理方式。受之影响，行政法发展走向表现出理念与价值取向更加合理、行政主体更多元、行政行为方式更多样、监督与救济需求更多元能动的态势。

第三章主要论述政府治理变革下传统行政法的困境。既有（传统）行政法是在政府管理模式下创制的、以建立法制政府为目标的法律体系，它对政府治理变革的解释与规范效用有限。从理念和价值取向来看，管理模式下的行政法是以保障行政权高效运行和维护公共利益为己任，优先追求法的秩序和效率价值，而治理模式要求行政法控制行政权和保障公民权利，注重法的自由和公平价值。从政府治理的内在维度变革来看，管理模式下的政府职能设定和权力配置缺乏法定化，规范政府体制改革的法律规范缺乏，执行改革措施的程序阙如，且缺乏对改革成果的有效监督和评估。从政府治理的多元主体结构来看，传统行政主体理论不能解释以主体身份参与公共事务的企业、社会公共组织和公民的行政法律地位。行政组织法对治理模式下的政府主导权及其责任、合作共治的界域、非政府主体责任等缺乏规范。从政府治理行为多样化来看，行政行为法对政府行为正当性新基础、对行政法律关系新结构、对行为方式新型式的支持和规制不足，导致行政监督和救济能力降低。它同时呼唤变革单向度的行政程序法，矫正管理模式下有失民主性、单一公法性规则主导、流程性规制僵化的程序状态，改革非政府主体被动参与程序的防御性制度安排。从政府治理关系混合化来看，管理模式下单调的公法性监督与救济机制已无法有效调整公私混合的治理关系，这表现在监督行政中的监督权整合程度较低、对行政过程的监督松弛以及政府专业化监管能力不足，同时在权利救济中，行政诉讼的纠纷解决功能有限、行政审判体制改革后进、多元救济机制功能配置失衡等制约了权利保障的广度与深度。

第四章主要论述政府治理变革的行政法未来建构。公共行政关系是行政法的调整对象，政府治理变革了公共行政的管理模式，行政法要有效规范政府治理，就必须回应变革来重塑结构和调适功能。从结构功能主义视角观之，行政法体系的结构应当在治理理念下构建谦抑的立法、自主的行政、能动的司法和监察，以满足人民对美好生活向往为目标追求，推动行政法在民主行政、行政正确、责任导向、行政自制、双重审查原则下新的发展。在行政组织法方面，应推进政府权力配置与职能定位的法定，构建执行和监督政府体制改革的法定程序和机制，并以行政目标与任务执行为导向，将政府、企业、社会公共组织、公民个体多向互动形成的网络结构从整体上视为行政主体，依此设定行政担保责任来规制政府主导权，厘定公私共同治理的界域，确立非政府主体的辅助责任范围，以及通过辨别具体行为与公权力、公共职能关联的紧密程度来追究相应的责任。在行政行为法方面，应推进以公共行政为面向的行政行为理论革新，建立"规则制定—任务执行"的行政行为体系，采用公法与私法、硬法与软法有机融合、优势互补的混合法治方式，规范和控制政府选择行政行为形式的裁量权，并通过一案一审的司法极简主义将多样化行政行为纳入行政诉讼的受案范围。程序之治是多样化行政行为法治化的关键，行政程序法是未来行政法至为重要的制度组成。行政程序法的制度设计应当将法的公平正义价值融入行政化程序规则中，控制和规范行政权的分享共用，连通政府内部行为与外部行政，注重保障政府治理过程的互动性，设置最低限度程序规则，创制协商制定规则和合作执行行政任务的交互性程序。在行政救济法方面，应推进权力监督和权利救济的机制革新，建立以监察委员会的政治监督为核心、检察机关的法律监督为保障、行政机关的专业监督为关键的权力监督权力机制，同时创新行政诉讼化解行政争议的方式、改革行政审判体制、调整多元纠纷解决机制结构，建立权利中心主义的救济机制。此外，人民法院还应当以司法建议、联席会议等方式协同政府发现并改正治理漏洞，创新治理方式，跨越治理陷阱，展现政府治理的法治之道。

# 目 录

**导 论**

    第一节　研究背景、问题与价值　　　　　　　　　2

    第二节　既有研究成果综述　　　　　　　　　　9

    第三节　研究思路与创新　　　　　　　　　　　23


**第一章　政府治理与行政法的相关范畴**

    第一节　政府治理的范畴解析　　　　　　　　　28

    第二节　政府治理与行政法的关系分析　　　　　49


**第二章　政府治理变革与行政法发展走向**

    第一节　政府治理变革与行政正当性回归　　　　60

    第二节　政府治理的内在维度变革　　　　　　　71

    第三节　政府治理的外在维度变革　　　　　　　81

    第四节　政府治理变革下行政法的发展走向　　　89


**第三章　政府治理变革中传统行政法的困境**

    第一节　传统行政法功能与价值导向的困境　　　94

    第二节　传统行政组织法对多元主体结构的规范困境　　108

    第三节　传统行政行为法对多样化治理行为的规制困境　　122

    第四节　传统行政法对混合性治理关系的监督与救济困境　　136


**第四章　政府治理变革下行政法的未来建构**

    第一节　行政法的结构与功能革新　　　　　　　148

第二节　行政主体多元化的行政组织法建构　　　162

第三节　行政行为多样化的法律控制　　　180

第四节　行政监督与救济的复合多元机制建构　　　201

结语：为了更美好的生活　　　211

参考文献　　　214

导　论

政府治理变革和法治是中国政府现代化建设过程中面临的重大时代课题。政府治理现代化要求转变传统的统治型和管理型公共行政方式，推进治道变革，提高政府治理能力，不断改善公共服务质量。法治是治国理政的基本方式，政府治理的核心在于依法治理，法治化是衡量政府治理现代化的关键标准，政府治理现代化过程亦为法治化过程，目标是建成法治政府。从政府管理到政府治理的转变，标志着我国治国理政方略的重大调适，开启了我国由法制政府迈向法治政府的新征程，这一变革必将深刻影响我国行政法未来发展方向。

# 第一节　研究背景、问题与价值

## 一、研究背景

### （一）治理理论的缘起与发展

过去 20 余年里，治理理论（governance theory）成为国际组织、西方主要国家政府及其学者们推行公共部门改革，应对社会风险和福利国家危机，预防政府与市场双重失灵的分析工具。从词源来看，英文中的"治理"（governance）源自古典拉丁文"Gubernare"和古希腊文"Kybernan"，原意是掌舵、指导或者控制。在传统用法中，它与统治（government）是同义词，表示与国家公务相关的政治和行政活动。[1] 在法文中，"治理"（gouvernance）的含义历经中世纪、古典主义和现代三个发展阶段。中世纪时期，Gouvernance 和 Gouvernaement（统治、政府）、Gouverne（指引）有着相同的词源，三者均表示驾驭某事物，且常相互替换使用，最原始的含义是"船舵"（gouvernail）。[2] 在 18 世纪启蒙哲学中，Gouvernance 成为把开明政府与市民社会结合起来的

---

[1] Jessop B, "The Rise of Governance and the Risks of Failure : The Case of Economic Development", International Social Science Journal (155, 1998), pp.29-45.

[2] ［法］让 - 皮埃尔·戈丹：《何谓治理》，钟震宇译，社会科学文献出版社 2010 年版，第 14 页。

一个理想要素。① 在德文中，"治理"表述为"Steuerung"，该词最初被政治科学用来表示"政治权威塑造其社会环境的能力"，具有"统治"（governing）的含义。② 然而，作为政府改革和社会科学研究的时髦词语，"治理"不再是统治或者管理的替代词，其表现为"一种新的统治过程，一种新的规则，或者以新的方式来管理社会"③。治理的起点是政府出现管理性危机。④ 这一新的治理概念虽不断被学者们赋予新颖内涵，但由于治理理论的学科交叉性以及管理性危机的复杂性与动态性，不同背景下的不同运用，决定了人们对该理论及其概念的多元化理解。

治理概念的基本特征是含糊、宽泛以及富有包容性。⑤ 一般认为，治理作为社会科学的流行概念源起于世界银行在1989年发布的《撒哈拉以南非洲：从危机到可持续增长》，该报告认为多数非洲国家经济发展疲软的原因是缺乏"善治"（good governance），而要实现经济持续增长，关键是要化解其治理危机（the crisis of governance）。⑥ 报告中的"善治"涉及非洲国家与其社会之间关系的诸多宏大问题，此概念更像是在为援助政策的失败作辩护；换言之，正是这些国家的不良治理（bad governance）导致了原本完善的援助计划无法稳定实行⑦，这有别于西方国家制度语境下的"治理"。1992年，世界银行的年度报告《治理与发展》中对"治理"的定义是"为了发展而运用权力以管理国家经济和社会资源的一种方式"。⑧1995年，全球治理委员会在《天涯成比邻》的报告中

---

① Gaudin J P, "Modern Governance, Yesterday and Today : Some Clarifications to be gained from French Government Policies", International Social Science Journal（155, 1998）, pp.47-56.

② ［英］雷纳特·梅因茨：《统治失效与治理能力问题：对一个理论范式的评价》，载俞可平主编《治理与善治》，社会科学文献出版社2000年版，第202～203页。

③ Rhodes R A W, "The New Governance : Governing without Government", Political Studies（4, 1996）, pp.652-667.

④ Merrien F X, "Governance and Modern Welfare States", International Social Science Journal（155, 1998）, pp.57-67.

⑤ 让-皮埃尔·戈丹认为，现代"治理"术语发端于北欧国家。See Gaudin J P, "Modern Governance, Yesterday and Today : Some Clarifications to be gained from French Government Policies", International Social Science Journal（155, 1998）, pp.47-56. 阿里·卡赞西吉尔认为，20世纪70年代，治理作为对统治危机的反应，便已受到广泛的注意。See Kazancigil A, "Governance and Science : Market-like Modes of Managing Society and Producing Knowledge", International Social Science Journal（155, 1998）, pp.69-79.

⑥ World Bank, Sub-Saharan Africa : From Crisis to Sustainable Growth, Washington, D.C. : WB, 1989, p.xii, 60.

⑦ Mkandwire T, " 'Good Governance' : The Itinerary of an Idea", Development in Practice（4/5, 2007）, pp.679-681.

⑧ World Bank, Governance and Development, Washington, D.C. : WB, 1992, p.1.

指出"治理是个人和公私部门管理其共同事务的诸多方式总和。在这一过程中，冲突或多元的利益能够和解并采取合作行动，且包括要求他人服从的正式制度和符合普遍利益、得到广泛支持的非正式制度安排"。① 在国际组织的界定之外，西方学者对治理概念所做的解释亦是众说纷纭。罗西瑙认为，治理是指主体活动中以目标框架、问题导向和政策追求为表现形式的控制机制和规则体系，其包括政府机制，也包括其他非正式、非政府的活动机制。② 在塞纳克伦斯看来，治理要求政府不应是合法权力的唯一垄断者，而应由各种政府性和非政府性组织合在一起来负责管控公共事务。③ 在广泛地使用中，治理概念非但没有变得愈发清晰，反倒演变成一个无所不包的术语，愈发显得有名无实。④

这样一个含义模糊的概念却受到了不同学科和流派的学者们高度关注和接纳，成为连通学科间的"桥梁"，然而为了使问题讨论处于同一框架之内，学者们需要发现治理适用的具体领域。赫斯特归纳出治理概念适用的五个领域，即经济发展、国际机构及其制度、公司治理、新公共管理战略、通过网络与伙伴关系和协商论坛发展起来的公私部门之间协调活动新实践。⑤ 在此基础上并借鉴罗德斯等人研究成果，克斯伯根和瓦尔登归纳出治理适用的九个领域，即经济发展领域的善治、国际关系中"没有政府的治理"、自组织中"没有政府的治理"、市场及其制度的经济治理、私人部门"善治"的公司治理、公共部门"善治"的新公共管理、一般意义的网络治理、多层次网络治理以及私域的网络治理。⑥ 斯托克则从广义公共行政学视角提出了研究治理的五个论点。⑦ 这些理论成果在论证治理理论基础之外，提醒着研究者在研究和运用该理论时要辨析治理概念在不同背景下的特定含义。

---

① The Commission on Global Governance, Our Global Neighborhood, Oxford: Oxford University Press, 1995, p.23.
② Rosenau J N, "Governance in the Twenty-first Century", Global Governance (1, 1995), pp.13-43.
③ De Senarclens P, "Governance and the Crisis in the International Mechanisms of Regulation", International Social Science Journal (155, 1998), pp.91-104.
④ Smouts M C, "The Proper Use of Governance in International Relations", International Social Science Journal (155, 1998), pp.81-89.
⑤ Hirst P, "Democracy and Governance", Pierre J. eds., Debating Governance: Authority, Steering & Democracy, Oxford: Oxford University Press, 2000, pp.14-19.
⑥ Kersbergen K V, Waard F V, "'Governance' as a Bridge between Disciplines: Cross-disciplinary Inspiration Regarding Shifts in Governance and Problems of Governability, Accountability and Legitimacy", European Journal of Political Research (2, 2004), pp.143-171.
⑦ Stoker G, "Governance as Theory: Five Propositions", International Social Science Journal (155, 1998), pp.17-28.

在模糊的概念之下，治理理论对法律等正式制度的态度是鲜明的，绝大多数观点肯定了法律在治理中的效用。1989 年，世界银行的报告便指出，非洲国家治理危机的根本原因是法制松弛和执法随意，导致政府成为国家精英谋取个人利益的机器，所以必须建立起尊重法治的多元化体制结构以保障言论自由和人权。[1] 1996 年，世界银行创制的"全球治理指数"亦是从"法治"等 6 个维度来考察全球各经济体的治理状况，这里的"法治指数"在于揭示公民对社会规则的信任和遵守程度，评测内容包括合同执行、财产权保护、对警察和司法的信任以及犯罪与暴力发生的可能性。[2]

概而论之，西方学者研究发展中国家或地区治理状况时往往强调法制建构和法治的重要性，而在讨论西方国家时更关注治理方式对传统法治的挑战，焦点从"应当如何"转向了"实际如何"。[3] 这既说明治理的制度基础在不同国家或地区是有差异的，也揭示出法治是治理的基本要求，缺乏法治的治理不仅无法实现善治，还可能落入治理陷阱。

### （二）治理理论的中国关注与本土化探索

作为全球性实践与理论研究的前沿热点问题，治理理论引起了我国学术界的关注，有关对该理论的译介、应用与本土转化的探索蔚然成风，研究范围覆盖了国家治理、政府治理、社会治理、乡村治理等诸多领域。总体上讲，中国学者注意到了治理与法治的内在契合，主张国家治理现代化与法治国家建设的同步推进。俞可平认为，法治作为善治的十大基本要素，是善治的基本要求，善治建立在法制健全、尊重法律和法治秩序之上。[4] 张文显认为，现代法治将良法的基本价值融入国家治理，提供了善治的创新机制，法治对国家治理现代化具有根本意义和决定作用。[5] 在治理概念的本土转化中，通常认为"政府治理"

① World Bank, Sub-Saharan Africa : From Crisis to Sustainable Growth, Washington, D.C. : WB, 1989, pp.61-192.

② Kaufmann D, Kraay A, Mastruzzi M, The Worldwide Governance Indicators : Methodology and Analytical Issues, World Bank Policy Research Working Paper : no. 5430, Washington : WB, 2010, p.4.

③ Stoker G, "Governance as Theory : Five Propositions", International Social Science Journal（155, 1998）, pp.17-28.

④ 俞可平：《论国家治理现代化》，社会科学文献出版社 2014 年版，第 28 页。

⑤ 张文显：《法治与国家治理现代化》，《中国法学》2014 年第 4 期。

一词较为适当地反映了我国治理实践，是符合中国语境的概念。①

国家顶层设计亦注重政府治理与行政法治的融合汇通。党的十八届三中全会通过的《中共中央关于全面深化改革若干重大问题的决定》将"完善和发展中国特色社会主义制度，推进国家治理体系和治理能力现代化"作为全面深化改革的总目标，强调"有效的政府治理，是发挥社会主义市场经济体制优势的内在要求"，"坚持系统治理，加强党委领导，发挥政府主导作用，鼓励和支持社会各方面参与，实现政府治理和社会自我调节、居民自治良性互动。坚持依法治理，加强法治保障，运用法治思维和法治方式化解社会矛盾"。党的十九大指明到 2035 年，法治国家、法治政府、法治社会基本建成，各方面制度更加完善，国家治理体系和治理能力现代化基本实现。

## 二、研究问题与动机

政府治理与法治是当代中国改革与发展中的重大理论与实践课题，探究适应政府治理的法治体系是行政法学研习者的时代使命，因此这里将政府治理变革下行政法发展作为研究对象。

首先，政府治理变革带动了公共行政转型，呼唤行政法革新。政府治理的核心观点是对管理模式公共行政的批判，它揭示了管理的正当性危机和公共行政民主化发展趋势，主张赋予企业、社会公共组织、公民参与公共行政的主体身份，广泛地采用协商、合作、妥协等柔性方式治理市场和社会，建立多元主体共建、共治、共享的网络化合作行政格局。然而，当前行政法对公共行政的制度安排和运行机制尚未完全脱离管理模式思维。"政府—行政相对人"关系结构仍是行政法制度设计的基本假设，政府及其权力是制度设计的基点，由此形成政府权力纵横配置失衡与"行政权—相对人权利"结构失衡同时并存的局面，导致政府仍主要依赖强制型、控制型行为方式。因此，根据政府治理的多元主体结构、多样化行为方式等变革，建构与之接轨的行政法体系是紧迫且重要的问题，但国内少有学者对这一问题展开系统地研究，这是促成笔者系统研究政

---

① 娄成武等：《中国社会转型中的政府治理模式研究》，经济科学出版社 2015 年版，第 155 页。

府治理变革对行政法发展影响的制度与法理的动机。

其次，中国行政法亟须建构适应中国特色社会主义的理论与制度体系。我国行政法(学)的外形和渊源受苏联、德国等国家行政法影响较大。经过多年发展，行政法律制度的本土化建构取得了长足进步，极大促进了政府依法行政能力的提升，保障了行政相对人的合法权益。然而，在经济社会快速发展转型的环境中，我国行政法始终疲于应付公共行政的现实需求，没有完成自身的理论与制度体系化。伴随中国特色社会主义制度基本成型，中国行政法的价值理念、制度安排与制度目标已逐步明确，即建成法治政府，实现国家治理体系和治理能力现代化。我们应当有足够的自信，以政府治理变革为契机，反思政府管理模式下形成的行政法律制度，建立与政府治理现代化相适应的中国行政法体系。

# 三、研究价值

政府从管理迈向治理的变革，是我国治国理政方略的重大调适，它预示着公共行政模式将发生根本性变化。作为调整公共行政的部门法，行政法应当关注这一变革，并通过回应变革的新需求，建构起新时代的中国行政法体系。因此，对政府治理变革下行政法发展的研究具有重要的理论与实践价值。

## （一）理论价值

### 1. 完善行政法本土化建构的理论体系

理论生成于特定社会历史文化之中，中国行政法根植于中国公共行政实践。然而由于诸多原因，我国当前行政法体系是"舶来品"，受德国、苏联等国家行政法影响较大。本书不是要否定前辈学者对行政法本土化的努力，而是以这些努力为起点，延续行政法本土化理论体系建构的探索。政府治理是中国特色的治理实践，中国行政法本土化建构理应系统、全面地回应这一公共行政发展与变革。因此，本书试图从行政法的结构与功能展开，探讨行政法理念与基本原则、行政主体、行政行为、行政救济等理论范畴在政府治理变革下的新发展，以此推动中国行政法体系化建构。

### 2. 拓展行政法的理论范围与方法

传统行政法学研究是以行政行为的法律控制和司法审查为中心的形式法治

进路，注重行政法律规范的创制与解释，关注政府外部行为，以制约行政权为重点，主要采用法教义学方法。在治理理念下，政治与行政、政府与市场和社会、政府内部与外部行为的界域划分不再清晰，或者说它们的界域本来就是模糊的，治理理论只是撕破了掩饰的"面纱"，同时这也改变了立法、行政和司法在国家治理体系中的功能定位。在维护行政法结构秩序稳定的立论前提下，本书将重点研究如何增强行政法对民主政治、多元主体、多样化行为、混合性关系下权力监督和权利救济等的规范与解释力，寻找形式法治与实质法治的融合路径，这势必将传统行政法研究拓展至政治、协商与合作的权力分享、内部与外部行政的衔接、新的监督体制、权利救济的新制度等领域，同时采用法教义学等多学科研究方法，探索将行政法的权力规范功能和对政府治理现代化的建构功能有机统一起来。

### （二）实践价值

**1. 有助于促进政府治理现代化和法治政府建设、规范公共权力运行、保障公民和其他组织的合法权益**

法治政府是政府治理现代化题中应有之义，政府治理现代化实现的关键标准是法治政府建成。本书从政府治理变革切入，研究从管理迈向治理的中国公共行政现代化发展，探讨回应这一发展的行政法理念与基本原则、多元主体结构建构、行政行为范畴拓展以及能动的监督与救济体制架构。这将为治理变革中出现的法律难题提供可资借鉴的理论解释和制度建构的建议，同时提出的新理念也有助于提升公务员的法治能力，从而促进公共权力规范运行，保障公民和其他组织的合法权益，实现公共行政服务人民的根本目标。

**2. 有助于健全和完善中国特色的行政法律体系**

党的十九大明确提出，我国到 2035 年将基本建成法治国家、法治政府、法治社会，国家治理体系和治理能力现代化基本实现。中国特色社会主义法律体系尽管已基本形成，但仍然存在不少法律空白，特别是行政法领域，如行政组织法、行政程序法等基本法律阙如，这是法治政府建设中必须填补的空白。同时，行政立法必须与政府治理现代化同步推进，满足政府治理的实践需求。本书正是从政府治理变革切入来研究行政组织法、行政行为法和行政救济法的完善，所提方案与制度建议可以为有关立法提供参考。

**3. 有助于为人类命运共同体的制度建构提供治理与法治的中国经验**

当今全球治理秩序是西方发达国家主导建立的，由于这些国家在经济、科技、人文等诸领域早已形成难以动摇的先发优势，造成国际经济与政治秩序的实质不平等。治理理论不仅植根于西方自由主义主流价值观，而且一开始就有为这些国家国际援助失败辩护的理论倾向，即用西方标准裁剪他国治理实践，将援助失败归咎于受援国家不完善的治理体系。人类命运共同体的全球治理观就是要打破这种不平等，而中国改革开放以来取得的成就，使之有责任为全球治理包括发展中国家治理提供相关经验。本书对中国政府治理变革与行政法发展的研究希望可作为有关经验推介的文献资料。

# 第二节　既有研究成果综述

## 一、国外文献综述

### （一）既有研究成果

在研究治理与法治的国外文献中，学者们通常使用英文"governance"一词，或者为了突出治理在公共行政领域的特征以及与新公共管理的区别，亦会使用"public governance"[1]，而极少使用"政府治理"（译为 government governance 或者 governmental governance）一词，这一概念主要为中国学者所用[2]。要而论之，现有文献普遍认为当代法律思想和内容应当积极革新以回应治理模式的兴起。[3]

---

[1] Hill C J, Lynn L E, "Governance and Public Management : An Introduction", Journal of Policy Analysis and Management（1，2004），pp.3-11.

[2] 这一差异产生的原因在于中外制度基础不同，西方学者研究"统治"到"治理"的演进，是政府逐渐成为与市场、社会共同管理公共事务的平等主体过程，"治理"概念已经涵盖了这一变化。但我国是政府主导的社会和市场，"政府治理"概念突出了政府在治理中的地位。参见包国宪、郎玫：《治理、政府治理概念的演变与发展》，《兰州大学学报（社会科学版）》2009 年第 2 期。

[3] Lobel O, "The Renew Deal : The Fall of Regulation and the Rule of Governance in Contemporary Legal Thought", Minnesota Law Review（2，2004），pp.262-390.

从内容上看，这些研究大体可分为：有关治理与法治之间关系的论述和有关协商制定规则、公私合作、公共职能私营化等治理变革对行政法治影响的论述。[①]

### 1. 治理与法治之间关系的论述

在该类文献中，绝大多数观点认为治理与法治是同向变化关系[②]，且注重透过治理指数来揭示二者发展状况，回应政策制定者和公众的关注。治理的指标数值往往被视为一国或者地区的治理水平和法治程度的事实，可以直观反映出治理和法治的复杂结构及其措施运行情况，是发现二者运行中问题所在的工具，但是指数的功能有其局限性，即不能用以预测政府未来的治理和法治行为，也不能作为政府行为必须遵循的概念框架。[③]为进一步揭示影响治理效果的具体法治指标，有学者将"全球治理指数"的"法治"区分为以法律制度完整性、正当程序为特征的"法治指标Ⅰ"和以宪政民主、言论自由和问责为特征的"法治指标Ⅱ"，并发现改善"法治指标Ⅰ"会增强治理的透明度，但有效的治理依赖于"法治指标Ⅱ"的相关制度建设。[④]对于治理灵活性与法治确定性之间的冲突，有学者认为需要转变法律思维和机构设置，发挥法律工具作用，应对复杂的治理风险。[⑤]但也有人认为，治理与法治之间良性互动的关键在于法律的有效遵守和实行，因此必须强化对执法者的培训以提升其能力。[⑥]

### 2. 治理变革下行政法治发展的论述

这类文献基于治理理论对国家统治、政府管理模式的批判及公共治理实践而展开，反思传统公法应时治理变革的迟钝，阐述了政府与社会、市场合作管

---

[①] "私营化"是英文"privatization"的中译名称，它与"公共"相对应，恰当描述了政府职能向市场和社会的转移结果，故本书使用"私营化"一词。我国文献中亦常将之译为"民营化"，其源于解释国有企业、公用事业单位市场化改革过程中对产权的界定和改制结果，是经济领域的常用词汇。有观点认为，"私营化"有着较强的意识形态意蕴，不适合用以对非政府主体参与行政任务的概括。参见章志远《私人参与警察任务执行的法理基础》，《法学研究》2011 年第 6 期。

[②] Kaufmann D, Kraay A, "Governance Indicators : Where are we, where should we be going ? ", The World Bank Research Observer (1, 2008), pp.1-30.

[③] Botero J C, Nelson R L, Pratt C, "Indices and Indicators of Justice, Governance, and the Rule of Law : An Overview", Hague Journal on the Rule of Law (2, 2011), pp.153-169.

[④] Lane J E, "Political Modernisation : The Rule of Law Perspective on Good Governance", Open Journal of Political Science (1, 2015), pp.13-25.

[⑤] Ebbesson J, "The Rule of Law in Governance of Complex Socio-ecological Changes", Global Environmental Change (3, 2010), pp.414-422.

[⑥] Sachiko M, Durwood Z, "Rule of Law, Good Governance and Sustainable Development", http://www.inece.org/conference/7/vol1/05_Sachiko_Zaelke.pdf.

理公共事务和提供公共服务的正当性与合法性①，以及探索构建规范公私合作的行政法新体系。从行政过程来看，治理主要包括创制行为规则和执行规则两个环节，故下文以此为切入点来归纳分析国外行政法治的新发展。

（1）多元主体协商制定规则方兴未艾，政府单一制定规则的法治框架动摇。在统治和管理模式下，行政立法、政策、措施等规则制定权属于行政保留范畴，公众虽可以向制定机关表达对拟定规则的意见与建议，但作为受规则规范的相对方，无法以主体身份参与并影响规则的制定。治理理论则主张公众有权直接参与到规则制定过程中，有效的规则应是政府与公众协商的结果，"协商"是公共行政规则创制环节的核心特征。

在美国，1990 年颁行的《协商规则制定法》是规范政府与公众协商订立公共行政规则的基本法律。该法要求，行政机关计划对拟定规则进行协商前，须出于公益目的，先行确定协商规矩，并将协商委员会人员构成名单公布于《联邦登记》之上，以便于公众获悉而参与其中；对于可能受到拟定规则影响或者认为其利益难以被规则拟定机关提出的代表者所代表的个人或者其提名者可以申请为委员会人员，这些委员代表相关利益者商议拟定规则。② 该法实施后，"协商"成为联邦政府机构制定规则的程序之一，但适用该方式制定的规则仍属少数，且理论界亦对协商制定规则有不同观点。支持者认为，协商制定规则是行政法对公共治理变革的有效回应，有助于提升公共政策质量。其代表性学者有朱迪·弗里曼、菲利普·J. 哈特等。朱迪·弗里曼认为，协商程序不会导致当事人双方的激烈对立，当事人讨价还价也并非仅立足于个人利益，相反在信息共享等措施之下，双方都会趋向于促进公共利益的最大化实现，并且规则基于合意达成，使得执行顺畅且诉讼风险降低，这已经在《设备泄漏规则》和《防止跌落规则》的制定和实施中得到了证明。但她也承认，这一治理方式是有局限的，如适用范围有限、协商的零和博弈风险、缺乏激励性制度措施、社会组织参与有限等。③ 通过分析来自美国国家环境保护局研究人员调研协商行政立法获得的数据，弗里曼和兰贝恩发现协商提升了规则的正当性效益（即规则的可接受性），建议行

---

① 国内文献中 legitimacy（正当性、正统性、合法性）和 legality（合法性、合法律性）并无统一翻译。在法学研究中，legitimacy 多译为"正当性"，legality 译为"合法性"（即符合法律规定），本书正文部分采用该译法。

② Negotiated Rulemaking Act（NRA）of 1990, Sec.583（a），584（a）（b），https://www.congress.gov/bill/101st-congress/senate-bill/303/text.

③ Freeman J，"Collaborative Governance in the Administrative State"，UCLA Law Review（1，1997），pp.1-98.

政机关广泛适用协商方式制定规则，同时希望公共财政资助弱势群体，使之能够充分参与协商，以及增加经济学专家等专业人士参加协商委员会。[①] 菲利普·J.哈特认为，反对者提出的协商效率低、未能降低诉讼概率等观点，是因为所用分析方法有瑕疵，如没有区分司法机关实质性审查协商委员会达成一致意见的规则、行政机关对委员会合意规则作出重大变更的、申请者和行政机关对次要事项达成合意等不同情形。[②] 反对者认为，协商模式不会系统性改善公共政策质量，而会弱化政府责任。代表性学者卡里·科格里安尼斯认为，协商程序不仅没有实现预期功用，而且行政机关会借此规避相关职能履行的责任，同时协商制定规则也没有实现节约时间和资源、减少诉讼发生的工具性目标[③]，此外协商达成共识的成功率极低，支持者是回溯证明该方式的重要性[④]。针对哈特的一系列论点，他认为对方的论证方法有悖于实证分析的最基本原则，如未能提炼出衡量协商制定规则效果的明确标准，未适用同样的标准分析比较协商方式和传统方式的优劣，以及未对协商失败的情形予以充分剖析。[⑤]

有关协商制定规则的另一争论焦点是，协商方式能否实现多元主体参与公共行政的民主价值。在支持者看来，主体的参与能力存在强弱差别，这确实会影响到协商效果，但参与本身就是民主的实现过程，参与能力是可被改进的技术性因素。哈特认为，各方代表直接协商的方式就是一种代议制民主，其虽未被（美国）行政程序法明确承认，却创造出了实质上更好并广为接受的规则。[⑥] 对此，反对者认为，协商制定规则不能实现民主的价值目标。苏珊·罗斯-阿克曼指出，挑选参加者是影响协商结果的最重要环节，这些代表者应当具有组织性、相近的专业知识和谈判技巧，但是实力雄厚的利益集团的代表者通常更为优秀

① Freeman J, Langbein L I, "Regulatory Negotiation and the Legitimacy Benefit", New York University Environmental Law Journal（9, 2001）, pp.60-151.
② Harter P J, "Assessing the Assessors：The Actual Performance of Negotiated Rulemaking", New York University Environmental Law Journal（9, 2001）, pp.32-59.
③ Coglianese C, "Assessing Consensus：The Promise and Performance of Negotiated Rulemaking", Duke Law Journal（6, 1997）, pp.1255-1349.
④ Coglianese C, "Is Consensus an Appropriate Basis for Regulatory Policy？：Regulatory Policy Program Working Paper：RPP-2001-02", Cambridge, MA：Center for Business and Government, 2001, p.37.
⑤ Coglianese C, "Assessing the Advocacy of Negotiated Rulemaking：A Response to Philip Harter", New York University Environmental Law Journal（9, 2001）, pp.386-448.
⑥ Harter P J, "Assessing the Assessors：The Actual Performance of Negotiated Rulemaking", New York University Environmental Law Journal（9, 2001）, pp.32-59.

且易于获得谈判所需的技术和科技信息，从而能引导协商过程走向有利于该集团的结果，所以除非所有的利益团体都可以获得充分的代表，否则协商过程就不具有民主正当性。[1]事实上，由于保障协商制定规则的财政经费紧张及相关支持部门的积极性降低，美国联邦政府机关越来越少适用这一方式来制定规则[2]，但是美国学者对该方式在增进法律的平等性保护方面给予了希望[3]，并建议改革协商的参与程序，即在不牺牲既得利益或者恶化当前问题的基础上，创新制度设计，如设立独立咨询机构，确保行政机关能获悉公众对拟定规则的不同意见，增强政府抵御组织化利益的能力及公民参与治理的意识[4]。

不同于美国联邦体制，欧洲国家有着中央集权和单一制国家结构的传统，这些国家政府在面对多元社会利益时通常表现出较为强势的姿态，因此与私人利益团体的协商带有纵向、非正式等的特征。在英国，协商是政府制定公共行政规则（如规定技术标准）过程中广泛适用的非正式机制。1998年，英国颁行了不具有法律强制力的《良好规制指南》（*Better Regulation Guide*），后于2000年修改为《咨询实务准则》（*Code of Practice on Consultation*）。根据该准则，任何团体或者部门（如小型企业、第三部门组织）如果认为受到了公共政策的不利影响，或者可能受到提案中拟定文件内容的不适当影响，政府应当适用咨询程序听取他们的不同意见，依此修改或者废除新政策的部分规定，或者采用新方法谋求特定团体或部门的支持来确保规则的执行。[5]在德国，法律严格遵循法治和保护私权原则，坚持通过制定法来约束行政行为。在正式的行政法律体系之外，协商主要用于经济领域中政府和企业之间的沟通，以避免公共政策出现"一刀切"的规定。德国学者对美国的协商制定规则和非正式行政方式有着强烈的研究兴趣，并从理论上归纳出了非正式行政行为的类型，如替

① Ackerman S R, "Consensus versus Incentives: A Skeptical Look at Regulatory Negotiation", Duke Law Journal(6, 1994), pp.1206-1220.
② Lubbers J S, "Achieving Policymaking Consensus: The (unfortunate) Waning of Negotiated Rulemaking", South Texas Law Review (49, 2008), pp.987-1018.
③ Boyd M, "Unequal Protection under the Law: Why FDA Should Use Negotiated Rulemaking to Reform the Regulation of Generic Drugs", Cardozo Law Review (35, 2014), pp.1525-1586.
④ Cuellar M F, "Rethinking Regulatory Democracy", Administrative Law Review (2, 2005), pp.441-500.
⑤ Code of Practice on Consultation, 3rd version, https://www.gov.uk/government/uploads/system/uploads/attachment_data/file/100807/file47158.pdf.

代行政规则的协议、政策计划与控制方案、调解、初始协商和承诺协议。① 此外，瑞典、挪威、捷克、加拿大、日本、韩国等国也都确立了公众参与行政立法的相关制度。②

（2）公私合作执行规则的方式日新月异，政府单一管理方式的法治基础动摇。政府职能主要是生产和提供公共产品，即管理与服务公众。在统治模式下，垄断公共权力的政府是行政管理和公共服务供给的唯一合法主体，而管理模式虽然将公共管理主体范围拓展至社会公共组织，但并未改变政府的垄断性地位，政府依然控制着大部分制定和实施规则的权力，单向度仍是公共权力运作的基本方式。然而，治理理论主张，政府不应是公共权力的唯一合法主体，注重治理方式的非强制性和多样性，要求治理过程中政府与企业、社会公共组织、公民的开放合作和双向互动，"合作"成为公共行政规则执行环节的核心特征。

在美国，自 20 世纪 90 年代起治理理念逐渐渗透进法律和政策的执行之中，特别是在环境保护、养老与医疗、劳动保障和互联网等领域。例如，2000 年的《栖息地保护规划和附带取得许可证程序指南》采用了"适应性策略"（adaptive management）替代传统的政府审查方式，目的是满足生物观测需要，并根据实际需要来调整未来的管理行动，这一保护栖息地的新方法鼓励多方主体积极参与各个阶段的保护和规划，以及运用多元方式促进栖息地的可持续性治理。③不过，理论界对治理过程中多元主体和多样化行为方式的公法定位尚存在争议。

在治理主体多元化方面，支持者认为公共权力与私人行为之间的合作蕴含着契约精神，而传统行政法的局限性、治理的动态与复杂、多元主体参与行使权力等问题，都可以借助于契约隐喻来破解，政府与非政府公共组织、私人主体、公民的合作是实现善治的必经之路。④ 反对者以公共利益理论和公共选择理论为分析工具，代表性学者有巴里·波兹曼、苏珊·罗斯-阿克曼等。波兹曼认

---

① Ziamou T, "Alternative Modes of Administrative Action : Negotiated Rulemaking in the United States, Germany and Britain", European Public Law（1, 2000），pp.45-60.

② OECD, "Evaluating Public Participation in Policy Making", http : //www.keepeek.com/Digital-Asset-Management/oecd/governance/evaluating-public-participation-in-policy-making_9789264008960-en#page1. 另见吴浩《国外行政立法的公众参与制度》，中国法制出版社 2008 年版。

③ Notice of Availability of a Final Addendum to the Handbook for Habitat Conservation Planning and Incidental Take Permitting Process, https : //www.federalregister.gov/articles/2000/06/01/00-13553/notice-of-availability-of-a-final-addendum-to-the-handbook-for-habitat-conservation-planning-and#h-12.

④ Freeman J, "The Private Role in Public Governance", New York University Law Review（3, 2000），pp.543-675.

为政府工作是为了公共利益，并以公共利益为导向来调整相互竞争的私人利益；若非政府主体参与公共行政，可能会导致公共利益受到私人利益的左右。[①] 公共选择理论的俘获假设支持了这一观点，并指出政府机关的行为亦是公务人员追逐个人利益最大化的过程[②]，公共行政策略与政策选择是不同私人压力集团的产物[③]，私人参与在一定程度上会被视为威胁到了正常的行政程序[④]。此外，也有学者持折中态度，即相对谨慎地看待私人利益集团对公共利益的影响力。凯斯·R.桑斯坦认为，要实现公民权就必须保障公民的参与权，公民参与对行政程序至为重要，如此才能既控制代表者行为，又提供机会来培训公民的政治道德。但是，协商程序应当促进公民之间的讨论与争辩，不应成为私人利益团体讨价还价的场所，因此要将政治行为者与私人压力集团相隔离，并通过司法审查来防止私人利益俘获公共利益。[⑤]

在治理行为多样化方面，传统的"命令—服从"单向管理方式的缺欠日益显现，政府放松管制、市场与社会的自我规制、公共服务外包、私营化等公私合作方式备受推崇，契约成为完成公共行政任务的重要工具，开放、互动、合作、共赢成为公共管理和服务的新常态。有关治理行为的研究始于对管理型执法方式的反思。治理不是完全的"去管制""去强制"，而是根据公共行政实际需要，理性选择强制与非强制的行为方式，尽量采用柔性的合作方式。对此，学者们提出了诸多方案，如"自我管制"，即由特定行业自我设定标准、自我遵守标准和自我执行标准。[⑥] 但是，自我管制与保护行业的独立性日趋联系紧密，导致企业逃避责任和监管的风险加剧。[⑦] 约翰·布鲁斯维特提出了"回应性管制"的元策略，建议政府倾听、回应和协商选择不同管理策略，确保政策策略能不断应

---

① Bozeman B, Public Values and Public Interest: Counterbalancing Economic Individualism, Washington, D.C.: Georgetown University Press, 2007, p.83, 91.

② Ackerman S R, "Progressive Law and Economics: and the New Administrative law", The Yale Law Journal (2, 1988), pp.341-368.

③ Becker G S, "A Theory of Competition among Pressure Groups for Political Influence", The Quarterly Journal of Economics (3, 1983), pp.371-400.

④ Weber R F, "New Governance, Financial Regulation, and Challenges to Legitimacy: The Example of the Internal Models Approach to Capital Adequacy Regulation", Administrative Law Review (62, 2010), pp.783-870.

⑤ Sunstein C R, "Beyond the Republican Revival", The Yale Law Journal (8, 1988), pp.1539-1590.

⑥ Ogus A, "Rethinking Self-regulation", Oxford Journal of Legal Studies (1, 1995), pp.97-108.

⑦ Paton P D, "Between a Rock and a Hard Place: The Future of Self-regulation: Canada between the United States and the English/ Australian Experience", Journal of the Professional Lawyer, 2008, pp.87-118.

对不利局面。<sup>①</sup> 尼尔·甘宁汉和戴仑·辛克莱建议采取"多元化监管"来弥补单一监管工具的缺漏，政策制定者应将最富成效的工具结合起来，实现管制方式的环境友好、廉价与灵活。<sup>②</sup> 对公共服务外包和私营化，学者们亦给予了关照。弗里曼认为，传统政府职能正在收缩和外包给私人主体，现代行政国家或可称为"契约国家"，这一私营化过程表现为公共服务外包、公权力下放和"扁平化"政府，其中社会服务契约和管制契约是主要的两种契约形式。<sup>③</sup> 克里斯托弗·萨格斯认为对公、私法的概念区分毫无意义，坚持这一区别不仅会危及自由市场和自由个人主义，还会摧残创新监管措施的信心。治理模式是私有文化的道德抱负，不是一种经验观察的现象，这意味着社会产品通过非政府主体理性且有组织的供给，并不必然差于由政府或者市场和企业来供给。<sup>④</sup> 大卫·A. 达娜提出将契约管制运用于环境保护领域，即"管制的契约范式"。她认为，由于修改现行环境保护法较为烦琐困难，但环境保护又急迫、复杂，并且传统的"命令—服从"模式已难以满足现实需要，因此政府可以通过与被监管者签订协议，要求被监管者履行现行法律尚未规定的义务，这样就可不再适用法律管制被监管者行为。<sup>⑤</sup>然而，不少公法学者担心私营化会削弱政府的公共性。马修·迪勒指出政府正在逐渐被塑造成企业化组织，政策决定越来越不透明，公众越来越少有机会影响政策，听证作为问责的工具作用被降低，公共问责机制被严重削弱，私有化的负面效果撼动了正当程序和平等对待的政府核心理念。<sup>⑥</sup>

在欧洲，契约也成为各国普遍采用的政府服务外包和管制的工具之一。英国政府运用契约来驱动政府高效运转、改革公共部门和地方政府，外包制度成为实现特定政策目的的重要手段，覆盖了现代生活的方方面面。<sup>⑦</sup> 比利时、荷兰、

---

① Braithwaite J, Restorative Justice and Responsive Regulation : The Question of Evidence : no. 2014/51, Canberra : The Australian National University. Regulatory Institutions Network, 2014, pp.2-3.

② Gunningham N, Sinclair D, "Regulatory Pluralism : Designing Policy Mixes for Environmental Protection", Law & Policy (1, 1999), pp.49-76.

③ Freeman J, "The Contracting State", The Florida State University Law Review (1, 2000), pp.155-214.

④ Sagers C, "The Myth of 'Privatization'", Administrative Law Review (1, 2007), pp.37-78.

⑤ Dana D A, "The New 'Contractarian' Paradigm in Environmental Regulation", University of Illinois Law Review (1, 2000), pp.35-60.

⑥ Diller M, "The Revolution in Welfare Administration : Rules, Discretion, and Entrepreneurial Government", New York University Law Review (5, 2000), pp.1121-1220.

⑦ Vincent J P, "The New Public Contracting : Public versus Private Ordering", Indiana Journal of Global Legal Studies (2, 2007), pp.259-278.

法国、德国等国政府在污水排放的管理中采取了与被监管者签订协议或契约的方式，约定双方的环境保护权利与义务。①

### （二）评述

国外文献成果的借鉴与启示意义大致有如下两个方面：其一是立足于本国政治法律秩序，差异化设计符合本国国情的制度机制。西方国家虽有着近似的政治、经济与社会基础，但是各国法治传统与治理实践存在差别，本土化仍是制度研究和"移植"的先天预设。例如，在协商行政立法中，美国建立了正式制度和非正式制度相融合的协商体制，相反英国政府仅将协商（咨询）作为非正式制度来使用。在公共职能私营化过程中，美国的政府职能外包与权力转移构成一体，这主要是因为历史以来美国的国有化程度低，政府控制的国有资产较少；与之不同的是，英国等国家在这一过程中重点是国有企业的私营化改革。②其二是政府行为合法性、参与式民主和政府责任是公法学研究治理模式时关注的焦点。不同立场的学者对这些问题有着不同的观点，例如面对私营化会导致公共责任机制失败的质疑，弗里曼认为责任机制不会因此失败，相反还可以将公法规范扩展到私人主体以强化其责任性。③这些观点迥异的论辩不是要否定民主和责任性，其目的都是维护个人和市场自由主义的西方核心价值理念与法治结构，为政府行为合法性寻找论据，只是在法治框架内解释政府治理模式变化时，不同学者秉持了或开放或保守的态度。

## 二、国内文献综述

### （一）既有研究成果

20 世纪 90 年代中期，治理理论进入了国内政治学和行政管理学的视阈。到 21 世纪初，法学研究者注意到了治理变革与公法学的互动关系，后逐渐将之

---

① Freeman J，"The Contracting State"，The Florida State University Law Review（1，2000），pp.155-214.
② Leyland P，Anthony G，Administrative Law，Oxford：Oxford University Press，2009，pp.472-473.
③ Freeman J，"Extending Public Law Norms through Privatization"，Harvard Law Review（5，2003），pp.1285-1352.

纳入公法学研究范畴，其中最早以政府治理和法治为主题的文献是 2001 年黄灵荣、申佳陶的《法治：政府治理的理性》，该文认为从政府管理转变为治理，要求公权力接受法律的约束，须运用行政法来推动行政法治与社会自治的良性互动，通过法治实现政府治理的理性与公权力的合理使用。[①] 但是，该文没有对政府治理变革下法治与行政法发展作详细论证。最早系统阐释治理理论与公法变革之间内在联系的文献是罗豪才、宋功德的《公域之治的转型——对公共治理与公法互动关系的一种透视》，该文从国家管理衰落和以开放管理与公众参与为基本要素的公共治理模式兴起为切入点，分析了公共治理格局依赖于公法建构起的覆盖治理范围、主体、行为和监督救济机制的公共治理行动结构，而公法亦须在理念、制度和实践方面进行变革来回应公共治理，旨在建立平衡的公法。[②] 迄今为止，研究治理与公法关系的文献已浩如烟海，这里按照与选题的关联性，将之分为两类：

### 1. 政府治理与行政法治之间关系的研究

在该类文献中，有的是从政府法治必要性层面，提出政府治理的目标是法治政府。[③] 有的认为，在治理模式下政府与其他主体的法律地位平等，协作成为解决公共事务的主要方式[④]，建议政府营造法治文化、依法履行职能、提升公务员法治素质、力促决策机制法治化、强化制度与机制建设和健全法治政府绩效评估体系[⑤]，以及革新政府治理理念，用法治思维转变政府职能，理顺政府与市场和社会的关系，提升依法行政能力，严格依法行政[⑥]，从而建立与政府治理相适应的法治政府。有的从规范政府权力角度，指出政府治理法治化的关键是约束政府干预社会和市场的权力，而权力清单制度是实现这一目标的有效工具。[⑦] 有的从公众参与的视域，指出公众参与是公民权实现的重要途径，尊重并运用

---

① 黄灵荣、申佳陶：《法治：政府治理的理性》，《理论与改革》2001 年第 2 期。
② 罗豪才、宋功德：《公域之治的转型：对公共治理与公法互动关系的一种透视》，《中国法学》2005 年第 5 期。在此文之前，研究公共行政与公法关系的文献也有涉及治理理论，但尚未基于治理理论来系统论证公法变革，参见石佑启《论公共行政与行政法学范式转换》，北京大学出版社 2003 年版。其他有关治理与法治的文献仍将论点聚焦于法治在治理中的必要性，参见梁莹《治理、善治与法治》，《求实》2003 年第 2 期；严存生《社会治理与法治》，《法学论坛》2004 年第 6 期。
③ 胡建淼：《政府治理现代化的关键在于法治化》，《法制资讯》2014 年第 Z1 期。
④ 胡正昌：《公共治理理论及其政府治理模式的转变》，《前沿》2008 年第 5 期。
⑤ 高玉贵：《法治政府视域下政府治理的现代化路径选择》，《商业经济研究》2015 年第 20 期。
⑥ 黄斌：《政府治理模式演进与法治政府建设》，《安康学院学报》2015 年第 6 期。
⑦ 张恩娜：《权力清单制度视野下政府治理法治化路径探析》，《湖南省社会主义学院学报》2015 年第 1 期。

公众参与的力量，是支持与制约政府权力以及提升政府治理能力的根本动力。[①]
还有的立足于网络时代背景，发现政府治理法治化存在立法缺漏、公民社会不
成熟、政府治理方式落后等困境，认为政府治理法治化模式须采取填补法律漏洞、
培育公民社会、革新政府治理方式等措施。[②]

### 2. 公共治理中法治政府的研究

绝大多数现有文献属于此类，即运用治理理论来解读我国公共行政新发展，
设计政府在公共治理中的法治角色，依此建构新的行政法体系，较具影响力的
观点有：

（1）公共治理与软法。罗豪才等提出要建立软法与硬法有机统一的混合法
来适应现代公共治理，软法亦法，软法是实现公共治理法治化的新进路。[③]公共
治理时代是软法的时代，软法是规范公共治理的基本方式，这既因为公共治理
的辅助原则和比例原则要求软法优先适用[④]，也因为治理主体多元化和治理责任
模糊化使得国家制定法不再是约束治理过程的唯一规范，具有客观约束力的规
则多是经由相关主体协商对话形成的，这些不依赖于国家强制力而依情势来调
整的规则便是软法[⑤]。姜明安认为，软法在我国创新行政管理方式和纠纷解决机
制中已经发挥了重要的作用，这表现为"一减一增一培育"的管理创新，即单
方强制性行政行为不断减少，双方互动性行政行为不断增加，以及转变政府职
能以培育公民社会，而在纠纷解决机制创新方面，和解与调解的解纷作用日趋
明显，司法者和执法者也逐渐习惯于通过法律解释来达到法律目的，并运用法
的一般原则规范裁量行为。[⑥]

（2）协商制定规则与行政法。在公共行政中，协商主要适用于行政决策等
规则制定领域[⑦]，是不同利益群体参与行政过程、表达各自利益主张、在辩论与
妥协的基础上形成公共决策依据或者产生公共决策的经过[⑧]。协商行政是否是一

① 郭道晖：《政府治理与公民社会参与》，《河北法学》2006 年第 1 期。
② 罗斌：《网络时代政府治理法治化探索》，湘潭大学 2012 年硕士学位论文。
③ 罗豪才、宋功德：《软法亦法：公共治理呼唤软法之治》，法律出版社 2009 年版。
④ 翟小波：《"软法"及其概念之证成：以公共治理为背景》，《法律科学（西北政法学院学报）》2007 年第 2 期。
⑤ 李清伟：《论公共治理理念及其法律范式的建构》，《法商研究》2009 年第 1 期。
⑥ 姜明安：《完善软法机制，推进社会公共治理创新》，《中国法学》2010 年第 5 期。
⑦ 王浦劬：《中国的协商治理与人权实现》，《北京大学学报（哲学社会科学版）》2012 年第 6 期。
⑧ 燕继荣：《协商民主的价值和意义》，《科学社会主义》2006 年第 6 期。

种新公共治理范式尚须进一步讨论。[①] 不过，经协商促成合意确是公共治理模式下行政法治迈向形式法治与实质法治统一的必要机制，即通过商谈过程保证规则的正当性，依靠行政过程的开放保证行政决定的可接受性。[②] 从功能上看，协商机制的信息共享、议题共论、空间开放也是化解政府决策的体制性迟钝的重要工具。[③] 从公共决策机制来看，我国政府一贯强调决策过程须倾听与反映民意，建构起了"公众参与，专家论证，政府决策"相结合的制度，但是公众和专家实际上都难以进入决策中心，无法制约政府的决策权，政府决策仍是权力专断的产物，而非参与者之间协商所达成的共识。[④] 商谈原则须经法律以获得民主原则的形式，法律与商谈原则相互交叠，才能建立起私人自主和公共自主互为前提的权利体系[⑤]，这一完善协商行政的法治主张得到了广泛认同，并建议将之纳入行政程序法的规范范围[⑥]，其中核心程序制度包括公众参与事项范围，公众分享议程设置的权利，决策者充分收集与拟定政策相关的信息并草拟政策方案的职责，提供公开、公平与信息充分的公众参与平台，公众参与应当产生一定的法律后果和政策反馈机制[⑦]。

（3）合作完成行政任务与行政法。合作行政追求开放、参与、合作与共赢，是公共行政由管理迈入治理的表征。[⑧] 这要求行政法必须对合作有着更强的解释力和包容性，应运而生的是合作行政法。它的治理逻辑从传统行政法的严格形式标准转向符合最基本法律要求的最低限度形式标准，从检视行政行为的合法性标准转向合法性和可接受性并重的标准，从传统行政法注重公平价值转向更注重行政机关实现公共服务的能力。[⑨] 伴随这些变化，行政法学研究应当有所转变，即行政法的理念须兼顾控权与促进公权力的有效施展，研究视角须关注

---

① 张敏：《协商治理：一个成长中的新公共治理范式》，《江海学刊》2012 年第 5 期。

② 罗豪才、宋功德：《行政法的治理逻辑》，《中国法学》2011 年第 2 期。

③ 林奇富：《重视行政过程中协商的功能》，《探索与争鸣》2009 年第 3 期。

④ 王锡锌：《公共决策中的大众、专家与政府——以中国价格决策听证制度为个案的研究视角》，《中外法学》2006 年第 4 期。有关公众参与和专家理性在行政规则制定中的弊病，参见王锡锌、章永乐《专家、大众与知识的运用：行政规则制定过程的一个分析框架》，《中国社会科学》2003 年第 3 期。

⑤ ［德］哈贝马斯：《在事实和规范之间》，童世骏译，三联书店 2003 年版，第 156 页。

⑥ 肖北庚：《论协商民主在行政决策机制中的引入》，《时代法学》2009 年第 5 期。

⑦ 王锡锌、章永乐：《我国行政决策模式之转型：从管理主义模式到参与式治理模式》，《法商研究》2010 年第 5 期。

⑧ 宋功德：《我国公共行政模式之变：从单向管理转向合作行政》，《人民日报》2009 年 6 月 24 日第 15 版。

⑨ 王学辉、王留一：《通过合作的法治行政——国家治理现代化背景下行政法理论基础的重构》，《求实》2015 年第 6 期。

具体行政领域的规制状态以及须吸纳私法学、公共管理学等学科知识。[①] 合作行政不是单一的行政行为，它描述的是政府与非政府主体共同处理公共事务的情状[②]，是对行政活动过程的整合性概括。在合作背景下，不同治理主体之间关系平等，管制等行政行为仅是保障治理目标实现的后盾，服务而非管理才是政府的主要职能[③]。合作行政在推动实现社会本位和民主行政最大化的同时，还促进了公共服务和有效行政的统一。[④] 在这一背景下，尽管政府权力受到法律制约，但政府又必须能动地运用行政权来帮助公众提升合作能力，并倾听不同主体对治理议题的意见，努力推动合意的达成，因此政府扮演的角色愈加多重。[⑤] 作为治理主体之一，非政府主体在合作行政中是基于内心自愿而主动配合政府活动，合作方式主要表现为配合型合作和参与型合作。[⑥] 合作既是权利又是义务，即非政府主体享有要求政府保障其行政参与权实现的权利，又承担着配合与促进政府合法合理行政以及履行行政决定的义务。[⑦] 其中，非政府组织具有的联结公域、私域、社会日常生活领域的中介特性，使之成为这三个领域对话与沟通的平台，政府在实现政策目标过程中日益需要与非政府组织进行合作，二者之间互信互助的良性伙伴关系是实现有效治理的必要条件。[⑧] 此外，公民个体也可与政府合作完成行政任务，如私人因授权、委托、以行政助手或者私法主体的身份参与执行警察任务，这对行政组织法、私人准入资质的审查与执行行为的监督、行政救济等制度提出了革新要求。[⑨]

在合作行政中，契约虽非唯一却是至为重要的合作工具。从理念维度观之，契约理念与传统权力理念的有机整合形成了现代行政法理念，这一理念提倡平等和柔性行政，单方意志与双方合意相并存，用合作替代冲突以实现法律框架内的合意事项。[⑩] 契约是政府公共职能外包和私营化的主要手段。我国政府外包业务主要包括执行法律的行政性业务（如委托审计、委托代扣税款）、提供公共

---

① 章志远：《公用事业特许经营及其政府规制——兼论公私合作背景下行政法学研究之转变》，《法商研究》2007 年第 2 期。
② 宋国：《合作行政的法治化研究》，吉林大学 2009 年博士学位论文。
③ 贺乐民、高全：《论行政法的合作理念》，《法律科学（西北政法大学学报）》2008 年第 4 期。
④ 汪自成：《合作行政：服务行政行为的一种模式》，《南京社会科学》2013 年第 4 期。
⑤ 戚建刚、郭永良：《合作治理背景下行政机关法律角色之定位》，《江汉论坛》2014 年第 5 期。
⑥ 方世荣：《论行政相对人》，中国政法大学出版社 2000 年版，第 232 ~ 247 页。
⑦ 方世荣等：《"参与式行政"的政府与公众关系》，北京大学出版社 2013 年版，第 68 ~ 69 页。
⑧ 张康之：《论参与治理、社会自治与合作治理》，《行政论坛》2008 年第 6 期。
⑨ 章志远：《私人参与执行警察任务的行政法规制》，《法商研究》2013 年第 1 期。
⑩ 杨解君：《论行政法理念的塑造：契约理念与权力理念的整合》，《法学评论》2003 年第 1 期。

服务的事业性业务（如动物防疫、城市清洁）和特许经营的经营性业务（如水利工程、污水处理），但是当前行政法还无法有效解决外包业务引发的法律问题，导致以私法方式实现公共目的往往容易陷入无法可依的窘境。[①] 此外，有关公私合作的 BT（建设—移交）、BOT（投资—建设—经营）、PPP（公私合营）等模式亦受到了学界的广泛关注，但是目前规范这些模式的法律极少，主要经由公共政策来推进实施。[②]

除此之外，还有文献从"参与式行政""协作行政"等视角分析治理理论给行政法学研究带来的变化[③]，但这些表述实可纳入以上观点范畴，如协商和合作行政都蕴含着公众参与，只是不同视角的侧重点或有些许差异，故不再赘述。

### （二）评述

上述研究凸显了国内行政法学界对治理理论影响下公共行政变革强烈的现实关照，为建构适应政府治理现代化的行政法体系提供了学术积累经验，同时也反映出学者对行政法不能完全解释与规范公共行政变革的担忧，以及对中国行政法体系化建构尚未完成的焦虑。但是，现有研究成果仍存在商榷的空间：一是绝大多数研究直接援引国外治理理论和公共治理模型检视中国政府管理的缺陷，并在此基础上提出中国行政法理论与制度的体系化建构路径，缺少对中西方政治体制和政府管理机制差异性的传统与现实的尊重，难免有以西方治理标准解释中国治理现实之嫌，对治理理论的本土转化和行政法的中国道路自信均显不足。二是既有研究将公共治理预设为善治模式和行政法规范对象，对去中心化、民主过剩、责任模糊、规避监管等治理陷阱的风险和危害性估计不足，对法治的限度、法治与治理之间矛盾的关注不够。三是既有研究还存在将政府治理混同于公共治理、元治理的理解偏差，没有找准政府治理在中国治道变迁中的定位，没有清晰区分政府治理与国家治理、社会治理之间的界域，且多局限于政府对外治理的单一结构维度，没有将政府对内自我治理与对外治理的双重结构有机整合，导致对行政法结构与功能建构存在片面化、主观化之嫌。

---

[①] 王克稳：《政府业务委托外包的行政法认识》，《中国法学》2011 年第 4 期。

[②] 贾康等：《PPP 机制创新：呼唤法治化契约制度建设：泉州刺桐大桥 BOT 项目调研报告》，《经济研究参考》2014 年第 13 期；于安：《PPP 法治建设的重要意义》，《中国政府采购》2016 年第 3 期。

[③] 朱新力、梁亮：《公共行政变迁与新行政法的兴起》，《国家检察官学院学报》2013 年第 1 期。

# 第三节　研究思路与创新

## 一、研究思路、结构与方法

### (一) 研究思路与基本结构

本书总体研究思路为：先是厘清政府治理在中国语境中的内涵，以及与公共治理、元治理等概念之间的关系，明确政府治理在中国政府治道变迁中的定位及其兴起的原因，以及与行政法之间的关系，进而分析政府治理对管理模式的变革内容，以及在其影响下行政法的发展方向。基于此，剖析适应政府管理的传统行政法遭遇的现实困境，最后提出回应政府治理变革的、行政法体系的未来建构路径。

### (二) 研究方法

本书主要采用了以下研究方法：

1. 结构功能主义方法

结构功能主义方法是社会学方法，它是功能主义在 20 世纪中期的重要发展，其中集大成者是美国现代社会学奠基者塔尔克特·帕森斯 (Talcott Parsons)。帕森斯认为，社会是相互关联的结构组成的系统，社会系统的存续以各个结构的功能性作用为前提，社会的整体稳定依靠各组成部分的功能发挥，且在结构发生变化时，结构的自我整合可以促进系统趋向新的稳定。帕森斯理论的当代价值在于，它基于对罗斯福政府"新政"和纳粹德国极权主义的深刻剖析和反思，提出了在结构化秩序机制下稳定、渐进改革社会的理论构想，因此是分析社会转型时期中国行政法所面临困境以及进行系统性革新和功能重构的合适方法。

2. 规范分析方法

规范分析法是法学研究的基本方法，包括文本和价值的规范分析。前者主要是对现有法律和政策的梳理与分析，并阐释规范的实践效果及其不足。后者主要是按照"价值引导—制度安排—制度实践"的逻辑进路，以政府治理变革实践为立足点，针对现有规范的缺憾提出改进建议，并从应然层面提出行政法体系建构的制度设计。

### 3. 实证分析方法

实证分析法是通过可以证实的前提来分析现行制度的运行效果。笔者主要运用该方法分析了管理模式下行政法运行现状，并进一步发现该制度安排无法有效回应政府治理变革所提出的挑战，从经验上论证所提论点。

### 4. 文献研究方法

文献研究法主要是通过收集和分析既有文献资料，形成对有关问题的认知并提出解决方案。笔者广泛收集了政治学、公共行政学和法学中涉及政府治理变革与行政法发展的文献资料，查阅和评析了既有研究成果、案例和相关法律法规，这奠定了本书研究的理论基础与起点，也为深入研究累积了论证素材。

## 二、主要创新与不足

### （一）创新之处

#### 1. 研究方法的独到运用

除规范分析法、文献分析法等传统法学研究方法外，这里主要采用了结构功能主义的系统论方法，并将之作为建构体系化行政法理论与制度的理论工具。该方法尽管形成于 20 世纪中叶，但在我国法学中的运用并不彻底，而且行政法的未来建构又亟须借助系统理论，因此它与本书论证进路具有内在耦合性，并具有其他研究方法无法替代的针对性：首先，结构功能主义方法可以避免当前行政法学研究的零碎化趋势，始终从整体上动态研究行政法与公共行政过程、行政法内部结构、行政与立法、监察、司法等要素及其关系。其次，结构功能主义与行政法都强调主流共识的政治性，主张秩序稳定之上的渐进变革。最后，结构功能主义的功能导向有助于建构面向行政的行政法，这符合现代行政法发展动向。

#### 2. 研究内容的独到见解

本书对政府治理的界定为内部自治与外部共治两个维度，这突破了现有研究将之局限于政府外部的合作治理，或者混同于国家治理、社会治理、公共治理、元治理的理解。在此基础上，厘清了政府治理与行政法的关系，阐明了政府治理变革的内容与形式，提出了中国语境中公共行政与行政法对应模式的代际划分，明确了政府管理模式的行政法与未来行政法发展方向的抵牾。同时，通过分析传统行政法在政府治理变革中的困境，提出了治理模式行政法的理念与价值取向、主体间性的多元主体结构、自主性的多样化行政行为、交互型弹性程序法治、能动的监督与救济机制的行政法体系的未来构造，旨在有机融通行政法的规范功能与建构功能。

## （二）不足之处

政府治理变革政府管理，根本上依赖于行政法治建构和深度推进，但是治理的陷阱和法治的限度是不容忽视的。其一，政府治理的放松管制，暗含着去权威，这与行政法要求建构权威、统一的法治政府之间关系紧张。其二，政府治理的民主、开放，意味着不能固化协商共治的主体范围，但是行政法的充分实践会惯性地固化主体范围，使新的利益群体难以进入协商合作之中。其三，政府治理存在民主滥用、秩序失范的潜在风险，会使行政法陷入权利保障和秩序维护的两难境地。其四，政府治理的责任性模糊，但是行政法过于强调政府责任，又会打压政府与非政府主体合作的积极性。但是，由于本书以建构与政府治理相契合的行政法体系为目的，对二者的有限性和矛盾的分析有所欠缺。当然，政府治理和行政法之间互动共进是发展的过程，是以法律破解治理难题，以政府治理实现法律价值。因此，笔者将以此不足为起点作为今后研究深耕的方向和动力。

# 第一章
# 政府治理与
# 行政法的相关范畴

改革开放以来，我国政治改革的重点是政府治理变革，法治是这一变革的主要成果。[①] 政府治理变革是公共行政现代化发展的趋势，法治政府是政府治理现代化的重要特征。但是，"政府治理"是内涵丰富、见仁见智的概念，故在此先须明确这一概念的范畴。

# 第一节　政府治理的范畴解析

## 一、中国语境的政府治理概念

### （一）"政府治理"概念的源起与发展

在译介"治理理论"之初，我国学者就探索着从本土视角解释和运用"治理"概念，由此发展出众多衍生概念，如治道变革、公共治理、多中心治理、政府治理等等，并在规范定义"治理"概念时，将重点集中于国家和政府，关注公共权力的作用方式和效果，这样"政府治理"逐渐成为西方治理理论与中国治理实践相结合形成的中国化概念，并得到了广泛应用，且被执政党写入中央全会公报，上升为治国理政理念。

国内最早以"政府治理"为名的文献出现在 21 世纪初。当时，学者深感在全球化和加入 WTO 的环境中，我国政府会面临前所未有的挑战，亟须加快行政体制改革和转变政府职能，提升政府应对复杂公共事务的能力。因此，20 世纪 90 年代以来西方国家为适应经济全球化而展开的治理范式创新运动，被我国行政改革理论和实践所借鉴。这一范式是由政府治理理念、治理结构、运作方式与过程所组成的有机框架，主张对政府与市场和社会之间关系要重新认识，改造在市场经济中的政府角色，坚持问题导向和实践检验的评价标准，改革政府结构和政府与其他组织之间关系结构，确保公共权力能有效促进经济社会发

---

① 俞可平：《中国治理变迁 30 年（1978—2008）》，《吉林大学社会科学学报》2008 年第 3 期。

展。[①]西方政府治理变革的核心是调整政府职能及其限度，重新定位政府、市场、社会自组织及公民之间关系，提出从公共物品性质的角度来重新界定政府职能范围，推动生产与供给的组织形式多样化，创制政府行为的新评价标准，重塑行政组织文化，以及通过政府内部市场化和准商业化制度安排来提高公共行政效率。[②]

伴随理论的进步，政府治理的模式、结构、实现路径、工具、绩效评价等方面内容成为研究重点[③]，其中公共物品供给和公共行政变革是两个主要的分析维度。以公共物品供给为视角，唐娟认为政府治理变革的关键是公共物品供给模式的改变，因此必须创新治理工具来提供优质的公共物品以满足社会需求。她将公共物品供给模式分为权威型、商业型、志愿型和自主型4类，并指出政府除单独供给之外，在其他公共物品的供给模式中，也应当发挥制度供给、激励与扶持、监督与制约的作用。[④]李景鹏认为，政府治理必须以解决民生问题为目的，民生的改善才会培养公民对政治体制改革和民主的诉求。[⑤]以公共行政变革为视角，有学者认为依宪治国是中国政府治理的前提，目标是建设和谐社会，基础是规范有序的市场经济，必要条件是公民社会，主要途径是提高党的执政能力和政府执行力及培育法治文化，最佳工具是第四和第五媒体，为此要推进依宪执政和依宪行政，将完善市场秩序作为政府主要职能，扩大公民选举权，政府既须重视与社会组织的合作又要规范后者的行为。[⑥]石国亮提出，政府治理应当以服务型政府为目标，在理念上要接纳权力主体多元化，在制度和操作上要创设有助于社会自主发展的法律环境和政策导向。[⑦]

在治理的本土化探索中，吴家庆等学者认为我国的治理首要是政府治理，因为中西方国家治理在社会基础、法治发展程度、公民社会成熟水平、应对经济全球化机遇和挑战的能力、处理政府与市场之间关系的任务等方面均存在差

---

① 杨冠琼：《经济全球化与发达国家的政府治理范式创新运动》，《北京行政学院学报》2000年第2期。同年以政府治理为名的另两篇文献，有刘文富、顾丽梅：《网络社会的政府治理》，《行政人事管理》2000年第8期；王世雄：《规范政府管理方式　提高政府治理水平》，《探索与争鸣》2000年第7期。

② 孙柏瑛：《当代政府治理变革中的制度设计与选择》，《中国行政管理》2002年第2期。

③ 孙萍、赵海艳：《政府治理研究现状分析：基于CSSCI来源期刊论文的分析》，《吉林师范大学学报（人文社会科学版）》2015年第3期。

④ 唐娟：《政府治理论》，中国社会科学出版社2006年版，第10～15、32、409～426页。

⑤ 李景鹏：《绪论：从民生到民主》，见谢庆奎主编《民生视阈中的政府治理》，北京大学出版社2013年版，第3～4页。

⑥ 马运瑞：《中国政府治理模式研究》，郑州大学出版社2007年版。

⑦ 石国亮：《服务型政府：中国政府治理新思维》，研究出版社2008年版，第92～97页。

异。<sup>①</sup> 同时，中国特色社会主义市场经济的逐步完善，势必要提高国家开放程度，强化公民的市场意识，改变政府与社会的关系，推动政府职能与理念革新，促进国家创新能力提升，这便需要中国化的政府治理理论。<sup>②</sup> 还有学者指出，"政府治理"的概念最恰当地反映出我国转型时期的治理实践特征，又能满足我国建设现代国家过程中的秩序需求，适应我国经济社会发展阶段和政府自身转型的要求，是比较契合中国语境的概念。<sup>③</sup>

理论的创新推动了实践的发展。党的十八届三中全会作出《中共中央关于全面深化改革若干重大问题的决定》，在对"加快转变政府职能"和"创新社会治理体制"的要求中，首次使用了"政府治理"的概念，使之从理论论证层次推进到了制度实践层面。2016 年，我国发布了《中华人民共和国国民经济和社会发展第十三个五年规划纲要》，其中"完善社会治理体系"部分有四次使用了"政府治理"一词。同年，中共中央、国务院发布了《国家创新驱动发展战略纲要》，从"战略部署"上要求"体制机制创新要调整一切不适应创新驱动发展的生产关系，统筹推进科技、经济和政府治理等三方面体制机制改革，最大限度释放创新活力"。

### （二）政府治理的中国含义

我国学者对政府治理的界定尚未达成共识，以至有学者主张放弃用简单的概念来分析政府治理问题，而将其作为一个分析问题的理论框架。<sup>④</sup> 不同思想的碰撞与融合是理论创新和接近真理的源泉与动力。在不同的规范定义中，归纳起来大致有三种基本理解：其一是内部说，认为政府治理是政府内部的治理，即以行政体制改革为中心，包括行政理念转变、政府职能优化、管理方式创新等内容。<sup>⑤</sup> 其二是外部说，它从政府与市场、社会的互动关系出发，认为政府治理是政府运用治理方式行使公共权力，配置公共资源，解决公共问题，实现治理（而非统治或管理）公共事务的目的。如张成福认为，政府治理是政府从社会获取公共权力后，代表社会施政，督促共同体成员服从法律，并要求政府及

---

① 吴家庆、王毅：《中国与西方治理理论之比较》，《湖南师范大学社会科学学报》2007 年第 2 期。
② 刘银喜：《政府治理理论的兴起及其中国化》，《内蒙古大学学报（人文社会科学版）》2004 年第 4 期。
③ 包国宪、霍春龙：《中国政府治理研究的回顾与展望》，《南京社会科学》2011 年第 9 期。
④ 包国宪、郎玫：《治理、政府治理概念的演变与发展》，《兰州大学学报（社会科学版）》2009 年第 2 期。
⑤ 俞可平：《中国治理变迁 30 年（1978—2008）》，《吉林大学社会科学学报》2008 年第 3 期。

其工作人员履行社会契约责任，约束政府行为，保证公共意志和公共利益的实现。① 其三是综合说，认为政府治理包括政府对自身的内部管理、对市场的宏观调控以及对社会的管理。如王浦劬认为，在中国共产党治国理政的理论和话语体系里，政府治理是指中国共产党领导的国家行政体制和治权体系根据人民民主专政的国体规定，从党和人民根本利益一致性出发，维护社会安全和秩序、供给制度规则和公共服务，促进公共利益的实现和增量。②

上述观点都注重从中国的治理实践来解析"政府治理"概念内涵，但是要么拘囿于政府内部或者外部治理的单一维度，要么未对政府内部和外部治理的衔接互动予以整体把握，也没有阐明协商与合作的治理本质，因此要更好地揭示政府治理的中国含义，还有必要先厘清下列关系：

（1）执政党与政府治理的关系。中国共产党是获得人民普遍认同并享有最高权威的国家治理主体，是中国特色社会主义政治文明的设计者，是我国政府治理的核心领导。就现代化国家发展历史与现状来看，任何政治高度稳定的现代化国家至少拥有一个强大的政党，政党力量强大与否决定了一国政治体系在现代化进程中的稳定性，而政党的力量又源于人民支持的制度化程度，政党制度的力量和适应性远比政党数量更为重要。③ 尽管治理理论旨在弥合政治和行政二分所带来的政策制定与执行之间的价值裂痕，并且我国还有着政治与行政不分的制度传统，但是党对政府治理的领导不是党政不分，也不是由执政党直接行使行政权力来管理公共事务，而是要发挥党总揽全局、协调各方的核心作用，通过法治思维和法治方式将党的政策方针转化为政府决策和执行依据，从而贯彻并实现党的领导原则。正是在此意义上，政府治理中"政府"应当狭义解释为国家行政机关。

（2）政府治理与政府再造的关系。狭义上，政府治理是指政府内部体制改革，目的是推动政府转变职能，优化权力配置和运行机制，提高行政效率。这不仅因为政府内部结构相对于政府而言亦是被治理对象，更是因为政府行为及其制度、程序是国家治理体系中最重要的内容。④ 因此，我国政府治理变革就是在基

---

① 张成福：《责任政府论》，《中国人民大学学报》2000 年第 2 期。
② 王浦劬：《国家治理、政府治理和社会治理的含义及其相互关系》，《国家行政学院学报》2014 年第 3 期。
③ ［美］塞缪尔·P. 亨廷顿：《变化社会中的政治秩序》，王冠华等译，三联书店 1989 年版，第 377 ~ 388 页。
④ 中国行政管理学会课题组：《政府职能现代化视角下当前政策创新的重点及建议》，《中国行政管理》2014 年第 3 期。

本政治框架内的政府管理体制改革。① 在这个意义上，政府治理与政府再造、重塑政府等概念内涵是相似的，都意味着改革原有政府体制，所以有学者建议借鉴西方政府再造的战略与战术，转变我国政府职能和规范政府行为，建立起新的政府治理模式。② 值得注意的是，西方国家的政府再造通常与政党轮替执政相关，表现为新执政党对原执政党政策的调整，而我国是中国共产党领导下，主动适应市场和社会的发展需要，对政府体制进行的针对性改革。

（3）政府治理与公共事务的关系。政府治理主张政府联合多方力量合作处置公共事务，形成社会约束政府与公共权力的规则和行为，实现维护社会秩序和保护公民权益的有机结合。③ 政府治理也是政治管理的过程，其中包括政治事务的处理和公共资源的管理。④ 因此，政府治理的对象是公共事务，它涉及的是政府与市场和社会之间的关系。申言之，在不同制度环境下，政府与市场和社会主体拥有的公共权力多寡是不同的，由此产生了处理公共事务的不同治理模式。在市场和社会有所发展又尚未成熟之际，政府仍是国家秩序建构和社会发展的主导者，但为培育市场和社会，政府又应提供机会让市场和社会主体参与管理公共事务，运用治理（而不是统治或者管理）理念协同其他主体处理公共事务，就是政府治理模式。这是从工具意义上解读政府治理。因此"治理"实为"治道"，是"人类社会治理公共事务、解决公共问题、提供公共服务的基本模式"⑤。《中共中央关于全面深化改革若干重大问题的决定》等中央文件使用的"政府治理"亦含有此意义。

在本书中，"政府治理"是指在坚持党的领导原则下，人民政府主导建立与企业、社会公共组织和公民协商与合作的格局，革新理政理念，改革政府内部体制，并采用多样化行为方式，共同管理公共事务和提供公共服务，维护公共安全与秩序，增进公共利益和保障个人权益。其包含了两方面内容：一是政府内部自我治理，即政府转变职能、优化组织结构和创新管理方式来应对公共事务和公众需求的变化，确保权力的正当性（legitimacy）和组织运行的高效性；二是政府和市场、社会的协商与合作治理，实现权力运行的合法性和民主正当性。

---

① 俞可平：《中国治理变迁 30 年（1978—2008）》，《吉林大学社会科学学报》2008 年第 3 期。
② 陈振明：《政府再造——公共部门管理改革的战略与战术》，《东南学术》2002 年第 5 期。
③ 何增科：《政府治理现代化与政府治理改革》，《行政科学论坛》2014 年第 2 期。
④ 肖扬伟：《政府治理理论：兴起的缘由、特征及其中国化路径选择》，《工会论坛》2008 年第 5 期。
⑤ 毛寿龙：《现代治道与治道变革》，《江苏行政学院学报》2003 年第 2 期。

这两方面内容是有机统一的整体，一方面政府内部体制和运行机制的优化调适，是提高政府治理能力从而有效治理社会与市场的制度基础；另一方面随着社会与市场的发展变化，新的公共问题层出不穷，持续考验着政府在公共事件处置中的行为有效性和正当性，政府唯有不断革新自我，才能提升其治理能力。从手段与目的角度来看，政府自我治理是手段，目的是增强政府对市场和社会的治理水平。由此可见，政府治理是以公共问题为导向、侧重于技术性和工具性的治国理政模式。

## 二、政府治理的基本特征

政府治理是新的规则体系和行政方式，是我国政府治国理政的新理念和新模式，它主张开放政府内部自治和外部共治，鼓励市场和社会主体参与其中，依靠政府、市场和社会三方面力量的优势互补和多向互动来共同解决公共问题。

### （一）政府主导与多元治理主体参与

政府主导是中国化政府治理理论的独特性，它强调政府在多元治理主体结构中的核心作用。1978 年以来，我国现代化改革是传统强势政府和社会主义体制融合形成政府主导型发展模式，这一模式是承载艰巨发展任务的中国政府的必然历史选择，实践中发挥了政府凝聚民心谋发展、赢取后发优势和领导开创新战略布局的作用。在政府主导下，我国利用自身比较优势，实现了 GDP 长期高速增长和国家经济状况明显改善，同时又最大限度地减少了社会结构变化对现代化发展的负面影响，维护了社会稳定。[①] 在全面深化改革阶段，我国面临的现代化发展任务是既要健全市场机制和培育公民社会、建设服务型政府和法治政府，又要提供机会和条件，让企业、社会组织和公众能够参与公共管理，实现人民当家作主的社会主义民主追求。改革的实质是构建现代国家，而国家建构对秩序、规则和稳定的需求，使政府仍须是国家治理体系的中坚力量，政府与市场、社会必须在法治框架内合作治理。

---

① 曾辉方：《政府推动型现代化模式利弊分析——1978 年以来中国初步的经验与教训》，中共中央党校 2012 年博士学位论文。

与中国不同，伴随工业化的发展与完成，西方国家形态率先从以君主主权为象征的主权国家，转型为以议会主权为特征的法治国家。西方治理理论提出的"去中心化""去权威化"，目的是解决法治国家内在矛盾，蕴含着对主权国家和法治国家的扬弃，希图建立适应后工业社会的合作主义治理模式，从而取代政府垄断的单一管理。[①]换言之，法治与治理存在着矛盾，法治会阻碍私人组织、社会公共组织和公民参与公共治理体系；只有否定主权和法治，才能赋予合作治理以合法性。因此，一味夸大公民、社会和市场的作用，忽视和缩小政府的作用，是适应西方国情的治理理论和实践，但对我国制度转型时期的国家建构是有害的。[②]

多元治理主体是政府主导的合作模式，健康的市场和社会力量有助于塑造良善的政府治理结构。当前，我国已迈入工业化社会，政府导向型发展的负面效应愈发凸显，其表现为经济发展越繁荣，政府吸纳的社会资源就越多，导致政府实际承担的公共职能范围持续拓展，市场和社会更加依赖政府，而难以壮大为成熟的自治主体，这反过来又使政府容易成为社会矛盾的聚集点，市场和社会缺乏足够的自愈能力，进而影响国家的稳定与发展。[③]政府治理打破了国家主义和自由主义建构下国家与社会之间的零和博弈格局，主张在"政府—市场—社会"的三元框架内，国家与社会在各自活动边界的领域中建立协调合作、有机统一的多元主体结构（如图1-1）。

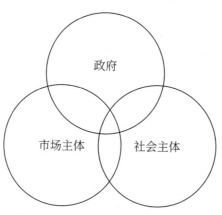

图 1-1　政府治理的多元主体结构

---

① 张康之、张乾友：《近代国家的演进逻辑》，《社会科学战线》2008 年第 10 期。
② 张立荣、冷向明：《当代中国政府治理范式的变迁机理与革新进路》，《华中师范大学学报（人文社会科学版）》2007 年第 2 期。
③ 燕继荣：《变化中的中国政府治理》，《经济社会体制比较》2011 年第 6 期。

政府治理理论吸收了西方治理理论有关政府、市场与社会互动关系的分析框架，主张在政府主导下，市场主体和社会主体有序进入国家治理体系之中，让不同利益诉求透过协商达成谅解，以此作为行政决策的前提和依据，再发挥政府、市场和社会力量的各自优势，合作解决公共问题，实现社会的稳定和经济的发展。参与也是对政府权力行使的监督，并能帮助政府发现公民的真正需求，改善权力运行机制和提高效果。[①] 通过与政府的合作互动，不断提高市场主体和社会主体的能力、自信与认可度，逐渐发展为成熟的治理主体。

### （二）公共权力运行模式的多向互动

公共权力是政府治理的核心要素。政府治理主要是各级政府为主体的行政活动，其本质关系是行政权力与公民权利之间的关系。[②] 在政府治理框架内，公共权力运行模式不再是单一的自上而下，而是以双向平行互动为主、自上而下为辅。这一变化是我国公共权力格局改变的必然结果，是顺应权力社会化发展趋势的。

公共权力格局是政府权力与社会权力在作用和范围方面的对比态势，主要表现为政府对市场主体、社会主体和公民个人的干涉程度及反向影响能力。[③] 改革开放前，我国是国家统管一切的单极权力格局，社会处于高度政治化和国家化状态中，市场被取缔、社会活动空间被压缩，政府不仅垄断了绝大多数资源，还控制着各类组织，国家和政府几乎是社会活动的唯一主体，行政权通过自上而下的命令手段支配着经济生产和社会生活。改革开放后，"放权""还权"成为行政体制改革的重要内容，如家庭联产承包责任制使农民获得了土地经营权，国有企业改革使企业取得了经营自主权，建立了市场经济体制，肯定了由市场配置资源的经济运行机制，鼓励与培育社会组织发展，承认社会的自治权利，这一过程的本质是权力社会化。在这样的背景下，政府退出了某些领域，收缩了干预范围，并委托或者授权社会组织行使部分公共权力，逐渐形成了适应市场经济条件的多元权力格局。[④]

---

① 石晶：《如何评价政府治理绩效——基于公众参与的视角》，《国家治理》2014 年第 6 期。
② 王浦劬：《国家治理、政府治理和社会治理的含义及其相互关系》，《国家行政学院学报》2014 年第 3 期。
③ 孙开红：《论当代中国政府权力社会化》，《云南行政学院学报》2005 年第 2 期。
④ 康晓光：《权力的转移——转型时期中国权力格局的变迁》，浙江人民出版社 1999 年版，第 143 页。

权力社会化改变了政府的角色，使之不再是高高在上的统治者或管理者，而成为治理活动的权威协调者。[①] 在现代公共事务面前，政府的权力与能力已难以全面、及时地回应社会需要，且所承担的公共服务任务过重，导致市场与社会对政府的依赖性减弱，企业和社会公共组织渐渐成长为市场与社会的自治主体。政府与企业、社会公共组织的冲突对立关系被颠覆，逐步形成相互依赖、优势互补的合作关系。为了实现公共目标，传统政府管理强调命令与控制，依托政治权威，通过制定和执行政策来管理公共事务，相反自由主义追求私有化，否定政府管理的重要性，要求限制行政裁量权，而政府治理则为政府创造了"谈判与磋商"的第三条道路，使协商与合作成为公共行政的常态。[②] 瑞士学者梅里安认为，新的治理特征"不再是监督，而是合同包工；不再是中央集权，而是权力分散；不再是由国家进行再分配，而是国家只负责管理；不再是行政部门的，而是根据市场原则的管理；不再是由国家'指导'，而是由国家和私营部门合作"。[③] 政府治理追求协商与合作，但它必须建立在公共利益、市场原则和相互认同之上，且各方对共同目标的认同是治理机制的权威来源，这样公共权力运行必然表现出多向性和互动性，而不能仅是单一的自上而下。

### （三）协商与合作为主的治理方式

政府治理是以信任为基础，旨在构建相互依靠、多元协调统一的治理格局，使政府由"划桨"转向"掌舵"，重新整合政府、市场和社会的力量，发挥各自优势来实现共同目标，所以协商与合作成为治理方式的当然选择。在多向互动的治理实践中，协商是政府与市场、社会的主体经谈判形成并确立共同的规则与目标，合作是政府与其他主体依照规则共同解决公共问题，本质上讲协商也是一种合作。因此，政府治理的本质特征是合作，它是"政治国家与公民社会的合作、政府与非政府的合作、公共机构与私人机构的合作、强制与自愿的合作"[④]。

协商与合作之所以是政府治理的主要方式，还在于现代政府面临着越来越

---

① 顾平安：《政府治理的基本特征和主要形式》，《党政干部学刊》2005 年第 10 期。
② ［美］莱斯特·M. 萨拉蒙：《新政府治理与公共行为的工具：对中国的启示》，李婧译，《中国行政管理》2009 年第 11 期。
③ ［瑞士］弗朗索瓦 - 格扎维尔·梅里安：《治理问题与现代福利国家》，肖孝毛译，《国际社会科学杂志（中文版）》1999 年第 1 期。
④ 俞可平：《治理和善治引论》，《马克思主义与现实》1999 年第 5 期。

复杂的市场和社会问题，但是公共财政和政府的自身应对能力是有限的，政府不得不借助专业技术人员或者其他社会力量，才能实现公共目标。<sup>①</sup> 在现代社会，全球化和工业文明所制造的风险严重威胁着人类的生存与发展，过去各种异常状况在如今却屡见不鲜，人类生活在"文明的火山上"，随时可能遭受系统性和不可逆的伤害，如传统社会结构的巨变，经济运行机制的日趋复杂，生态环境被放射物、毒素和污染物所包围，市场崩溃、金融危机、法律失信等灾难性政治事件随时可能爆发。<sup>②</sup> 为回应风险社会的挑战，政府与市场和社会必须建立起互信伙伴关系和网络联系机制。人类社会存续需要社会合作化，合作是通过交往且在核心问题上以达成一致意见为目的的交往来形成。<sup>③</sup> 面对危险而复杂的公共风险，政府需要通过与企业、社会组织、公众的协商来减少误判，增进理解与互信，达成共同的治理目标与行为规则，搭建资源与信息的共享平台，从而充分调动各方力量合作解决公共问题。

协商与合作的根基是双方达成合意，即对所欲解决的公共问题，政府与相关主体有着彼此认同的目标和规则。这要求政府平等对待市场主体和社会主体，尊重市场在经济机制中的资源配置作用和社会自治，诚信履行合意约定的权利与义务，避免政策的随意性变动，不能"新官不理旧账"。若因公共利益需要而变更、撤销或者废止合意内容的，应当协商一致或者依法处理。在此情况下，传统政府"公"行为添附了"私"的属性，公私合作是新的治理方式的重要特点。合作不是否定政府行为的强制力，亦非减弱政府维护社会安全与秩序的职责。国家强制力仍然是保障法律实施的后盾，但文明国家法律的特色是强制力越来越退居幕后。<sup>④</sup> 行政法治的文明进步，在矫治政府专横武断行为的同时，亦要求政府执法应充分尊重相对人，通过合作将相对人意志吸纳入政府意志，同时将政府意志融入相对人意志，使相对人成为行政法律关系的主体，实现行政法律关系的双方性，切实尊重和保障人权。<sup>⑤</sup>

---

① ［美］莱斯特·M.萨拉蒙：《新政府治理与公共行为的工具：对中国的启示》，李婧译，《中国行政管理》2009 年第 11 期。
② ［德］乌尔里希·贝克：《风险社会》，何博闻译，译林出版社 2004 年版，第 19～22 页。
③ ［德］哈贝马斯：《交往行动理论》（第 1 卷），洪佩郁、蔺青译，重庆出版社 1993 年版，第 505 页。
④ Lloyd D，The Ideal of Law，London：Penguin Group，1991，p.43.
⑤ 叶必丰：《行政法的人文精神》，北京大学出版社 2005 年版，第 234～235 页。

### （四）管理寓于服务之中以人为本的公共行政目的

管理和服务是现代政府的基本职能。从行政客体的角度观之，管理和服务则表现为公共行政的不同目的。管理，又称"管制"，它是在法律授权下，政府为维护公共秩序和公共利益，对市场主体和社会主体的行为进行控制，具有强制性和非对等性。服务，是政府回应市场和社会的需求，使用公共资源来供给公共产品，提高公共福利水平，保障公民基本权利，表现为非强制性和平等性。任何政府都会管理社会和服务民众，"政治统治到处都是以执行某种社会职能为基础，而且政治统治只有在它执行了它的这种社会职能时才能持续下去"①。即便在封建社会中，为维护皇权统治，皇帝和官僚也会勤政爱民，恩赐一些好处给民众。

服务是现代公共行政的理念与归宿。在早期资本主义时期，英国哲学家洛克就指出，"人们联合成为国家和置身于政府之下的重大的和主要的目的，是保护他们的财产"②，这说明当时政府的存在价值是提供保护私人财产的服务。法国法学家狄骥认为，政府与公民之间是一种服务与合作的关系，行政权作用不是权力行为，而是促进公共福利、道德和精神发展来满足公众需要的公务行为，即公共服务行为。③ 在中国政府治理框架中，多元化治理主体的合作共治，注重治理方式的柔性互动，推动着政府性质由国家本位转向社会本位，使服务社会成为政府的主要功能，建设服务型政府是政府治理的重要目标。④ 它要求公共服务必须以人为本，不断满足人民需求，促进人民全面发展，增强人民的获得感和幸福感，尊重被服务者对服务和服务者的选择权，重视协商一致的交互过程，提供被服务者所期望的公共产品。

政府治理不是要祛除管理，而是要放弃为管理而管理的行政活动。任何社会发展都需要安定的社会秩序，对可能破坏公共秩序和公共利益的活动，政府必须强化管理。例如，对可能危及公共安全的人员、物品、区域的控制，迅速果断地处置严重危及公民人身财产安全的暴恐、骚乱等事件。政府对这类活动的管理，就是对社会稳定有序发展的服务。从这个意义上讲，政府治理中的管

---

① ［德］恩格斯：《反杜林论》，《马克思恩格斯选集》（第 3 卷），人民出版社 1995 年版，第 523 页。
② ［英］约翰·洛克：《政府论（下篇）》，叶启芳、瞿菊农译，商务印书馆 1964 年版，第 77 页。
③ ［法］莱翁·狄骥：《宪法论》，钱克新译，商务印书馆 1959 年版，第 482～484 页。
④ 董晓宇：《公共管理的由来及其与公共行政的内在差异——由传统公共行政到公共管理研究之一》，《北京行政学院学报》2004 年第 1 期。

理寓于服务之中，为服务而管理，在服务中进行管理，在管理中实现服务，不能因管理而忽略服务，也不能单纯讲求服务而偏废管理。在此背景下，管理具有以下特性：一是价值理念的公平公正导向，其起点与目的是保障公民权益和促进福祉共享，而非以约束市场和社会的活动来维护统治秩序；二是依据和内容的法定化，管理必须依据体现公民意志的法律，由法律明确管理的内容和界限，并经法定程序和方式作出；三是责任性与救济，当受到政府违法或者不合理的管理时，相对人依法可以得到救济，错误的管理行为必须得以纠正，并追究相关人员的责任。[①] 总之，政府治理是以人为本的服务行政，管理寓于服务之中，重视非强制性手段的效用，既要防止政府权力扭曲，又要警惕政府作用弱化，意在建立有限有为的服务型政府，使稳定有序发展与公共福祉增进相得益彰。

## 三、政府治理与相关概念的辨析

党的十八届三中全会《中共中央关于全面深化改革若干重大问题的决定》中，涉及治理的概念有国家治理、政府治理和社会治理。这是批判吸收西方治理理论与实践的有益内容，是立足我国治国理政经验的理念创新。那么，要准确认识和把握政府治理的内涵与外延，必须辨析和厘清其与西方治理概念，以及与国家治理、社会治理等概念的相互关系，进而确定政府治理的界域。

### （一）政府治理与公共治理之辨析

国内文献通常将"政府治理"混同于"公共治理"，从多中心治理层面上来理解"政府治理"。但是，政府治理与西方发达国家的公共治理是有本质差异的，我国目前还不具备多中心公共治理的客观条件，它只是部分学者理想的未来治理模式。

首先，政府治理和公共治理的主体结构不同。政府治理强调"政府主导"，政府是处理公共事务的主导力量。我国当前市场和社会尚不具备与政府均势互动来管理社会事务和供给公共服务的能力，政府还承担着培育市场和社会的职

---

① 刘熙瑞：《服务型政府——经济全球化背景下中国政府改革的目标选择》，《中国行政管理》2002 年第 7 期。

责。"政府治理"的概念是综合考虑了现实状况、改革目标、有序渐进改革等因素，并将社会本位确立为我国公共管理的发展方向，旨在实现政府与其他社会主体真正地平等协商、良性互动、各尽其能和各司其职来管理公共事务的愿景。[①]换言之，政府治理是要变革国家本位的全能型政府、政府本位的经济绩效型政府，优化政府职能，既要建设一个能有效维护社会稳定的"大政府"，又要培育一个高度自治和制约政府权力的"大社会"。

公共治理强调"社会中心"的多中心主体共治，其包括政府又不限于政府，企业、非政府组织以至公民个体都可成为治理主体。[②] 在西方学术语境中，"治理"主要是指政府分权和社会自治，意在借助社会力量矫治市场与政府的双重失灵。如俞可平所言，当发现仅依靠市场或者国家手段无法实现资源的最优化配置时，西方学者便尝试以治理机制来应对市场配置社会资源的失效及国家的失效。[③] 政府在公共治理模式中虽发挥着重要作用，但是在整个治理网络中，政府仅是多中心主体之一，其他主体与政府处于相对均势的地位，特别是多数情况下是社会主体承担着解决双重失灵的重任。

其次，政府治理和公共治理的价值追求不同。公平与秩序是政府治理所注重的价值。政府治理不会延续管理体制下"秩序稳定高于一切"的做法，秩序优先转向自由优先是发展的趋势。但是我国仍处于现代化建设阶段，政府和其他主体的组织结构及主体之间关系都还不成熟，多元主体之间尚未完全建立起民主合作的关系。因此，一方面是行政体制改革的持续简政放权和转变政府职能，另一方面社会主体尚不能完全承接起政府转移的职能，导致"一放就乱，一乱就统，一统就死"的循环局面。政府也试图培育一些社会组织来管理社会事务，但在传统管理惯性下这些组织仍稚嫩弱小，市场和社会自我化解矛盾的能力有限。况且在社会加速转型的环境中，结构性失业、人口老龄化、区域发展不均衡等情况日趋严重，非理性思想和行为在社会中不断蔓延，但公共产品总量不足且分配不均等，因此国家发展仍需要一个强有力的政府整合社会力量，在秩序稳定中拓展自由的内容，增进社会公平正义。

民主与自由是公共治理所追求的首要价值。在国家和社会之间关系的理论

---

① 陈庆云等：《公共管理理念的跨越：从政府本位到社会本位》，《中国行政管理》2005 年第 4 期。

② ［英］格里·斯托克：《作为理论的治理：五个论点》，华夏风译，《国际社会科学杂志（中文版）》1999 年第 1 期。

③ 俞可平：《治理和善治引论》，《马克思主义与现实》1999 年第 5 期。

建构上，洛克和黑格尔先后开创了自由主义和国家主义的传统，但这两种理论都将国家和社会置于相互对立的地位,忽略了二者协同合作的关系。在他们看来，国家源于社会，政府产生于维护社会秩序的需要，社会拥有自主权。然而，战后资本主义国家的社会结构发生了巨大变化，对工业主义、商业主义、消费主义造成后果的反思，以及为回应不断壮大的国家主义，使新自由主义获得了极大发展。受之影响，公民社会思潮复兴，公民社会理念被用以检视国家过度干预社会所造成的紧张关系，并依此尝试着构建二者的互动合作关系，从而达到经济发展和社会稳定的目的。① 在经济领域，哈耶克等经济学家对古典自由主义和凯恩斯主义的经济理论进行了批评，认为经济领域是独立于政治领域的私人自治领域，政治的宗旨是服务公民社会发展，公民社会是维持宏观经济目标和微观经济发展之间平衡的力量，国家不应直接干预经济，但是国家和公民社会需要合作，必须重视对私人所有权的结构改造，发挥国家在市场经济机制中的积极作用。② 公共治理理论便为国家和公民社会合作提供了理论支撑，确立了公民社会在市场经济中的主体地位。③ 多中心主体合作治理虽然会因利益对立导致社会失序，但西方国家完备的制度体系能够及时使失序回归有序，而发展中国家可能难以应对这一风险。因此，公共治理植根于新自由主义思想土壤，依托民主与妥协的精神，通过去权威化和分权来实现国家和公民社会的合作。

## （二）政府治理与元治理之辨析

一般认为，由于我国的国家与社会是"中心—边缘"的关系，元治理理论符合我国强势政府的国情，是政府治理变革的最佳选择。④ 英国学者杰索普最早提出元治理理论，作为补救治理失灵的策略。他认为，政府是元治理模式中组织自组织的主体，承担着制度供给和战略设计两方面任务，即一是创设规则使各个自组织之间形成功能互补和资源互济的关系，二是促成各个自组织达成共同的战略目标。政府的组织作用表现为协调不同政策主张的群体进行对话、制定统一治理体系各个子系统的规则、督促各方遵循规则并实现各自目的，以及

---

① 邓正来、［英］J. C. 亚历山大编：《国家与市民社会：一种社会理论的研究路径》，中央编译出版社 2002 年版，第 3 页。
② ［美］戈兰·海登：《公民社会、社会资本和发展:对一种复杂话语的剖析》，周红云译，见何增科主编《公民社会与第三部门》，社会科学文献出版社 2000 年版，第 102 页。
③ 周俊：《全球公民社会引论》，浙江大学出版社 2010 年版，第 44 ～ 48 页。
④ 于水等：《元治理视域下政府治道逻辑与治理能力提升》，《江苏社会科学》2014 年第 4 期。

采取措施补救子系统的失败，而非以命令要求自组织服从。① 元治理修正了治理理论的去国家化、去权威化，提升了政府地位，使政治权威更多地介入组织政府与自组织的伙伴关系，以及建设治理网络机制。② 荷兰学者库伊曼和吉安特福特认为，元治理改变了治理秩序的价值、规范和原则，它是公私组织互动的治理活动，是社会的元治理，但是不能仅仅从主体层面来解析元治理，应当注意到互动学习对治理方式选定的重要作用。③ 丹麦学者索伦森和托弗林认为，元治理的优势是高效和民主，选举产生的政治家和公共管理者在元治理网络中可使用的工具有：一是网络设计，即拟定网络的范围、主体、结构和程序机制；二是网络建构，即运用政治目标、财政、法律和话语权来建设网络；三是网络管理，即通过各种物质和非物质资源的输入，缓解网络关系紧张、化解冲突、授权参与者和降低交易费用；四是网络参与，即直接参与网络治理中影响政策议程、可行方式的选择范围、做出决策和协商制定政策的条件。④ 概而言之，元治理理论对治理理论的"社会中心主义"有所反思，重塑了政府在网络治理中的权威，同时强调政府与其他治理主体之间的优势互补和互动合作，但元治理的前提仍是多中心主体治理。

中国语境的政府治理与元治理"请回政府"的策略都意识到政府在治理体系中的重要作用。不少学者认为，我国"强政府"的国情和科层管理的传统与元治理模式是相通的，并且具备了建立元治理体系的现实条件，如"党委领导、政府负责、社会协同、公众参与"的社会管理格局、法治发展、服务型政府建设和公民社会的兴起。⑤ 但是，政府主导的治理与元治理是有区别的：首先是治理实践的背景不同。政府治理是适应我国转型阶段特点的治道变革，是经济社会发展的阶段性结果，而元治理是西方国家应对后工业化社会中复杂公共事务的理论设计；其次是治理结构和模式不同。尽管多数观点支持多中心合作治理

① ［英］鲍勃·杰索普：《治理的兴起及其失败的风险：以经济发展为例的论述》，漆蕪译，《国际社会科学杂志（中文版）》1999 年第 1 期。
② Jessop B, "Capitalism and its Future: Remarks on Regulation, Government and Governance", Review of International Political Economy (3, 1997), pp.561-581.
③ Kooiman J, Jentoft S, "Meta-Governance: Values, Norms and Principles, and the Making of Hard Choices", Public Administration (4, 2009), pp.818-836.
④ SØrensen E, Torfing J, "Making Governance Networks Effective and Democratic through Meta-Governance", Public Administration (2, 2009), pp.234-258.
⑤ 郭永园、彭福扬：《元治理：现代国家治理体系的理论参照》，《湖南大学学报（社会科学版）》2015 年第 2 期。

是未来我国政府治理的发展方向，但是政府治理的结构和模式还处于理论与实践的探索之中，而元治理承续了治理理论的基本价值取向，校正了国家和政府的作用，却没有根本性改变西方国家的治理结构和模式。简言之，元治理不是要"请回"中国话语中的强势政府。

元治理理论对我国政府治理实践的借鉴意义在于，它提醒政府应当成为规则的设计者、守护者和模范遵守者，市场和社会的建设者，社会组织的培育者，公共利益的平衡者，治理责任的担当者，重点是谋划共同治理目标和发起共同治理行动。[1] 伴随经济社会的管理风险加大和公民权利意识觉醒，政府必须重视内部自治理，推进行政体制改革，提高自身治理能力，建立服务型法治政府，同时强化外部治理，明确自身在治理网络中的地位和作用，妥善运用各种治理工具，协调社会主体共同完成治理目标，推动政府、市场与社会在国家治理体系中的良性互动。[2]

### （三）政府治理与国家治理之辨析

通过上文分析，政府治理的中国范畴渐为清晰，然其轮廓尚模糊，故需要进一步明晰其在中国治理体系中的界域。本质上讲，国家治理、政府治理和社会治理是一致的，即党领导人民治理国家和管理公共事务，但三者在外延上有着不同的联系情况，这里先讨论国家治理与政府治理的关系。

国家治理是国家共同体的总体治理，是实现国家性质、根本制度和创新发展的治理。[3] 国家是阶级性与社会性相融合的客观存在，领土、国民、政府机构等是组成国家的基本元素。作为实现国家任务的根本途径，国家治理包含两方面内容：一是国家的自治理，即在承袭与革新传统政治文化的同时，借鉴其他文明国家的发展经验，创造中国逻辑的现代国家政治发展模式，建成现代化国家；二是国家的他治理，即国家对社会的治理。[4] 根据习近平总书记的治国理政思路，它涵盖了国家治理体系和国家治理能力现代化两个子系统，前者包括经济领域的市场治理、政治行政领域的政府治理、社会领域的社会治理、文化领域

---

① 李剑：《地方政府创新中的"治理"与"元治理"》，《厦门大学学报（哲学社会科学版）》2015 年第 3 期。
② 于水等：《元治理视域下政府治道逻辑与治理能力提升》，《江苏社会科学》2014 年第 4 期。
③ 王浦劬：《国家治理、政府治理和社会治理的含义及其相互关系》，《国家行政学院学报》2014 年第 3 期。
④ 乔耀章：《从"治理社会"到社会治理的历史新穿越——中国特色社会治理要论：融国家治理政府治理于社会治理之中》，《学术界》2014 年第 10 期。

的思想道德治理、自然环境领域的生态治理、国防领域的军队治理和党建领域的执政党治理等七大领域;后者包括依法治国、改革、发展、稳定、内政、外交、国防、治党、治国、治军等十个方面的能力,其中最重要的是依法治国的能力。[①]因此,国家治理与政府治理之间是包含与被包含的关系。

政府治理是国家治理的关键,党政关系是国家治理中最重要的关系。国家治理是在中国共产党领导下,依靠立法、行政、司法等权力体系的整体运行来实现的,其中国家行政体系是实施国家法律政策的主要途径。现代民主国家政府都是由执政党组建的,中国共产党对国家政权机关的领导是实现党的执政地位的重要方式。党的领导地位使政府治理表现出"以党领政"的特色,党委是各级政府中的权力与决策中心,政府机构往往成为党委决策的执行部门。[②]在治理实践中,必须要处理好执政党与政府的关系,既要坚持党的领导,又要防止以党代政。

### (四) 政府治理与社会治理之辨析

社会治理是社会主体对公共事务进行的治理活动。社会是人们在一定关系下联结而成的集合,"是一个具备整体性、动态性、层次性和适应性的复杂网络系统"[③]。在广义上,市场是社会的产物,是社会的组成部分。社会治理也可从"自治"与"他治"两方面来理解:一是社会的自我治理,它表现为公民、社会公共组织等社会主体在不违背国家法律的前提下自我管理公共事务,服务自我,改善民生福利,化解矛盾纠纷,自下而上地推动社会良善发展;二是社会的他治,即社会主体通过选举、质询、监督、问责、罢免等方式来治理国家和政府,约束国家权力。[④]与将社会作为治理对象的"治理社会"不同,社会治理强调治理主体的社会性和社会自治。社会治理是西方治理理论的核心内容,多中心主体合作的实质是政府分权给社会主体自治。在社会中心主义和个人本位的理念下,"没有政府统治的治理比起善于治理的政府更为可取",因为政府时常会推

---

① 许耀桐:《习近平的国家治理现代化思想论析》,《上海行政学院学报》2014 年第 4 期。

② 俞可平:《中国治理变迁 30 年(1978—2008)》,《吉林大学社会科学学报》2008 年第 3 期。

③ 范如国:《复杂网络结构范型下的社会治理协同创新》,《中国社会科学》2014 年第 4 期。

④ 乔耀章:《从"治理社会"到社会治理的历史新穿越——中国特色社会治理要论:融国家治理政府治理于社会治理之中》,《学术界》2014 年第 10 期。

行不为人们普遍支持或者是错误的政策①，而社会自组织在经济、政治和社会的协调方面发挥的作用往往超过了市场或政府②。

在我国，社会治理是在中国共产党领导和政府主导下，广泛吸纳社会主体参与治理社会公共事务的活动，它的总体格局是"党委领导、政府负责、社会协同、公众参与、法治保障"③。十八届三中全会又进一步将社会治理方式概括为"四个坚持"，即坚持系统治理、坚持依法治理、坚持综合治理和坚持源头治理，其中在坚持系统治理中，要求"加强党委领导，发挥政府主导作用，鼓励和支持社会各方面参与，实现政府治理和社会自我调节、居民自治良性互动"。可见，政府在治理活动中的作用是区分社会治理和政府治理的关键。社会治理本质是社会自治，政府在社会治理中的主导作用不是要代替社会主体处理社会事务，而是要培育社会主体能力，规范社会自治行为，指导和扶持社会主体实现治理目标，逐步形成社会自我管理、自我服务和自我监督的能力。社会治理涉及的是社会关系，如社会安全、社会保障等，而政府治理本质上涉及的是行政权力与权利的关系。就治理范围而言，社会治理与政府治理存在重合之处，且二者界域是动态变化的。当社会主体成熟和秩序稳定时，政府权力会从社会中收缩，而社会秩序失范时，必然要求政府权力介入社会以稳定社会秩序，保护公共利益和个人合法权益。总体而言，伴随权力社会化和社会自治能力的逐步增强，政府治理范围会逐步缩小，社会治理疆域会不断拓展（如图1-2）。

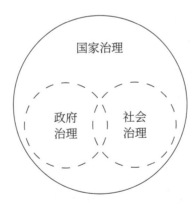

图1-2　国家治理、政府治理与社会治理的关系

---

① ［美］詹姆斯·N. 罗西瑙：《没有政府的治理》，张胜军等译，江西人民出版社2001年版，第5页。
② ［英］鲍勃·杰索普：《治理的兴起及其失败的风险：以经济发展为例的论述》，漆蕪译，《国际社会科学杂志（中文版）》1999年第1期。
③ 胡锦涛：《坚定不移沿着中国特色社会主义道路前进　为全面建成小康社会而奋斗》，《人民日报》2012年11月18日第1版。

### （五）政府治理与公私合作、私营化之辨析

公私合作（又称公私协力）是意涵较广的概念，是现代国家治理的典型方式，它通常将政府视为"公"，其他主体均视为"私"，大致是指政府与社会公共组织、企业等主体优势互补，共同运用公权力或者私法方法，合作完成行政任务的方式。政府治理注重公私协商与合作，但还包括有政府的单向强制性行为，因此公私合作是政府治理的下位概念。

私营化（又称民营化）的概念含义亦尚无定论，主要是指以私法组织的方式改进国营事业的运作效率，或者因财政负担过重而将国营事业交由私人主体来经营，表现出从国家到私人的单向维度。私营化的经典划分是德国学者肖赫（Schoch）总结的机构私营化、财产私营化、功能私营化和实质私营化。[①] 但是，私营化在实践中大多表现为混合形式。特许经营、政府购买公共服务等私营化方式本质上就是公私合作治理。[②] 因此，私营化亦可视为政府治理的一种手段。

## 四、统治、管理到治理的治道变迁

中华人民共和国成立以来，我国政府理政方略经历了从"统治"到"管理"再到"治理"的变革过程[③]，大致可分为 1949 年至 1977 年的国家统治模式、1978 年至 2012 年的政府管理模式和 2013 年至今的政府治理模式。"治理"是统治的"治"与管理的"理"的有机结合，但是"治理"的概念不是对"统治""管理"实质内容的全部否定，"治理"使"统治"和"管理"具有了现代内涵。当前，国家统治模式已难以适应经济社会发展现状，政府管理危机亦频繁发生，吁请开放管理过程并吸纳公众参与的呼声高涨，政府治理模式应运而生，成为深化行政体制改革的核心内容。

改革开放前，国家统治模式是我国治国理政的方略，这是一种国家控制下封闭化管理的权治模式。它强调国家与法律是阶级统治的工具，国家是阶级统治的唯一合法主体，目的是维护本阶级的统治秩序和利益，国家机关和统治阶

---

① 赵宏：《德国行政民营化的制度发展与学理演进》，《国家检察官学院学报》2016 年第 5 期。
② 章志远：《民营化、规制改革与新行政法的兴起——从公交民营化的受挫切入》，《中国法学》2009 年第 2 期。
③ 应松年：《加快法治建设——促进国家治理体系和治理能力现代化》，《中国法学》2014 年第 6 期。

级的各种社会组织是实施统治的部门。[1] 作为实现国家统治职能的核心主体，政府是万能的、全能的，但政府活动必须服从和服务于政治，政治与行政不分、党政不分。政府依靠层级分明、体系庞大的官僚体制，凭借政治权威和权力，采取强制性统治手段，自上而下、单向度推行政策措施。政府与统治对象之间地位明显不平等，个人须无条件服从政府，片面强调公民对国家的责任和义务，疏于权利保障和对权力的监督与规制。在国家统治之下，政府对经济社会的介入过深，政府职能覆盖面过广，但能够运用的公共资源总是有限的，这就导致政府负荷过重、反应迟钝，政府行为往往落后于经济社会发展进程，政府越位、错位、缺位、不到位的现象频繁发生，导致国家统治失灵。

改革开放后，政府管理模式逐渐取代了国家统治。在党的十一届三中全会上，中共中央就指出，"我国经济管理体制的一个严重缺点是权力过于集中"，要求"认真解决党政企不分、以党代政、以政代企的现象"。[2] 作为政治体制改革的突破口，党政分开使政府成为相对独立的管理主体，党的领导主要是政治领导，经济社会管理由政府负责。[3] "管理"一词逐渐取代"统治"，广泛出现在法律规范和党的政策文件中。如1982年《中华人民共和国宪法》（以下称"《宪法》"）第2条第3款规定："人民依照法律规定，通过各种途径和形式，管理国家事务，管理经济和文化事业，管理社会事务。"管理的强度弱于统治，要求政府行为以市场为导向，推崇科学行政，提高行政效率，放松对经济与社会事务的管制，放权给企业和社会组织，拓展市场与社会的自治空间。管理的依据强调法制，强调政府依法管理市场与社会，政府权力运行须符合法的形式要件。管理的方式不再仅依靠强制手段，逐渐采用指导、劝说等非强制性管理方式，并开始向市场和社会购买公共服务。管理的主体不限于政府，通过国有企业、事业单位改制，部分政府职能转由社会公共组织承担，管理过程处于半开放状态。但是，政府管理模式在理念、价值导向和结果等方面仍接近于统治。在管理过程中，管理的主体和对象之间法律地位不平等，管理对象必须服从管理，"行政机关—行政相对人"二元结构是行政法制的逻辑起点，社会公共组织仅是辅助政府管理的

---

[1] 王绎亭：《第一讲——国家与法是阶级统治的工具》，《法学》1958年第1期。

[2] 中国共产党中央委员会：《中国共产党第十一届中央委员会第三次全体会议公报》，《实事求是》1978年第4期。

[3] 邓小平：《关于政治体制改革的问题》，《邓小平文选》（第3卷），人民出版社1993年版，第177页。邓小平指出："不搞政治体制改革，经济体制改革难于贯彻。党政要分开，这涉及政治体制改革。党如何领导？应该只管大事，不能管小事。党委不要设经济管理部门，那些部门的工作应该由政府去管。"

配角，公共权力仍主要是自上而下单向运行状态，公共利益优先于个人利益，目的是保证秩序稳定和经济发展。这是一种以政府为中心、半开放管理的形式法治模式。

政府治理是对管理理念的扬弃，"管理"是"治理"范畴内的一种行为方式，"治理"是刚性的"管理"与柔性行政的结合，它追求行为的形式合法性，更注重实质合法性，以人为本，寓管理于服务之中，通过服务实现管理的行政目标。在政府治理模式中，公共行政过程在政府主导下有序开放，鼓励并吸纳市场和社会主体参与，不断增强公共行政的正当性，这顺应了现代政治从代议民主向参与式民主转变的发展趋势。[①] 在开放管理过程中，政府不再是唯一的治理主体，社会公共组织、企业和公民个人都可成为治理主体，由此强制性行为的效用减弱，协商、合作等契约性、非强制行为的作用提升，双向互动、信任包容、多样复合成为治理实践的重要特征。公众参与行政也促使政府行为的价值导向从单纯的效率中心转向以公平正义为中心、效率为辅，尽可能使公民享受到优质且均等的公共服务。法治是政府治理的基本要求，政府治理水平与法治程度是同向递进的。[②] 政府治理建立在法治秩序之上，重视法律的有效执行，倡导良法善治，追求公平正义，是一种政府主导下民主化管理的实质法治模式（如图1-3）。

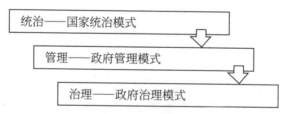

图1-3　政府治理在治道变迁中的定位

总之，政府治理在我国语境下有着特定的含义和特点，与西方话语中的公共治理和元治理是有区别的。在国家治理体系中，政府治理是指国家行政机关对内自我治理和对公共事务的合作治理，而政府自治理的目的是为了更好地治

---

① ［美］约翰·奈斯比特：《大趋势：改变我们生活的十个新方向》，梅艳译，中国社会科学出版社1984年版，第162页。
② Kaufmann D, Kraay A, "Governance Indicators：Where are we, where should we be going？", The World Bank Research Observer（1, 2008），pp.1-30.

理市场和社会。政府治理的基本特征是"一导多元"、公共权力运行的多向互动、协商与合作为主的治理方式以及管理寓于服务的行政目的，反对过分夸大市场和社会的作用。政府对内治理和对外治理是相辅相成、相互促进、有机统一的关系。在我国政府的治道变革中，政府治理模式是对国家统治模式、政府管理模式的扬弃，多中心合作的公共治理可能是未来中国的治理模式。

# 第二节　政府治理与行政法的关系分析

政府治理是法治之下的治理，行政法是政府治理的重要依据，但政府治理与行政法之间不是简单的线性关系，而是互为条件、互相贯通和互相促进，具有内在统一性和耦合性。

## 一、政府治理与行政法的一般关系

### （一）政府治理属于公共行政，是行政法的调整对象

公共行政是指不以营利为目的，旨在有效增进和公平分配公共利益所进行的组织、管理与调控活动，它包括国家行政和社会公行政。[①] 其中，国家行政是指国家行政机关组织和管理公共事务的活动。社会公行政是指社会公共组织对公共事务的管理活动。政府治理的主体之一恒定为"政府"，即国家行政机关，并以公共事务为治理对象来开展相关服务和管理活动，且不以营利为目的，旨在维护公共利益、增进社会福祉和保护公民权利。因此，政府治理活动属于公共行政。

政府治理和国家行政的主体均包括政府，但是政府治理的主体不限于政府，社会公共组织、企业、公民个人都可成为主体。在治理过程中，这些主体与政

---

① 石佑启：《论公共行政与行政法学范式转换》，北京大学出版社 2003 年版，第 20～33 页。

府之间是平等、协商、合作、共赢的伙伴关系，政府的主导权力主要是凝聚共识和克服障碍的后盾保障。而在国家行政中，社会公共组织、企业、公民是参与者，它们与政府之间不具有平等地位，是一种"政府—相对人"的二元主体结构，行政权单向、强制运行在政府管理过程中是常态。此外，政府治理和社会公行政的主体均包括社会公共组织，但是政府是政府治理的主导者，社会公共组织是社会公行政的主导者，因此社会公行政与政府治理的范畴有重合。总体上，政府治理的属性接近国家行政。

行政法是调整公共行政的法，包括行政法律关系、监督行政法律关系和内部行政关系，是规范国家行政机关和行政权的部门法。在治理过程中，政府与社会公共组织、企业、公民个人协商合作的目的是解决公共事务和公共问题，本质上涉及的是行政权的运用，所以无论行政任务的具体执行者是政府抑或非政府主体，执行行为都会影响到公共利益或者个人权利，并由此可能产生相应的纠纷。这就是一种行政法律关系和监督行政法律关系。同时，政府内部自治理是对上下级行政机关、同级行政机关各部门、行政机关与公务员之间内部行政关系的调整。因此，政府治理属于行政法的调整范畴。

## （二）行政法是政府治理的依据，又影响着治理变革

政府从总体性支配的管理转换到技术性治理的介质是"依法治理"。[1] 政府治理是任务导向的行政活动，它主张政府在治理过程中不应拘泥于消极地执行法律，支持政府与社会公共组织、企业、公民之间协商选择合适的治理工具，只要有助于完成治理任务以实现治理目标，无论公法方式、私法方式抑或公私混合方式都可选择。在这种实用主义和技术主义的理念下，政府治理必须依赖多元化规则来拓宽行政正当性资源的供给路径。因此，公法、私法、各方协商制定的规则、协商签订的公法契约或私法合同、自治规范等软法都可成为政府治理的依据，以规范各个治理主体的行为。

行政法作为政府治理的依据，不是用行政法作为治理公民的工具，而为政府行为划定底线、设定规则，要求政府的一切活动都不能违反法律。首先，政府必须恪守法律至上原则，行政立法、公共决策、协商制定规则、契约等均不

---

[1] 渠敬东等：《从总体支配到技术治理——基于中国 30 年改革经验的社会学分析》，《中国社会科学》2009 年第 6 期。

得违反法律。其次，政府必须遵守法律保留原则，对于涉及人民基本权利等立法专属事项，政府不得越位规定，必须由立法机关以法律规范，且政府重大决策必须于法有据。再有，法律救济的可获得性，对于治理过程中造成公共利益或者个人利益受侵害的，应当有相应的法律途径予以事后救济。

行政法是法治政府时代的标志，是规范政府行为的法。行政法的诞生，使政府行为有了法律上的依据，同时也终结了政府以自己主观意愿统治社会的历史。行政法不是自发生成的，它是人为建构来规范政府活动的，是民主法治文明的成果。但是，法治也是有限度的，它的缺陷之一表现为，法律有维护自身规则体系稳定性的保守倾向，一旦特定现状经法律建构为制度后，它会尽可能避免对制度的修改，从而导致法律与社会发展的冲突。这是法律的"时滞"特征。[①]因此，政府管理模式下建立的行政法体系就可能成为政府治理变革的羁绊。诚然，法治又具有引领和推动社会变革的功能。行政法与政府治理变革之间的巨大张力，消解于法治政府建设的时代使命之中。行政法必须积极回应变革，通过转理念、立新法、变旧法，使之既能满足政府治理变革需求，又能为深化变革提供新的路径和制度建构方案，动态弥补法律与变革之间的断裂，促进法律的"定"与政府治理的"变"之间的良性互动。

## 二、政府治理与行政法的内在契合

### （一）政治哲学基础的契合：马克思主义哲学

马克思主义哲学是中国特色社会主义实践的指导思想，中国政府治理变革和行政法治建设都必须以之为哲学基础。同时，中国政府治理和法治实践探索，又丰富和发展了马克思主义哲学，不断推进着马克思主义哲学中国化。

首先，中国政府治理和行政法治建设都以马克思主义哲学来抵御新自由主义侵蚀。西方国家从纵向统治到横向治理的根本转型，即将社会公共组织、企业、公民作为主体纳入到国家治理之中，是在反思资本主义中完成的。在这一演变过程中，20世纪70年代福利国家危机的蔓延，成为治理理论与实践兴起的诱

---

① ［美］E. 博登海默：《法理学：法律哲学与法律方法》，邓正来译，中国政法大学出版社2004年版，第419～421页。

因。但治理的直接哲学思想源于同时期崛起的新自由主义，它主张政府全面减少干预市场，限制政府权力，倡导完全市场竞争与个人主义，鼓励政府发挥支持、调控和服务市场的作用，因此"治理"而非"统治"就有了理论反思的现实需要。① 在中国，政府治理是中国共产党领导下政府主导的治理，法律是党的意志与人民意志的结晶，党的领导是理解中国治理与法治的"钥匙"。在党的领导下，治理和法治实践必须自觉运用马克思主义哲学，警惕资本和"去中心"思潮的潜在威胁，关注市场侵入和社会反弹与政府治理之间的角力，不能将治理变革等同于完全市场自由化。

其次，政府治理和行政法都坚持以人为本的马克思主义哲学核心。马克思认为，"人是国家的真正原则"，"不是国家制度创造人民，而是人民创造国家制度"，"不是人为法律而存在，而是法律为人而存在"②，"法典就是人民自由的圣经"③。法律具有主观性，它表现为一种国家意志，且总是与掌握国家政权的统治阶级的意志相适应。统治阶级善于利用法律使国家意志固定化，用法律规范社会秩序使之稳定，就可以使统治者与被统治者的地位合法化。④ 社会主义国家消灭了剥削阶级及其制度，让"人民群众把国家政权重新收回"⑤，实现了人民主权与统治权的有机统一。因此，在社会主义中国，政府治理和法律都秉持着以人为本的哲学思想，坚持以人为中心，通过努力发展物质和精神文明，使人摆脱受奴役的状态，促进人的解放和全面发展，不断增强人民的获得感。

最后，政府治理和行政法都坚持群众路线的马克思主义哲学中国化的工作方法。毛泽东指出，"我们共产党人区别于其他任何政党的又一个显著的标志，就是和最广大的人民群众取得最密切的联系"⑥，"在我党的一切实际工作中，凡属正确的领导，必须是从群众中来，到群众中去"⑦。习近平强调，在中国特色社会主义新时代，必须坚持以人民为中心，把党的群众路线贯彻到治国理政全部活

---

① 朱天飚：《国家治理与新自由主义》，《学术月刊》2014 年第 7 期。
② ［德］马克思：《黑格尔法哲学批判》，人民出版社 1963 年版，第 49 ～ 52 页。
③ ［德］马克思：《第六届莱茵省议会的辩论：关于出版自由和公布等级会议记录的辩论》，《马克思恩格斯全集》（第 1 卷），人民出版社 1956 年版，第 71 页。
④ 公丕祥：《马克思法哲学思想述论》，河南人民出版社 1992 年版，第 103 ～ 105 页。
⑤ ［德］马克思：《公社》，《马克思恩格斯全集》（第 17 卷），人民出版社 1963 年版，第 588 页。
⑥ 毛泽东：《论联合政府》，《毛泽东选集》（第 3 卷），人民出版社 1991 年版，第 1094 ～ 1095 页。
⑦ 毛泽东：《关于领导方法的若干问题》，《毛泽东选集》（第 3 卷），人民出版社 1991 年版，第 899 页。

动之中。[①] 政府治理主张的政府与其他治理主体协商合作完成行政任务，行政法追求的政府服从和服务人民的法治目标，都蕴含着群众路线这一根本工作方法。

### （二）内在价值的契合：权利保障

法律是以权利为核心建构起来的，保障权利是法治的本质追求，是宪法尊重和保障人权宣言的落实。在现代社会中，行政权是调控市场和规制社会有序发展的重要力量，给公民福祉和公共利益带来了诸多好处。但是，我们必须关注行政权和政府控制的固有风险。政府是公意执行机构，是人民的办事员。[②] 保障权利的法治追求与规范权力的行政法律制度安排是相辅相成的，目的是通过法律控制行政，让政府服从法律。政府认真对待人民和公民权利，人民才会认真对待政府和法律。[③] 这样法治的真谛和行政法的价值才能得以实现。

权利保障也是政府治理的内在价值追求。任何公共行政制度若只注重结果而不关注人权，那么它就可能演变为独裁和压迫。[④] 政府治理是以人为本的理性、科学治理，保障权利的价值追求贯穿了政府对内和对外两个维度的治理。政府内部自治理是政府的自我革命，重点是落实"法定职责必须为，法无授权不可为"的改革要求，优化政府职能和权力配置，完善行政组织结构和权力运行机制，确保政府职能的有效履行，防止权力侵蚀市场、社会和公民的权利空间。在外部治理维度，政府、市场和社会协商合作治理公共事务，变革了政府一元化管理模式，暗含着以市场经济权、社会公行政权和公民权利制衡行政权的制度设计。这一制度是以"权利—行政权"作为基本结构，通过协商与合作的程序规范，建构起"行政权—市场经济权—社会公行政权—公民权利"的多向互动、动态平衡的权力制衡结构，以确保行政权能勤勉谦抑，市场机制得以扬长避短，社会主体的作用充分发挥。在合作共治中，政府、市场和社会是平等的治理主体，以有效回应公民对公共服务需求为己任，体现出政府对公民权利的敬畏，这与法律将人的价值和尊严作为最高价值是一脉相承的，是权利保障的法治真谛的外化，旨在让人民有更美好的生活。

---

① 习近平：《决胜全面建成小康社会　夺取新时代中国特色社会主义伟大胜利》，人民日报 2017 年 10 月 28 日第 1 版。
② ［法］卢梭：《社会契约论》，何兆武译，商务印书馆 2003 年版，第 71～78 页。
③ 张文显：《法治与国家治理现代化》，《中国法学》2014 年第 4 期。
④ ［美］E. 博登海默：《法理学：法律哲学与法律方法》，邓正来译，中国政法大学出版社 2004 年版，第 386 页。

# 三、政府治理与行政法的耦合共进

## （一）耦合共进的目标：有限有为的法治政府

政府治理承认政府职能的有限性。政府变革一元化管理模式，建立多元主体合作共治格局，既反映出政府统管一切公共事务的能力不足，又是对市场资源配置作用和社会主体智慧的认可，它本质上要求合理划定政府、市场和社会各自作用范围，这样方能分工配合以发挥各自的优势。政府职能的有限表明政府权力应当有限，法律的基本作用之一就是规范和控制权力。美国学者施瓦茨认为，行政法的作用表现在三个方面，即行政机关行使权力的范围，权力行使的原则，以及对行政行为造成的侵权给予补偿。[①] 行政法对行政权的规范，又保证了行政权在法律界域的行动自由。因此，拉德布鲁赫认为，行政法是"扩大的国家活动的法律"。[②] 行政法规制政府权力和防止权力扩张与恣意的目的之一是建设有限政府。"有限政府是受制于法的政府，必须以法律界定政府的职能权限，政府必须在法律的约束下行事。"[③] 从而，明晰政府、市场和社会各自作用的法定范围，建立动态平衡的多元治理主体结构，实现保障权利和规范权力的法的价值追求。

政府治理要求政府积极有效作为。现代政府是有限的又须是有为的。"有限政府"明确了政府活动的疆域和行政权的边界，并以法律控制行政，促使政府职权法定化。"有为政府"主张政府在其职能范围内积极作为，不断提升行政效率和公共产品的品质。在合作共治中，"有为政府"不是无事不管、无所不能的全能政府，但政府也不应当推卸公共职能和监管职责，更不应当与企业、社会公共组织或者公民共谋利用隐形寻租等治理陷阱来侵蚀公共利益。在政府自治理中，"有限有为政府"要求完善政府内部管理体制，构建纵横有序的政府间合作关系，提高政府治理的效能。在法治视域，建设"有限有为政府"必须依赖行政法，遵循法律创制原则，依法推进行政体制改革，合理配置政府及其部门的权力与责任，完善权力运行机制，做到权责一体、职权法定，同时优化政府组织结构，健全权力监督机制，最终建成法治政府。

---

[①] ［美］伯纳德·施瓦茨：《行政法》，徐炳译，群众出版社 1986 年版，第 1 页。

[②] ［德］拉德布鲁赫：《法学导论》，米健、朱林译，中国大百科全书出版社 1997 年版，第 131～136 页。

[③] 石佑启：《论有限有为政府的法治维度及其实现路径》，《南京社会科学》2013 年第 11 期。

### （二）耦合共进的路径：良法善治

政府治理不是万能的，它有失灵的可能性，并且还存在政府规避责任、隐形寻租、共谋营私、责任模糊等治理陷阱。"善治"是对治理的扬弃，它为治理的技术性操作提供了价值指引和评价标准，既是一种治理目标，也是治理的方式和效果。善治的本质特征是政府与市场、社会、公民对公共事务的合作治理，是为促进公共利益最大化的政民共治，是二者之间良好协商和合作共赢的最佳状态。善治包括合法性、透明性、有效、参与、责任性、法治等要素[①]，建立在法制完善和法律信仰的法治之上。

法治的经典阐释是"已成立的法律获得普遍的服从，而大家所服从的法律又应该本身是制定的良好的法律"[②]，即良法是法治的前提。从形态变迁观之，法治历经形式法治、实质法治、形式法治与实质法治统一的不同阶段。"形式法治"注重法的形式正义和正当程序，否定法的道德性。如英国法学家拉兹认为，不应当将法治局限于良法之治，"法治仅是法律制度可能拥有的或者据此评价此制度的一项特征"，专制的法律制度也可能符合法治的要求。[③]"实质法治"主张法律应当以人权保障为核心，体现平等、正义等价值。[④]1959 年，在印度新德里召开的国际法学家大会通过的《德里宣言》便采用了实质法治的定义，认为在一个自由社会里，奉行法治的立法机构肩负着保障人类尊严的规则创制职责，人的尊严要求肯定公民权利和政治权利，并为个人人格的充分发展提供必要的社会、经济、教育和文化条件。[⑤]形式法治与实质法治的优劣与否虽然在理论上有争论[⑥]，但二者融合发展是战后西方国家法治实践的主流[⑦]。

党的十九大报告强调，以良法促进发展、保障善治。因此，中国政府治理现代化与法治化的同向共建过程，必然要求形式法治与实质法治融合统一。良

---

① 俞可平：《论国家治理现代化》，社会科学文献出版社 2014 年版，第 25 ~ 30 页。

② ［古希腊］亚里士多德：《政治学》，吴寿彭译，商务印书馆 1983 年版，第 199 页。

③ Raz J，The Authority of Law：Essays on Law and Morality，Oxford：Clarendon Press，1990，p.211.

④ Burton S J，"Particularism，Discretion，and the Rule of Law"，Shapiro I eds.，The Rule of Law，New York：New York University Press，1994，pp.178-201.

⑤ 梁治平：《法治：社会转型时期的制度建构》，梁治平编《法治在中国：制度、话语与实践》，中国政法大学出版社 2002 年版，第 93 页。

⑥ 周天玮：《法治理想国——苏格拉底与孟子的虚拟对话》，商务印书馆 1999 年版，第 92 页；强世功：《法律的现代性剧场：哈特与富勒论战》，法律出版社 2006 年版；谌洪果：《天人交战的审判：哈特与富勒之争的再解读》，《法律方法与法律思维》2007 年第 0 期。

⑦ 郑永流：《法治四章：英德渊源、国际标准和中国问题》，中国政法大学出版社 2002 年版，第 130 ~ 159 页。

法是形式法治和实质法治统一的基础，也是政府治理迈向善治的前提。良法始于立法，行政法律质量和价值品性的提高，依赖于科学、民主、依法的立法，且应将公平、正义、自由、民主、人权、秩序等价值融入所立之法。诚然，法治的实现非朝夕之功，必然经历一个由量变到质变、由点到面的长期实践过程。行政法对良善价值的现实关照，应当充分考虑经济社会发展程度、资源可承受度等因素，合理规划立法进程和制度安排，但要加快制定行政程序法等法治政府建设所亟须的法律。良法成于执法，行政法律质量高低与否要通过实践的检验，依赖于有效的遵守和执行。政府应当成为守法典范，恪守依法行政的法治原则，且要为公民学法、用法和守法提供相应条件和制度支撑。政府必须严格执法，"官吏是会说话的法律"[①]，要保证权力行使的不越位、不错位和不缺位，同时又应当彰显人文关怀，将法律中的道德伦理价值融入执法活动，让法律具有温度且可被亲近，从而提高政府治理的有效性。良法得于善治，良好的行政法为政府治理提供了法治的制度安排，促进了政府治理在法治轨道上的有效运行，这样以合法性统摄有效性，又以有效性强化合法性，二者互相配合、砥砺共进，使法治政府的目标得以实现。

## 四、政府管理模式下传统行政法特征及转型必然

改革开放后的政府管理时期，中国基本建立了行政法理论与制度体系，它提供了重构国家、社会与公民之间关系的现代方案，促进了政治、经济和社会文明的进步，这是传统中国行政法的历史贡献。但是，随着国家法治文明进步和现代公共行政发展，传统行政法也不能避免受到制度设计的历史局限。

首先，传统行政法以建立法制政府为目标。我国的改革开放是在党的政策下展开和推进的，法律在较长时间内更多的是用以确认改革成果和应付改革需要，顶层设计中也没有"法治国家"的建设目标。[②] 在"法治"与"法制"的论争中，主流观点还认为"法治"是资产阶级专政的"口号"，社会主义国家应当

---

① ［古罗马］西塞罗：《国家篇 法律篇》，沈叔平、苏力译，商务印书馆 1999 年版，第 223～224 页。
② 石佑启：《论立法与改革决策关系的演进与定位》，《法学评论》2016 年第 1 期。

加强法制建设。[①] 直到 1999 年宪法修订，"法治国家"的目标才得到确立，这在逻辑上便内含了"法治政府"，由此提出了"依法行政"原则，但明确将依法行政目标确定为建设"法治政府"的，是 2004 年的《全面推进依法行政实施纲要》。在这一历程中，大家对法律虚无主义和工具主义有了深刻反思，认识到法律能够规范国家权力和提供良好治国理政方案。但当时行政法所要解决的主要问题是为政府活动提供合法性依据，因此行政法律制度建设成为工作重点，目的是建立由法律制度架构的政府体制，即法制政府。

其次，传统行政法遵循的是形式法治的建构路径。它的基本思路是通过事先制定明确的法律规则对行政权进行控制。[②] 在制度架构上近似"传送带模式"，即法律由人民代表大会及其常委会制定，政府执行法律，法院通过审查具体行政行为的合法性来监督政府并给予权利救济。换言之，政府活动与法律的一致性与否是判断行政合法性的标准。立法授权行政的范围决定了行政法的解释范围，这一严格地按规则的行政方式既造成法律文本上确立的合理性原则在实践中处于虚置状态[③]，也使得行政的依据只能是国家制定法。

再有，传统行政法以"政府—相对人"二元结构为制度设计的逻辑起点。"政府—相对人"的关系结构是政府管理的精髓，也是行政法律关系的基本结构。它以权力与权利的对立为前提，将政府与行政权、相对人与权利界定为法律关系的主、客体，行政行为是引起法律关系形成、变更和消灭的主要条件，这意味着政府及其权力可以控制行政法律关系的进展。这一逻辑合理解释了政府一元化管理、行政程序的单向度运行、单一化管理方式的存在意义，并自然排除了多元互动的治理主张。[④]

最后，传统行政法对监督行政机制的建构不足。这一时期尽管行政诉讼法、行政监察法、行政复议法等法律先后颁行，而且立法的重点是规范消极行政，但由于行政法的主要任务是解决行政活动的合法性问题，加之行政组织法、行政程序法等基本法律阙如，行政诉讼范围又有限，行政复议维持率畸高，行政

---

① 孙国华：《坚持民主和法制是无产阶级的治国方针——兼论"人治"和"法治"》，《现代法学》1980 年第 3 期。
② 郑林：《把政府工作的法制建设提到政治体制改革的日程上来：学习邓小平同志党和国家领导制度的改革的体会》，《中国法学》1987 年第 5 期。
③ 王书成：《中国行政法合理性原则质疑》，《行政法学研究》2006 年第 2 期。
④ 有学者提出了行政相对人的主体性问题，但是是将之置于权力与权利对立的格局中论述的。方世荣：《论行政相对人》，中国政法大学出版社 2000 年版，第 58 ～ 121 页。

内部监察效果差，以及改革发展对行政权的现实需要等原因，行政法的权利保障与权力监督功能并未完全激活。救济与监督的低效在一定程度上也加剧了管理危机。

如今，政府管理在某些方面的不足已经显现，管理危机对管理模式及与之适应的传统行政法基础产生了挑战，而政府治理的兴起，且与行政法的价值本质与建构目标的统一，必将推动行政法在新时代的新发展。

# 第二章
# 政府治理变革与
# 行政法发展走向

国家理政方略从统治与管理走向治理，并非政治修辞的美饰。在中国迈向现代国家的进程中，繁杂多变的公共事务要求政府必须处理好与市场和社会的关系，为此政府唯有不断自我改革、及时调整公共权力结构及其运行机制、拓宽行政正当性来源，才能满足经济增长新模式和社会物质文化新发展的需求。在此意义上，政府治理是政治学知识转向公共行政，帮助公共行政摆脱市场化进程中出现的管理失败，并建立起新的正当性基础。[①] 政府治理主张，透过行政过程民主化来提升政府活动的正当性，反映出现代民主政治向公共行政的延伸。在这一背景下，中国政府必将进一步优化政府职能、健全政府组织结构、完善权力运行机制，以达到良善管理公共秩序和优质高效供给公共服务的目标。

## 第一节　政府治理变革与行政正当性回归

在政府治理结构中，政府与市场和社会合作共治公共事务，无不渗透着民主，同时行政过程民主化又拓宽了政府活动的正当性来源，推动了行政正当性的回归。

### 一、中国政府迈向治理之前的管理改革成果

1978 年，我国同步开启了行政体制改革与行政法制建设的历程。在社会主义法制百废待兴之际，计划经济体制下的行政体制也因法制废弛和权力过度集中而机构臃肿、人浮于事、效率低下。为了扭转行政管理中无法可依的局面，在恢复部分法律效力的基础上（《关于中华人民共和国建国以来制定的法律、法令效力问题的决议》），全国人大也加快了行政法律的立法工作，先后颁布了《中

---

① 孔繁斌：《政治学知识的转向：治理理论与公共管理》，《南京社会科学》2001 年第 9 期。

华人民共和国环境保护法（试行）》《中华人民共和国学位条例》等法律。1982
年宪法确立了法律至上原则，规定一切国家机关及其工作人员必须遵守宪法法
律。这成为行政法制建设的奠基石。同年，国务院公布了《关于国务院机构改
革问题的报告》，拉开了改革开放后第一次行政体制改革的帷幕。从 1982 年到
2013 年，我国集中进行了 7 次行政体制改革，到 1988 年后改革周期稳定为 5
年一轮。这里以历次改革中行政法制的成果为标准，将行政体制改革分为以下
三个阶段。

第一阶段为 1982 年至 1987 年：机构精简型的行政体制改革，1982 年宪
法、地方人大和政府组织法是改革的法律保障和成果。改革开放后，党的工作
重心转向经济建设，有的政府部门已不适应新的工作任务但仍保留有职数，同
时为了调整与恢复受"文革"影响的各项工作以推进改革，又需要集中权力来
强化管理，此外"文革"中的一些干部陆续恢复职务，这些因素导致各级政府
机构和人员的数量猛增，且已到了"确是难以为继的状态，确实到了不能容忍
的地步"①，精简机构势在必行。在中央，国务院机构从 1981 年底的 100 个精简
到 61 个，工作人员从原有 5 万余人减到 3 万余人。在地方，省级政府工作机构
从 50 至 60 个降到 30 至 40 个，工作人员从 18 万人降到 12 万余人，市县级工
作人员较之前约减 20%。②本次改革主要按照"重叠撤销、相近合并"的原则
来缩减机构，以及"革命化、年轻化、知识化、专业化"的标准来减少干部数量，
但经济体制改革还未全面启动，政府的经济管理职能没有发生根本性转变，导
致改革后机构和人员又膨胀起来。③由于法制初建，本次改革与法律的互动较少，
但宪法及相关法律中有关政府体制结构的原则得到了落实：一是国家机关精简，
实行工作责任制，不断提高工作质量和效率，反对官僚主义。二是国务院和地
方各级人民政府的性质、基本职责和地位确定，将各级革命委员会改为地方各
级人民政府，设立乡政府替代了人民公社。三是国家机关的职权划分基本明确，
规定行政机关不得干涉审判机关和检察机关的工作，政府成员不得担任人大常
委会委员以及兼任审判机关和检察机关的职务。四是授权国务院行政立法，行
政法规、规章逐步成为政府活动的重要法律来源。

---

① 邓小平：《精简机构是一场革命》，《邓小平文选》（第 2 卷），人民出版社 1994 年版，第 396 页。
② 夏书章：《行政管理学》，高等教育出版社 2008 年版，第 498 页。
③ 潘小娟、吕芳：《改革开放以来中国行政体制改革发展趋势研究》，《国家行政学院学报》2011 年第 5 期。

第二阶段为 1988 年至 2007 年：经济调试型的行政体制改革，1982 年宪法的 3 次修订、依法治国原则确立、行政诉讼法颁行和法治政府建设目标明确是主要的法制成果。1982 年的行政体制改革虽未实现预期目标，但为此后改革积累了经验。到 1985 年，中央已经注意到行政体制改革要与转变政府职能相结合来调整和精简机构。党的十三大指出，转变政府职能是行政体制改革的关键，必须按照经济体制改革和政企分开的要求，转变综合部门和经济调节部门的职能，使政府对企业由直接管理为主转变到间接管理为主，要求注重以法律来巩固机构改革成果和规范行政活动，并提出了行政组织法、行政机关编制法、行政诉讼法的立法构想。1988 年，宪法第 1 次修订就确立了私营经济的地位，并规定土地使用权的可转让。同年，《国务院机构改革方案》明确将党政分开、政企分开作为改革目标，要求政府转变职能、精干机构、精减人员，逐步理顺与政府相关的各种关系。1990 年 10 月行政诉讼法实施，这是我国行政法制建设的重大成果，是迈向行政法治的关键一步。但由于国内政治风波等因素影响，本次改革亦未达到预期效果。

1992 年，党的十四大提出建立社会主义市场经济体制的目标，要求行政体制围绕着这一目标进行改革。1993 年，国务院部署的新一轮改革中便将转变政府职能作为重点，要求通过政企分开，强化政府的宏观调控，落实企业经营自主权，明确了综合经济部门职能是宏观管理，并对专业经济部门进行分类改革。鉴于社会主义经济制度的重大调整，宪法第 2 次修订时明确规定了"国家实行社会主义市场经济"，"加强经济立法，完善宏观调控"。随着市场经济体制的逐步建立，行政体制改革的深度和广度不断加深和拓展。1998 年开始的第 4 次行政体制改革的目标是，逐步建立适应社会主义市场经济体制的有中国特色的行政管理体制，要求善于运用法律手段和发动社会中介组织来管理经济和社会事务，加强行政法制建设。这次改革将"国家计划委员会"更名为"国家发展计划委员会"，撤销了电子工业部等 14 个专业经济部门，计划经济体制下形成的以计划委员会作为宏观调控部门主导部际关系的格局被打破。1999 年，宪法第 3 次修订即确立了"中华人民共和国实行依法治国，建设社会主义法治国家"，以及"个体经济、私营经济等非公有制经济，是社会主义经济的重要组成部分"。

在加入世界贸易组织的背景下，2003 年的行政体制改革仍以社会主义市场经济体制建设为中心展开，在内容上突出了深化改革国有资产管理体制、宏观调控体系、金融监管、流通管理、食品安全和安全生产监督体制，明确了政府职能是经济调控、市场监管、社会管理和公共服务 4 个方面。此时，我国法制建设也有了长足进步，行政管理领域基本实现了有法可依，国务院适时于 2004 年提出了全面建设法治政府的总目标，并依照行政法治的要求确定了政府职能定位、行政决策、行政立法、行政执法等 7 个方面的具体目标。

第三阶段为 2008 年至今：经济与社会综合协调型的行政体制改革探索，它的法制条件是中国特色社会主义法律体系基本建成并朝着全面推进依法治国迈进。与改革开放前相比，我国政府职能已发生重大转变，社会管理和公共服务能力显著提升，市场配置资源的作用明显增强，公务员结构持续优化。但是，长期以经济绩效为中心的改革方向也带来诸多负面影响，且引发了利益格局调整等深层次的社会问题。因此，党的十七大提出了"加快行政管理体制改革，建设服务型政府"的目标。2008 年行政改革的核心是转变政府职能，依法行政成为根本原则，并以探索建立大部门体制为任务，总体目标是到 2020 年建立起比较完善的中国特色社会主义行政管理体制。这次改革已经意识到建设服务型政府的必要，但没有明确提出替代管理的理政理念，法治政府建设也还停留于政府应"按规则办事"的形式法治层面。因此，它在治道变迁中是一次过渡性质的改革。

2013 年行政体制改革延续了转变政府职能的中心任务，以改革行政审批制度为切入点，目的是促进市场配置资源和社会力量管理社会的作用有效发挥。由于此次改革设计先于党的十八届三中全会的召开，所以没有将适应国家治理体系和治理能力现代化作为行政体制改革的要求。在之后的《法治政府建设实施纲要（2015—2020 年）》中，政府已经自觉将法治政府建设融入中国特色社会法治体系和国家治理之中，从而开启了政府治理与法治政府建设同步共建共进的新纪元。

通过 40 余年的政府管理改革，中国政府基本摆脱了无法可依的制度环境，建立起了依法行政、"走程序"、"按规则办事"的法制政府。"无法律即无行政"得到了政府和公民的认同，但是社会经济发展现实中政府和公民又都有积极行政的需求，这种矛盾心理在一元化管理模式中容易引发政府与公民的冲突。因为在这一模式中，积极行政的单向度运行可能会给公民权益造成不利影响，而权利保障又依赖于事后救济，所以当公民在向政府表达诉求受阻，而政府又执意行政时，就可能会发生冲突。政府管理、形式法治、法制政府是循环互证的关系。这一关系结构的正当性危机，根源来自政府管理改革推动了公共权力结构变化，改变了政府管理的社会经济基础。

## 二、政府管理改革下公共权力结构的转变

### （一）公共权力结构的内涵

马克思主义唯物史观认为，公共权力先于国家而存在，是属于全体人民共同所有的权力。恩格斯在考察国家起源时就发现，氏族制度中的全体成员共同掌握和管理着公共权力，并利用公共权力来解决共同生活中出现的矛盾，维护共同的生活秩序，但国家出现后，公共权力不再为全体成员所掌控，国家的本质是以一种与全体经常有关的成员相脱离的特殊的公共权力[①]，即国家权力。国家是统治阶级的工具，是超脱于社会中各种利益集团之外的第三方力量，公共权力实质上属于国家权力。[②] 正是在这一意义上，根据公共权力的不同职能，可将之分为立法权、行政权和司法权。

公共权力和国家的基本功能在于，管理和维护社会稳定，促进经济发展，实现普遍的公共福祉。"随着城市的出现也就需要有行政机关、警察、赋税等等，一句话，就是需要有公共的政治机构。"[③] 因此，政府成为国家职能的承载主体，负责公共权力的行使。在现代福利国家，庞大的政府机构为公民提供了从"摇篮"到"坟墓"的照料，保护生存环境，提供教育、就业、培训、住房、医疗服务、养老金以及衣、食和安全的最后保障。[④] 现代公共行政学认为，公共权力是国家权力机关授予行政机关掌握和行使，以处理公共事务、维护公共秩序以及增进公共利益的权力。[⑤] 因此，狭义上的公共权力等同于行政权。

公共权力的特质是公共性。"公共"强调共同体成员应当有着超越个人利益来实现符合成员之共同利益的追求，而共同体存在之目的亦是管理公共事务以保障成员的福祉。因此，有关"公共"的含义至少可以从两方面来理解：一是国家行政的公共，二是与"私人"相对应的公共，即由个人组织起来的非私人

---

① ［德］恩格斯：《家庭、私有制和国家的起源》，《马克思恩格斯全集》（第21卷），人民出版社1965年版，第102～111页。
② 高兆明：《公共权力：国家在现代的历史使命》，《江苏社会科学》1999年第4期。
③ ［德］马克思、［德］恩格斯：《德意志意识形态》，《马克思恩格斯全集》（第3卷），人民出版社1960年版，第57页。
④ Wade W, Forsyth C, Administrative Law, Oxford：Oxford University Press, 2009, p.4.
⑤ 沈士光：《公共行政伦理学导论》，上海人民出版社2008年版，第105页。

的公共。于是，除上述国家行政的公共权力外，公共权力还可解释为与个人相对的非私人组织的公共权力，它包括国家行政权和社会公行政权。[①]这是从"国家—社会"二元结构的角度来解读公共权力，它符合关于国家消亡后公共权力复归社会的历史唯物主义推论，可以用来理解我国自 1978 年以来公共权力从政府移向社会和市场的结构变迁情况。

一般意义上，"结构"是指构成整体的各个要素的搭配与排列。关于"公共权力结构"的理解，有不同的观点：一是狭义说，认为公共权力结构是指政府内部机构设置及其权力配备，它在横向上涉及政府的规模、权力分工、不同职能机构的比例和机构之间的关系，而纵向上涉及管理层级、各层级的相互关系及权力分配。[②]二是广义说，认为公共权力结构是指国家权力的组织体系，即不同国家机构的权力配置和不同权力之间的相互关系。[③]三是最广义说，是从国家和社会两个层面来解读公共权力结构。有学者认为，公共权力结构分为两个部分，即实体性结构和嵌入性结构，前者是指公共权力的主体构成要素及其构成的比例、合法性、合理性和有效性的关系模式，后者是指国家与社会之间相互制约与作用的关系模式。[④]有学者认为，公共治理权力结构是指不同治理主体（国家和社会）之间的公共权力配置比例关系，本质是不同主体之间进行的权力组合与分割，以确定权力的主体和主体的权力范围。[⑤]结合政府治理的主张来看，公共权力的核心载体仍是政府，政府权力调整与收缩的目的是留出空间以便其他治理主体处理公共事务，本质上是对原公共权力的再分配，使其他主体能够拥有权力。如法默尔所言，"为了共同体的利益，共同体的权力策略就是介入政府权力的基本再分配"[⑥]。因此，这里的"公共权力结构"是指公共权力在不同治理主体之间的配置及其相互关系。

### （二）管理改革与公共权力结构的变化

我国在改革开放前是国家统治模式，权力统一于国家和政府。因此，改革

① 宋希仁：《社会伦理学》，山西教育出版社 2007 年版，第 112～116 页。
② 薛刚凌：《政府权力结构改革的回顾与前瞻》，《河北学刊》2008 年第 4 期。
③ 周永坤：《权力结构模式与宪政》，《中国法学》2005 年第 6 期。
④ 张国庆、曹堂哲：《权力结构与权力制衡：新时期中国政府优化公共权力结构的政策理路》，《湖南社会科学》2007 年第 6 期。
⑤ 吴松江、米正华：《公共治理权力结构的嬗变：原因与趋向》，《江西社会科学》2015 年第 2 期。
⑥ [美] 戴维·约翰·法默尔：《公共行政的语言：官僚制、现代性和后现代性》，吴琼译，中国人民大学出版社 2005 年版，第 359 页。

开放后的政府管理改革中，公共权力结构变化主要表现为权力在政府内部的自上而下移动，以及向外地从政府移向市场和社会的情况，即政府由集权到分权、还权的过程。

一是政府内部分权，即纵向的中央集权到放权地方，横向的政府部门之间权力优化。在国家统治时期，为了集中人力、物力和财力进行国家建设，公共权力基本集中于中央与上级政府，导致中央政府承担了诸多微观事务的管理职责，也抑制了地方政府的工作积极性。因此，政府管理改革的首要环节是简政放权。在中央与地方之间，中央政府先是将部分经济、社会管理权直接下放给了地方政府，鼓励地方发挥能动性，特别是极大赋予了经济特区先行先试的权力。之后历次行政体制改革大体都有中央放权地方的举措，地方政府逐步拥有了行政审批、市场监管、环境保护、城市规划等事项的决定权，中央与地方的共同和各自事权范围也有了较为明晰的划分。当然，分权的过程不是单向线性的，因为分权也带来了中央权威降低和"诸侯经济"兴起的消极后果，所以中央政府于 1994 年进行了分税制改革以增强财政主导地位。在同级政府的各部门之间，1988 年之后的管理改革都强调要转变政府职能，注重政府部门职能配置与权责设定，旨在促进政府权力运行体系的协调、高效。它突出表现为通过大部制改革大幅度减少了职能部门数量，如国务院下设机构从 1988 年的 68 个减少到 2013 年的 25 个，以及祛除了专业经济管理部门的微观干预权力，改变了国家统治模式下的政府部际格局，优化了政府组织结构和职权配置。

二是政府从经济集权到还权于市场。政府内部体制改革伊始是围绕着促进经济发展进行的，旨在减少政府对市场主体的直接干预，实现政企分开，逐步发挥市场配置资源的作用。这一改革最先是通过家庭联产承包责任制，改变了政经合一的农村集体经济体制，使占人口 80% 以上的农民成为独立的经济主体，提供了经济发展亟须的巨量劳动力。同时，国有企业改制稳步推进。政府减少了对国有企业经营权的直接干预和控制，并用现代企业制度要求，将之改造成自主经营、自负盈亏、自我发展、自我约束的市场主体。此外，在法律和政策支持保障下，非公有制经济获得了极大发展，如 2012 年，非公有制经济占我国 GDP 比重超过 60%，占税收比重 50% 左右，就业贡献率约占 80%。[①] 市

---

① 刘玉江、能建国：《改革开放三十五年来非公有制经济发展的回顾与启示》，《中央社会主义学院学报》2013 年第 2 期。

场在资源配置中越来越发挥着决定性作用，终止了计划经济体制下行政权对商品价格的决定作用。随着市场主体的日渐成熟、市场构成要素和制度的日益完善，政府从直接管理市场转向了宏观调控，并探索建立现代监管体制，发挥行业组织对企业的管理作用，这样公共权力中的经济权力从政府流向了市场。

三是政府从控制社会到还权于社会。改革开放之前，社会生活的方方面面几乎都可以发现政府控制的"影子"，甚至于个人思想、婚恋也要向组织和领导报告。在政府管理改革下，政府职能逐步转变为管理和服务社会，注重培育和发挥公民与社会组织管理公共事务的作用，尝试着建立政府与社会之间的良性互动关系。权利保障成为法律和政策关注的重点，依法行政和严格执法实质上也控制了行政权的扩张，公民和社会公共组织有限度地参与到了政府管理之中。例如村民委员会的制度实践，改变了政社合一的乡村管理制度安排，将本村的公共事务和公益事业交由村民选举产生的村民委员会办理。社会组织有了更多的活动空间，数量持续增长，且其内部管理和对外管理的能力有了明显增强。1998年以后，历次管理改革都强调将政府职能转变与社会组织作用发挥相结合，把政府不该管的、管不好的公共事务交给社会组织负责。我国经济与社会建设所取得的成就，也能说明社会组织有力支撑了政府与市场的作用施展，社会自治能力不断提升。因此，公共权力中的社会权力从政府移向社会。

政府管理改革推动了国家统治的单一权力结构向多元权力结构的转型，市场和社会拥有了部分经济权力和社会权力，使得政府、市场和社会三者之间权力趋向均衡，任何一方都不能取代或者压倒另一方，同时又需要合作来解决共同面临的公共事务，这就有了平等协商的需求。平等、协商与合作是多元主体间的交往行动，它使得行政过程民主化。

## 三、权力结构变化催生行政民主化需求

公共权力结构变化使政府管理的外在基础发生了改变，市场和社会的成熟与政治参与意愿提高是同向发展的，这是公民维护自身权益的本能反应。由于代议制的局限性，以及政府主导型国家发展模式，我国的企业、社会公共组织和公民有着参与行政管理过程的强烈愿望，但政府管理和形式法治的封闭性，又阻塞了行政过程的民主化。当然，行政与民主的融合也存在争议。

### （一）对民主行政的否定与支持

在古典行政学看来，政治与行政是两个并立的领域，现代政治制度的核心原则是民主，它是外在于公共行政的政治原则，而公共行政的中心原则是效率，因此行政与民主是互相排斥的。古德诺认为，政治的功能是国家意志的表达，是有关政府应当或者不应当作为的价值选择，而行政的功能是国家意志的执行，强调的是采取有效措施以推行政策的事实行为。[①] 马克斯·韦伯认为，官僚制是行政的理想制度，与之相对的"民主制行政"有着两个特征，一是假设每个人都有参与公共事务的资格，二是限制命令性权力的适用范围。由于民主制行政中，所有重要公共事务的决定权均必须交由社群成员或者其代表构成的全体大会或社团组织行使，导致行政机构总是处于"纯粹的仆从和主子之间"，所以民主制行政仅能适用于人数有限的组织，而不能替代官僚制行政。[②]

古典学说的政治与行政二分原则推动了行政学的学科独立，促进了行政管理的科学发展，但是片面追求科学与效率的制度设计，往往是以放弃民主、公平等价值为代价的。同时，公共行政的科学化进程还产生了大量违反科学规律的不良后果，如政府规模膨胀、行政法律绵密、行政成本递增、行政效率递减。[③] 在现代行政国家，从政策制定到政策执行，虽然行政效率高低的关键是行政领导，但政策是由政府中的"政治"部门制定的，政治与行政是难以分割的。[④] 特别是，在对公共事务的解决过程中也存在政府和公务员的价值判断，绝非仅是一种技术性管理。沃尔多认为，官僚制与民主之间关系是行政国家的焦点议题，而缺乏民主追求的官僚制行政，既会远离民主，最终亦会破坏民主制度，因此公共行政改革要将民主渗透入官僚制，建设一个后官僚制的社会。[⑤] 如果说在代议民主制下，政治与行政相分离是公共行政体制在政治领域构建的正当性之下运行的制度安排，由政治体系正当性来证成公共行政的正当性，那么这一关系已随着行政国家功能的大规模拓展而被扭转，当今公共行政在相当程度上决定着政

---

[①] ［美］F.J. 古德诺：《政治与行政》，王元、杨百朋译，华夏出版社 1987 年版，第 6 ～ 13 页。

[②] ［美］文森特·奥斯特罗姆：《美国公共行政的思想危机》，毛寿龙译，上海三联书店 1999 年版，第 84 ～ 85 页。韦伯对官僚制和民主关系的观点存在矛盾之处，他一方面认为官僚制与现代普遍民主相伴相生，必然会普遍化，另一方面又认为官僚制的理性、等级、组织化与不透明会与民主发生冲突。

[③] 张康之：《公共行政中的哲学与伦理》，中国人民大学出版社 2004 年版，第 272 ～ 273 页。

[④] ［美］詹姆斯·E. 安德森：《公共决策》，唐亮译，华夏出版社 1990 年版，第 47 ～ 48 页。

[⑤] Waldo D, "Development of Theory of Democratic Administration", The American Political Science Review（1, 1952), pp.81-103.

治系统的正当性与稳定。民主化行政的优点是既能改善民主，又能提高行政质效，使人们相信它是目前最好的体制，是公共部门的正当性根基。[①] 从西方国家行政改革实践看，自 20 世纪 60 年代末开始，民主逐渐融入了改革之中，呼唤民主等公共行政价值成为驱动政府改革的主流民意。

### （二）公共权力结构变化下民主行政的必要

民主行政是行政权的重新分配和权力运行方式的调整，它与倡导行政体制内部成员参与管理的行政民主是有区别的。[②] 行政民主是组织人本主义的公共行政学主张，它的中心观点是人是社会人且有着复杂的需求，组织与成员之间应当是合作关系，通过协商、参与、分权等民主化管理方法，推动组织目标与个人需求的统一。例如，梅奥通过霍桑实验提出的有效沟通、德鲁克的目标管理理论、戈尔姆比斯基建构的合作与共识管理体系。[③] 行政民主是政府内部权力的调配，提倡公务员参与内部管理，而民主行政是政府内部民主和与政府关联的外部民主的统一，所以它是行政民主的上位概念。但是，民主行政和行政民主不是简单的包容与被包容关系，二者是相辅相成、相互促进的。政府外部行政过程民主化的实现，依赖于政府内部民主化推进。例如，国家统治下中央政府集权，行政过程就没有民主化需求。反过来，行政过程民主化又会推进政府内部民主。公众参与势必改变政府一元化决策和执行机制，使之具有多元合作的民主特质。

民主行政的核心主张是以合作方式来处理政府内、外关系。在政府内部关系中，上下级政府，同级政府不同部门，不同区域政府及其部门，政府与社会公共组织企业、公民之间建立网络化合作关系，完善内部民主管理制度，推动官僚等级制向扁平化结构转变。在政府外部关系中，政府应当继续还权于市场和社会，坚持以人为本和维护公共利益，倡导公平、正义、责任等价值观，支持公民参与公共事务，确保参与的真实有效，搭建行政与公民的互信共赢桥梁，并以法律作为政府与其他主体合作行政的制度保障。因此，民主行政是我国公

---

① Brugue Q, Gallego R, "A Democratic Public Administration", Public Management Review（3，2003），pp.425-447.

② Waldo D, "Development of Theory of Democratic Administration", The American Political Science Review（1，1952），pp.81-103. 新公共行政学派认为，民主行政和行政民主是同一概念。

③ ［美］罗伯特·B. 登哈特：《公共组织理论》，扶松茂、丁力译，中国人民大学出版社 2003 年版，第 100～129 页。

共权力结构变化下行政过程民主化的最佳概括。

## 四、通过民主行政提高行政正当性的政府治理变革

政府管理模式不能将民主与行政有机融合，是造成管理失灵及其正当性陷入危机的制度原因。政府治理变革是对管理的扬弃，它主张的多元主体共治，将民主内化为行政理念，又通过行政过程的协商合作来实现民主，从而增强了公民对行政的认同，促进了行政正当性的回归。可以说，民主行政是政府治理的核心特质。

首先，民主是政府治理的精髓。政府治理主张政府主导下多元主体共同处理公共事务，通过协商、指导、合作等柔性行政方式实现治理目标，反对过分倚重强制性行为，这种平等的合作共治方式就是民主。民主精神及其价值追求融入行政过程中才形成了政府治理。政府管理中也有参与、征求意见等民主形式，但是由于它无法融入管理的价值理念中，而演变为管理者用以证成行政正当性的临时工具，这注定了管理中民主的虚假性。民主与行政的内在融合形成了治理，从此民主成为行政的自觉行为，行政以实现民主意愿为己任。

其次，政府治理拓宽了民主的实践疆域。传统上，民主及其政治实践的重点是代议民主，即选举代表组成议会来凝聚民意制定法律。代议民主的局限在于，民主往往于选举投票之时昙花一现，公民作为主权者往往难以直接参与公共事务。现代政治正在从代议民主向参与民主转变。[①] 政府治理承接了这一转变，将民主引入到公共行政之中，促进了代议民主和参与民主的有机结合，使民主从制度建构层面拓展到制度实践层面，同时代议民主的经验总结又可用以指导政治化的行政过程，从而使民主实践的疆域得以极大拓宽。

最后，民主行政夯实了政府治理的正当性基础。现代公共行政是"行政中有政治成分，政治中也有行政元素"，"治理"是政治与行政的融合。[②] 在政府治理中，政府行政既有政治上代议民主支持，又有公民参与行政过程的民主资源供给，从而有效化解了管理下行政正当性危机，实现了政府治理下的行政正当

---

① [美] 约翰·奈斯比特：《大趋势：改变我们生活的十个新方向》，梅艳译，中国社会科学出版社 1984 年版，第 162 页。
② [美] 乔治·弗雷德里克森：《公共行政的精神》，张成福等译，中国人民大学出版社 2003 年版，第 81 页。

性回归。

总之，经政府管理改革，我国公共权力结构形成了政府、市场和社会之间相对均衡的态势，由此产生了民主行政的现实需求。但是，政府管理模式无法将民主与行政融合统一，导致行政正当性不足和管理失灵。政府治理变革管理是将民主有机融入行政，通过民主行政来化解管理的正当性危机，同时奠定政府治理的正当性基础。

## 第二节　政府治理的内在维度变革

政府治理的内在维度变革是政府对自身组织结构的治理，是在政府、市场与社会三元治理格局中，围绕着政府的新角色和定位来转变职能，旨在建立现代化政府组织结构体制，它不同于过去拘囿于政府一元化管理结构的行政体制改革。在政治现代化进程中，功能和结构是分析政府及其变革的重要工具。[1] 考虑到政府行为的价值取向对政府功能的实现效果有着重大影响，故本节从政府职能、组织结构和价值导向三个方面来分析政府治理的内在维度变革。

### 一、政府职能有限与有效的优化

政府职能，又称"行政职能""行政管理职能"，它是政府活动的逻辑起点，政府职能转变是行政改革的核心任务。"政府职能"不是严格的法律概念，理论上对其内涵有不同的解读。有学者认为，政府职能是指行政机关在管理活动中的基本职责和功能，涉及政府管什么、怎么管、发挥什么作用。[2] 有学者认为，政府职能是指根据一定时期内阶级统治和社会公共管理的需要，政府及其部门

---

① ［美］戴维·E. 阿普特：《现代化的政治》，陈尧译，上海人民出版社 2011 年版，第 172 页。
② 夏书章：《行政管理学》，高等教育出版社、中山大学出版社 1991 年版，第 54 页。

利用公共权力,依据宪法和法律规定,承担的职责和发挥的作用。[1]还有学者认为,政府职能是政府作为国家行政机关,依法在国家的政治、经济以及其他社会事务的管理中所应履行的职责及其所应起的作用。[2]这些理解的基本共同之处在于,政府职能是关于政府做什么和怎么做的问题。

政府职能是行政机关的公职能,是与立法职能、司法职能并列的国家职能之一。因此,政府职能是指根据政治、经济和社会发展需要,国家行政机关依法承担的职责和功能。[3]其基本特征包括:一是公共性。政府是行使行政权管理公共事务的机关,政府职能是国家职能在公共行政领域的具体执行和体现,应当服务于经济和社会发展的公共需要。二是法定性。政府职能的实施主体是政府及其工作人员,范围涉及与公共事务相关的工作,并由不同层级政府、同一层级不同部门分担不同的职能,从而形成了互相渗透、互相配合、互相制衡的职能体系。现代国家一般通过宪法、法律和政策来建构和维护政府职能体系,促使政府依法履职。三是动态性。在职能法定和行政惯例的制度环境中,政府职能的内容相对稳定。但是,政府职能不是固定不变的,它必须根据政治、经济和社会发展变化的需要来适时调整范围和内容。

政府职能转变的目的是优化职能,即政府要"真正做到该管的管住管好,不该管的不管不干预"[4]。政府只有放手不该管也管不好的公共事务,才能集中精力和物力将该管的事情管好。有效的政府是国家发展成败的关键因素。[5]我国政府管理改革就是因计划经济体制下形成的政府职能对微观经济和企业经营的直接干预过多,对社会控制过严,不能适应市场经济发展需求而展开的。如邓小平所言,"我们的各级领导机关,都管了很多不该管、管不好、管不了的事",这些事"本来可以很好办,但是统统拿到党政领导机关、拿到中央部门来,就很难办"。[6]1985年,在《中共中央关于制定国民经济和社会发展第七个五年计划的建议》里,中央首次提出了"职能转变"的政府工作要求。同时,为建立与市场经济体制相适应的政府职能,1988年、1993年两次行政体制改革都将政

---

① 高兴武、谢尚果:《政府职能的需求与供给分析》,广西民族出版社2010年版,第26页。
② 金太军等:《政府职能梳理与重构》,广东人民出版社2002年版,第4页。
③ 王浦劬:《论转变政府职能的若干理论问题》,《国家行政学院学报》2015年第1期。
④ 马凯:《关于国务院机构改革和职能转变方案的说明》,《中华人民共和国全国人民代表大会常务委员会公报》2013年第2期。
⑤ 世界银行:《1997年世界发展报告:变革世界中的政府》,中国财政经济出版社1997年版,第19～38页。
⑥ 邓小平:《党和国家领导制度的改革》,《邓小平文选》(第2卷),人民出版社1994年版,第328页。

企分开作为职能转变的重点内容，要求强化宏观调控、政策引导、协调组织和服务供给的政府职能。2003 年，我国将政府总体职能明确为经济调节、市场监管、社会管理和公共服务。经过改革，我国政府职能得到了显著优化，基本建立起了适应社会主义市场经济体制和社会发展需求的职能体系。

在政府治理模式下，政府职能的明晰涉及上下级政府之间、同级政府部门之间的权力配置与机构规模，纵向、横向和斜向的政府及其部门之间的合作，公务员的选任标准和专业能力培养，市场与社会的各自作用领域，政府与市场和社会协商合作的界限，政府在合作行政中的功能与角色，治理责任的承担，权利救济的方式等问题。因此，政府职能优化既要理清政府、市场和社会之间关系的边界，又要推动政府积极有效作为与市场和社会有力支持的有机统一。这旨在拉近人民的期望与政府的行动之间的距离。

2013 年开始的行政体制改革虽未明确以国家治理现代化为指导目标，但其中也有体现政府治理主张的举措。首先，它第一次明确将民主行政作为指导政府职能转变的制度设计原则，强调职能转变应"坚持人民主体地位，最广泛地动员和组织人民依法管理国家事务和社会事务、管理经济和文化事业"，这是对过去以适应社会主义市场经济体制为中心的政府职能改革路径的调整。其次，它意识到政府与市场和社会合作共治公共事务的必要性，要求政府职能朝着"创造良好发展环境、提供优质公共服务、维护社会公平正义"的方向转变，主张政府的宏观管理与市场配置资源、社会智识力量的作用结合。还有，它首次提出以法治作为政府职能体系的制度保障，要求政府以法治思维和法治方式推进改革，加快法治政府建设。[1] 它改变了管理改革中"法制政府"的惯用表述。法是公共意志的体现，法治与民主行政是内在统一的。[2] 这预示且要求政府职能转变应面向治理。

在政府治理模式中，政府职能优化将以构建有限有为政府为目标，围绕着政府职能的有限性和促进职能有效实现为中心来变革政府管理的职能体系。首先，政府职能法定化。政府职能优化与合理定位，实质是合理界分政府、市场和社会各自的治理范围，建立三者相互制衡又相互配合的合作治理结构，共同

---

① 马凯：《关于国务院机构改革和职能转变方案的说明》，《中华人民共和国全国人民代表大会常务委员会公报》2013 年第 2 期。
② 张康之：《公共行政中的哲学与伦理》，中国人民大学出版社 2004 年版，第 275 页。

化解公共事务中出现的市场失灵、政府失灵或者社会失灵的问题。[①] 政府与市场、社会之间界域明确关键是，确立"法无授权不可为"的政府活动空间，明确"法无禁止即可为"的市场和社会活动自由。当前我国行政组织法制还相当薄弱，从中央到地方均没有规范政府职能的组织法，因此必须加强行政组织的立法工作，实现政府职能法定。其次，政府职能的精简化。2013 年以来，国务院将行政审批制度列为重点改革对象，至 2017 年共计取消和下放 618 项行政审批事项，同时我国新注册企业、私营企业、社会组织的数量有了较大幅度上涨，这表明简政放权有助于激发市场活力和社会创造力。[②] 但是，我国政府还是承担着过多的公共事务，必须继续向市场和社会放权，从而精简政府职能。还有，政府职能的责任化。政府放权于市场和社会的进程不是单向线性发展，它必须审慎考虑市场和社会的承接能力以及公民对政府的期待。这一进程并不是政府退出市场和社会，而是政府对市场和社会的公共责任的形态变化。例如为避免市场失灵，政府主导作用应当从建构市场转向监管、服务和支持市场。与之不同，由于我国社会组织比较薄弱，政府必须依法培育社会组织，强化对社会组织资金来源、活动和发展的监管，防止社会组织被境外敌对势力利用。此外，在治理失败时，政府必须承担起公共责任，将保障公民及社会组织的合法权益置于工作首位。

## 二、政府组织结构的扁平化改造

政府组织结构是实现政府职能的体制保证，结构合理、高效运转的政府组织结构是政府自我治理的目标。政府组织结构又称为"行政组织结构"，它是指行政组织各构成要素的配置和排列组合方式，基本框架包括纵向结构和横向结构。其中，前者涉及不同层级政府各自职能范围及相互关系，后者是有关每一层级政府内部各部门间职能与职责的组合及相互关系。由于单纯的纵向或横向

---

① 何显明：《政府转型与现代国家治理体系的建构——60 年来政府体制演变的内在逻辑》，《浙江社会科学》2013 年第 6 期。
② 《推动行政审批制度改革向深处发力——国务院第三次大督查发现典型经验做法之三十一》，http://www.gov.cn/hudong/2017-02/15/content_5168108.htm。

结构均有所不足，通常会将二者结合以形成网络化直线职能式结构，我国政府组织结构基本属于这一模式。[①] 这一种单一性、垂直联系为主的组织构造，突出表现为中央与地方政府的职责同构，中央机构变动后，地方政府亦会设立相应的对口部门，地方政府机构改革往往是中央机构改革的延伸。

调整和优化政府组织结构是我国政府管理改革的主线。应当说，这一改革取得了相当的成效。在纵向组织结构方面，中央政府通过财政分权和事权下放，削减了相关职能部门，增加了地方政府可支配财力，使之有能力承担辖区内教育、医疗、养老等公共服务供给，调动了地方政府发展经济的积极性和能动性。[②] 同时，地方政府通过地市合并方式，取消了原来地区行署建制，建立了以地级市领导周边县（市）的市管县体制，从而依托中心城市的辐射作用，推动了区域内统一市场的形成，带动了周边相对落后地区的发展。在横向组织结构方面，政府机构数量得以精简且规模趋向稳定。[③] 如地方政府内设机构数量已有规范规定，根据 2008 年《中共中央 国务院关于地方机构改革的意见》（中发〔2008〕12 号），省级政府机构限额为 40 个左右，中等城市为 30 个左右，县级为 14 至 22 个。在 2013 年的行政机构改革中，则将以前机构限额"多少个左右"的表述调整为"不超过多少个"的刚性规定。[④] 同时，宏观调控部门、市场监管部门和省级区域经济协调部门得到了强化，工商、药品监督等市场监管部门实行了垂直管理，新设或者组建了国有资产监督管理委员会、银监会、人力资源和社会保障部等市场监管和公共服务部门，终结了计划经济时代形成的政府部门格局历史，基本建立起适应社会主义市场经济的政府管理体制。

在政府管理模式下，行政组织结构存在的主要问题在于：一是政府纵向层级分化过度，没有根本扭转职责同构的状况。职责同构是我国纵向政府结构的总体特征，是指上下级政府的职能、职责和机构设置基本一致，每级政府管理的事项大体相同，典型表现是机构设置的"上下对口、左右对齐"。它成形于国

---

① 夏书章：《行政管理学》，高等教育出版社、中山大学出版社 1991 年版，第 78 页。有学者从"政府间关系""府际关系"的概念来讨论政府组织结构，并将我国政府之间关系分为垂直和水平两个方向六组关系。参见谢庆奎《中国政府的府际关系研究》，《北京大学学报（哲学社会科学版）》2000 年第 1 期。

② 张晏、龚六堂：《分税制改革、财政分权与中国经济增长》，《经济学（季刊）》2005 年第 1 期。

③ 有学者认为，我国政府机构规模处于扩张之中。参见张光《财政规模、编制改革和公务员规模的变动：基于对 1978—2006 年的实证分析》，《政治学研究》2008 年第 4 期。

④ 中央机构编制委员会办公室三司：《明确任务、突出重点：扎实推进地方政府职能转变和机构改革》，《中国机构改革与管理》2013 年第 11 期。

家统治时期中央政府既要集中控制社会资源，又要激励地方自主发展和制约部门集权的需要。[1] 在这一制度安排下，各级政府为了地方利益或者部门利益往往会采取各种手段控制资源配置，同时政府管理事务的同质性还导致行政成本高、效率低以及自下而上的责任格局。在政府管理改革中，中央政府尽管多次鼓励地方政府根据职能需求来设置机构，但是除了少量的省直属机构具有地方特色外，省级（含民族自治区）政府机构的设置基本与中央保持高度一致。[2] 此外，在行政层级方面，我国实行的"中央—省—市—县—乡（镇）"的5级体系，各级政府及其部门内设机构又分为若干层级，严重影响了基层信息的上传和上级政策的下达。二是政府横向部门过度分散，没有彻底矫治政出多门的顽疾。在一定程度上，政府细化机构设置可以增强组织的专业化水平，但是设置过细就会造成职能交错、管理分散和协调成本增加的问题，导致行政效率整体下降。政府管理改革并没有健全现代化行政体制，国家统治下形成的部门分割管理情况依然存在，各级政府机构设置过细，致使部门之间相互掣肘而难以合作。[3] 例如环境保护职能被分为资源保护、污染防治和综合协调，分别归属于公安、国土、海洋、渔政等20多个部门。三是垂直管理机构与地方政府之间条块关系没有完全理顺。条块结构是对我国纵向、横向的政府机构之间关系的描述，"条"是指中央和地方政府中相同业务性质的职能部门，"块"是指不同职能部门组成的各层级政府。在此结构中，地方政府职能部门既从属于上级职能部门又从属于本级政府，呈现出"双重从属制"的特点。[4] "条"与"块"之间矛盾主要存在于地方政府与实行垂直管理的部门之间，但"双重从属制"的一般职能部门与上级主管部门之间也存在矛盾。特别是，中央政府为破除地方保护主义和防止中央权威旁落，还在有选择地持续强化对特定领域的权力控制，使得中央和省以下垂直管理机构数量呈上升趋势。在这一背景下，中央与地方之间的博弈恶化了条块之间争功诿过、相互推诿的不合作状况[5]，以及由此造成行政权零碎化和行政成本耗损。

从政府治理视域观之，政府内部放权和对外还权会调动治理主体的积极性

---

[1] 朱光磊、张志红：《"职责同构"批判》，《北京大学学报（哲学社会科学版）》2005年第1期。

[2] 徐双敏、张巍：《职责异构：地方政府机构改革的理论逻辑和现实路径》，《晋阳学刊》2015年第1期。

[3] 石佑启、杨治坤：《论部门行政职权相对集中》，人民出版社2012年版，第136～140页。

[4] 马力宏：《论政府管理中的条块关系》，《政治学研究》1998年第4期。

[5] 叶敏：《城市基层治理的条块协调：正式政治与非正式政治——来自上海的城市管理经验》，《公共管理学报》2016年第2期。

和创造性，但由于政府管理的组织结构纵向分化过度、横向分工过细以及纵横整合不足，导致纵、横两方面政府部门都缺乏合作，政府的整体性功能没有得到充分发挥。这一组织结构造成的直接后果就是决策与执行之间环节过多。政府治理的任务导向，主张通过协商合作选择合适的治理工具以达至治理目标。建立政治性和民主化的行政过程，就是要压缩决策与执行之间空间，使合意形成的决策能快速得到执行。因此，要克服管理体制的弊端，必须缩小组织机构之间从决策到执行的距离，即要扁平化组织结构。

　　政府治理变革对管理组织结构的扁平化改造，主要包括以下内容：一是政府纵向组织层级精简。首先，可以逐步撤销地级市建制。根据省管县的试点经验，我国可以先弱化地级市对县的领导和管理，推动市、县分治，有计划地将市、县纳入同一层级，从而减少地方政府的行政层次，落实宪法规定的四级制政府层级。对于省管县带来的省级政府管理幅度增加，可以通过增设省级政府数量和缩小省级政府管理地域来实现合理的管理幅度。其次，可以逐步撤销乡镇政府。"县政权建设取实，乡政权建设取虚。"县级政权的强化，使之能有效应对乡镇政府承担的公共事务，就可展开对乡镇级政府的精简改革，如乡镇政府机构合并，或以县级政府派出机构取代乡镇政府。在条件成熟时，可以考虑撤销乡镇一级政府，乡镇以下行政区划实行公民自治。[1] 如此，我国政府组织层级将调整为"中央—省级—县级"三级结构。再有，限制政府内设机构数量。尽管我国法律没有明确规定政府及其部门内设机构的行政层级，但从压缩层级角度考虑，政府内设部门层级应当控制在二级以内。[2] 二是政府横向机构部门优化整合。政府应当坚持"大部制"改革的综合性原则，将业务性质相同、相近或者紧密联系的职能集中由一个行政机关行使，提高部门职能的综合性，减少部门之间职能交叉和职权冲突，简化行政公文程序。同时，按照行政职权相对集中原则，将决策、执行和监督职能分别交由三大部门来行使，从而建立起"职能综合、职权有别、科学决策、协力执行、有效制约"的横向组织结构。每个职能部门内部结构亦可依此来设置，切实控制住内设机构的规模，实现政府组织结构由内而外的扁平。三是垂直管理部门与地方政府之间关系法定化。条块矛盾的产生不是单纯源于

---

① 饶慧等：《组织扁平化理论与行政体制改革》，《经济与社会发展》2005 年第 9 期；王健等：《"复合行政"的提出——解决当代中国区域经济一体化与行政区划冲突的新思路》，《中国行政管理》2004 年第 3 期。
② 石佑启、杨治坤：《论部门行政职权相对集中》，人民出版社 2012 年版，第 146 页。

政府组织结构的缺陷，它涉及中央与地方各自所属事权的划分。因此，这一矛盾的化解必须依赖于法律明确划分中央与地方之间事权范围。政府组织机构法定和职能法定是一体两面的关系。通过行政组织法，将垂直领导和非垂直领导的行政机构进行类型化规定，明确中央与省级垂直领导的部门独立于地方政府，而非垂直领导机构则由地方政府领导，上级主管部门对下应当仅是业务指导而非行政领导关系。在纵横有序的扁平化组织结构中，各级政府权责明晰、职能明确，就有助于形成既相互制衡，又相互配合、共享共建的治理型政府间合作关系。

## 三、政府行为价值取向的公平与效率调适

政府行为是政府发挥组织效能，以实现政府职能目标的活动。通常而言，"政府行为"强调的是某行为的主体是政府，即"政府的行为"。有学者认为，政府行为是指政府管理社会过程中的行为，包括政府履行职能过程中合法、合理、违法、不作为的行为，以及政府为自身组织或者成员利益所实施的行为。[①] 有学者将政府行为等同于行政行为，认为是行政主体依法管理社会公共事务且会产生相应法律后果的行为，它的主体仅是国家行政机关，且是在法律范围内对社会公共事务的管理行为，不包括依法授权的非国家行政机关，以及超越法律范围、违法等行为。[②] 笔者赞同对政府行为的这一定义。价值与价值观是可互为使用的概念，两者均表示主体的偏好与取向。相应地，行政价值与行政价值观的概念内涵相同，即政府的行为偏好或者取向。[③] 正是在此意义上，行政价值（观）可视为政府对某种特定行为方式或行政体系存在的理想状态和信仰。[④] 因此，政府行为价值取向就是为实现特定的行政目标，在一定的行政价值观指引下，对行政行为方式选择和判断的价值前提和指导思想。它决定着政府行为的目标、宗

---

① 刘天旭：《财政压力、政府行为与社会秩序》，知识产权出版社 2010 年版，第 29 页。
② 马孝扬、赵玲：《政府行为学概论》，辽宁人民出版社 1995 年版，第 2～4 页。
③ 陈世香：《行政价值研究——以美国中央政府行政价值体系为例》，人民出版社 2006 年版，第 12 页。但是，陈世香认为，价值与价值观是有区别的。其中，行政价值具有客观存在性与可知性特征，属于关系范畴（关系价值论）。行政价值观是指各种社会主体对行政系统存在价值的基本看法与偏好。
④ 金太军：《西方公共行政价值取向的历史演变》，《江海学刊》2000 年第 6 期。

旨和方式判断，是政府活动的理性选择。

　　古典行政学认为，行政是与价值无关的活动，行政学作为科学的、实践的领域亦不应涉及价值研究。在反思政治与行政二分法理论时，学者们发现政府行为不应仅被视为一项纯粹的技术性、执行性活动，因为任何政府行为都是在特定环境下形成和实施的，主体选择具体行为方式应对外在事务时就蕴含着价值判断，因此公共行政并非价值中立的领域。政府行为价值取向是行政价值的实践运用，但这不是单一行政价值的独立运用。行政价值的具体实践是在一定层次的价值体系之中，不同行政价值之间、行政价值与行政实践需求之间相互作用的价值发现过程。行政价值体系是不同种类行政价值的排列组合，具体价值的重要程度不是固定不变的，它会因外在行政实践需求不同，而在体系中发生位置变化。[①]

　　西方国家政府行为的价值取向经历了以效率为中心到以公平正义为中心的变迁过程。在政治与行政二元划分的理论架构下，政府行政定位于科学理性主义，追求管理的科学性，力图通过有效组织和合理配置人力与物质资源来实现政府职能，科学管理中基本的"善"便是效率，它是行政价值尺度的首要公理。[②] 效率成为政府行为的基本价值取向，科学技术是实现这一价值的主要方法，公共行政顺理成章地成为与政治无关的技术性执行领域。同时，现代政府职能扩张带来的组织效率低下等突出问题，使得"人们对一位政府官员有无信心，唯一的正确标准，是看他的效率"[③]，因此政府必须以效率为行为的出发点，以较少的成本产出较多的公共产品。但是，对效率的至上崇拜，又造成政府行政的机械化、程式化以及权力异化。到20世纪50年代，社会公平成为政府行政价值追求。弗雷德里克森认为，政府政策和公共活动的判断标准是社会公平，公务员要了解经济和效率的复杂性，还要理解公平和平等的价值，应当尽可能以公平方式行政，尽力帮助弱势群体摆脱困难。[④]20世纪70年代后，福利国家的财政危机、环境污染、社会安全与保障等矛盾日益激烈，催生了新公共管理运动的政府变革，如美国"重塑政府"改革、英国"公民宪章运动"、新西兰的全面改革政府。这

---

① 陈世香：《建国以来中国行政价值体系结构的历史演化研究》，《上海行政学院学报》2009年第6期。

② Dahl R A, "The Science of Public Administration：Three Problems", Public Administration Review（1, 1947）, pp.1-11.

③ ［美］威尔逊：《国会政体：美国政治研究》，熊希龄、吕德本译，商务印书馆1986年版，第140页。

④ ［美］乔治·弗雷德里克森：《公共行政的精神》，张成福等译，中国人民大学出版社2003年版，第104～120页。

一变革主张用企业模式改造公共部门以建立企业型政府，认为政府是公共产品的生产者和提供者，公民是"消费者""顾客"，因此政府应当具有"顾客意识"，政府行为要注重提高公共产品质量以满足公民需要。在这一背景下，效率、效益和优质服务成为政府行为的价值追求。但是，新公共管理变革过度迷信市场化、私营化，混淆了公共行政和私人行政之间的差异，同时"顾客导向"还暗含着政府单方操纵公共服务供给的制度安排，让公民变成了公共服务的消极接受者。20世纪90年代后，以公平、正义等为价值追求的民主行政逐渐为政府接受。民主是现代政府行为的正当性基础，民主是政府行为的首要价值，效率和效益的价值必须置于民主和公共利益之中来衡量。①

改革开放以来，我国政府行为价值取向总体上表现为从以经济效率为中心转向以公平正义为中心的变化轨迹，其中2008年政府管理改革任务从以经济建设为中心调整为促进经济与社会协调发展，是政府行为价值取向转变的标志性事件。但是，由于转型社会中多元价值共生并存的现实，政府行为价值取向又表现出多重跨越与共生的特征。②改革之初，经济建设成为政府工作的重心。在发展是硬道理的方针政策指引下，加快经济发展速度和扩大经济规模不仅是各级政府的首要任务，也是衡量政府领导人业绩的关键指标。同时，政府主导的市场和社会转型发展模式，也需要政府积极行政。在这一历史环境中，效率始终是供给不足而又需求旺盛的稀缺资源，提升政府效率是全社会的共同期望。在效率导向下，我国经济社会均获得了高速发展，但政府以追求经济效益最大化为目标，演变为单一经济绩效型政府，使得发展带来的负面后果没有得到及时有效的解决。2003年"非典事件"触动了国家和社会对政府行为价值取向的反思，建设以人为本、公平公正的服务型政府成为新的改革目标。③

政府治理是以人为本、寓管理于服务之中公平公正的行政活动。首先，公平公正是政府治理的本质追求。政府、市场和社会协商合作的初衷是避免政府一元化管理的片面性和有限性，通过三者共同商定行政规则，共同选择合适的治理工具，以确保行政任务的有效完成，促进公共利益最大化，使各方主体都

---

① ［美］登哈特·V.、登哈特·B.：《新公共服务：服务，而不是掌舵》，丁煌译，中国人民大学出版社2014年版，第126页。
② 任晓林：《从多重跨越到多元共生：中国公共行政价值的基本特征》，《云南行政学院学报》2002年第2期。
③ 这一观念转变首先表现为中国共产党对收入分配的重新认识，从十六届四中全会提出"注重社会公平"到十七大的"初次分配和再次分配都要处理好效率和公平的关系，再分配更加注重公平"，明确摈弃了沿用20余年的"效率优先，兼顾公平"的提法。

能公平公正地共享治理成果。其次，公平公正是对效率导向的扬弃。政府行为以公平公正为导向，不是否定效率价值。政府行为以公共资源为支撑，行政缺乏效率就是浪费公共资源，因此政府行为必须讲求效率。但是，行政效率应当置于行政过程中动态平衡。对于公民普遍关注的公共事务，可以通过政府与公民的互动协商，将问题和矛盾化解于政府行为作出之前，使政府行为得到公民的认同，这样既可以提高执行效率，也可降低诉讼风险。行政效率还应当置于权利保障和公共利益增进中整体平衡，遵循比例原则，兼顾公共利益和行政目标达成与权利保障，当行政目标实现可能造成公民权利损害时，应尽可能将消极影响限制在最小范围和限度内。最后，以公平公正为中心兼顾效率的政府治理价值取向，是对政府管理改革的经验总结，反映出我国政府理政活动的理性文明。

综上，政府治理的内在维度变革，会进一步朝着向市场和社会还权来优化政府职能，同时政府内部的权力优化会推动扁平化组织结构的形成，从而支持政府公平公正的行为以达成行政目标。这三者之间不是彼此分割的，而是相辅相成、有机统一的。政府职能优化需要扁平化组织结构的承载，因为政府管理的组织结构无法形成合作行政的格局，而有限有效的政府职能和扁平化组织机构，必须通过政府公平公正的治理行为才能展现其效能，从而实现公民福祉普遍增进的治理目标。

# 第三节　政府治理的外在维度变革

政府治理是内、外统一的变革。政府内部变革是政府对外治理的基础，而政府对外治理中形成与市场和社会的共治格局和治理效果，既是内部变革成效的体现，又推动着政府内部深化变革。政府治理的民主化行政过程，是将管理的"个体偏好"转化为集体行政的公共政策。[①] 在外在维度上，政府治理变革了一元化、单一化、单向度、强制性、片面性的管理模式，并建构起多元、多样的治理主体结构和行为方式，旨在有效完成行政任务，实现治理目标的最优化。

## 一、多元治理主体结构的制度设计

在政府治理框架中，任何主体都可成为政府主导下的共治主体，它是以"信任"为纽带通过民主协商建立起来的主体间合作结构，是一种公私协商合作。多元主体合作虽然可以优势互补，但也产生了责任性模糊的问题，根源在于公私主体在法律上的责任性质、范围、归责原则存在不同，因此会造成不同类型责任的相互交织、相互推诿。因此，要理解多元治理主体结构制度设计，关键是厘清公私的主体范围、各自定位及多元主体结构形态。

有学者认为，任何组织均具有公共性，所有组织都在一定程度上受到公共权力的影响，因此所有组织都可以视为公共组织。[②] 这一认识模糊了各类组织之间应有的界限，无助于理解公私合作的性质。通常而言，公与私是内在对立的，这种对立概念在逻辑上是以对立项的存在为存在前提的。[③] 政府是公共主体，那么与政府相对的主体，都可认为是私人主体。当然，纯属于公或者私的领域也是不存在。斯塔林认为，公共组织和私人组织的总区别在于，前者是为机构以外人民的利益服务，后者服务于股东和雇员的利益。[④] 亨利认为，公共组织在环境和目的两个维度上不同于私人组织，公共组织包括政府及其机构、国有企业和非营利组织，目的是提供公共产品和服务，满足组织外而非组织内人员的需要。[⑤] 我国学者一般认为，公共组织以追求公共利益为价值取向，具有政治性因

---

① Bickers, Kenneth N, Williams J T, Public Policy Analysis：A Political Economic Approach, Boston, MA：Houghton Mifflin, 2001, p.30.

② Bozeman B, All Organizations are Public：Bridging Public and Private Organizational Theories, San Francisco：Jossey-Bass, 1987. 转引自［美］保罗·C.纳特、［美］罗伯特·W.巴可夫《公共和第三部门组织的战略管理：领导手册》，陈振明等译校，中国人民大学出版社 2001 年版，第 21 页。

③ Balkin J M, "Populism and Progressivism as Constitutional Categories", Yale Law Journal (7, 1995), pp.1935-1990.

④ ［美］格罗弗·斯塔林：《公共部门管理》，陈宪等译，上海译文出版社 2003 年版，第 30～33 页。

⑤ ［美］尼古拉斯·亨利：《公共行政与公共事务》，张昕等译，中国人民大学出版社 2002 年版，第 92～123 页。

素和独占性，受法律法规限制又具有法律权威，行为具有强制性，受到严密的公共监督等特征。[①] 因此，公共主体主要是政府和社会公共组织，而私人主体是追求个人利益的组织或者个人。但是，为了凸显政府在治理中的职能、权力和责任，也可以将社会公共组织视为私人主体。

在政府管理中，社会公共组织、企业、公民个人也会参与到行政过程中，主要有配合型合作和参与型合作两种方式。[②] 但是，这种合作是以"政府—行政相对人"关系结构为制度起点，政府和行政权对合作进程发展具有控制力和支配力，公众参与不能形成对行政权的制衡力，权力与权利的结构性失衡经常发生，导致公众参与、合作往往无法对行政产生实质性影响。

政府治理的多元主体结构是主体间合作结构。首先，政府在治理中是主导力，不是管理的控制力。政府主导是对政府在国家治理中关键地位的如实写照，是对政府在国家发展中作用的经验总结。政府主导是以协商、合作、指导的柔性方式为主，如主导确定行政目标、设计行政规则、提供协商的场所和规程、主持协商、确定行政任务和规则、监管执行，或者培养社会公共组织和公民的治理能力、监管治理任务执行，同时主导中也蕴含着控制力和强制力，但它只是支撑治理的后盾，是为防止风险、消除危险、恢复秩序、避免民主泛滥和群体非理性的必要手段，不是常态化行为形式。政府主导的结果是要求政府承担公共责任。虽然合作共治意味着政府能力有限而将公共职能交由私人主体执行，但这不是当然免除政府保障权利和对治理失败的公共责任。其次，主体间合作的平等性，权力与权利结构的均衡性。政府不再是垄断公共权力和管理公共事务的唯一主体，部分行政任务交由社会公共组织、企业、个人承担，特别是将公共服务交由社会公共组织可能比政府更为有效，它对激发社会活力和创造力的作用得到了广泛认同。[③] 社会公共组织在我国发展迅速，成为政府、社会和市场之间的缓冲力量，是政府联系不同利益群体的中介平台，也是汇聚不同群体合法权益的引力场。政府、社会公共组织、企业和个人之间协商合作，是主体之间地位平等的合作，是代议制民主下"民主赤字"的解决方案，旨在形成以

---

① 张成福、党秀云：《公共管理学》，中国人民大学出版社 2001 年版，第 131～133 页。
② 方世荣：《论行政相对人》，中国政法大学出版社 2000 年版，第 232～247 页。
③ ［美］赛拉蒙：《第三域的兴起》，见李亚平、于海编《第三域的兴起：西方志愿工作及志愿组织理论文选》，复旦大学出版社 1998 年版，第 17 页。

权力制衡权利的私利性、短视性、分散性，又以权利制衡权力的独断性、片面性、压迫性的均衡结构。最后，多元主体结构内在均衡是由交往关系形成的网络化关系结构作为制度保障的。主体间合作打破了"政府—相对人"二元结构，建立起以"政府—相对人""政府—社会公共组织、企业、公民—相对人""政府—社会公共组织—相对人""政府—企业—相对人""政府—公民—相对人""政府—社会公共组织""政府—企业"等多元结构关系，这些结构关系之间还存在交互联系，从而形成了庞大的政府治理网络。

需要说明的是，理论上对于私人的治理主体地位是有争议的。一般而言，私人主体是公共行政的对象，私人的私利追逐与行政的公共利益增进存在矛盾，组建公共组织的重要原因是私人主体行为的非理性风险，因此公共行政是超越私人行为的必然结果。[①] 不过，在现代社会中，企业、公民等私人主体已广泛进入公共决策制定、政府固有职能、公共服务的行政过程中。例如美国的一些联邦或者州政府将监狱和拘留所管理、审讯犯人等行政任务委托给私人组织来履行。[②]1970 年，美国的《清洁空气法》就规定了"公民诉讼"制度，授权公民直接起诉违反环境保护义务或者有污染环境行为的企业以及未依法履行监管职责的行政机关。公民通过诉讼途径来监督法律执行，使之成为真正的执法主体。[③] 我国也建立了政府向社会购买公共服务的法律制度，一些地方实践中还有将部分政府固有职能外包给私人的做法。例如"治安承包"，即地方政府为维护治安、缓解警力不足，将一定区域内治安管理职责以合同方式委托个人负责，使得个人获得了警察权的治安管理权。[④] 根据《中华人民共和国治安管理处罚法》（以下称"《治安管理处罚法》"）第 1 条规定，治安管理职责的主体只能是公安机关和人民警察。"治安承包"的法律依据是不足的，但这一做法推动了对私人主体参与行政的实践有效性和合法性结合的思考。

---

① 张庆东：《公共问题：公共管理研究的逻辑起点》，《南京社会科学》2001 年第 11 期。
② ［美］朱迪·弗里曼：《合作治理与新行政法》，毕洪海、陈标冲译，商务印书馆 2010 年版，第 499～504 页。
③ 李艳芳：《美国的公民诉讼制度及其启示——关于建立我国公益诉讼制度的借鉴性思考》，《中国人民大学学报》2003 年第 2 期。
④ 金自宁：《解读"治安承包"现象——探讨公法与私法融合的一种可能性》，《法商研究》2007 年第 5 期。

## 二、公共服务供给最优化的治理目标

新中国政府的根本宗旨就是为人民服务。无论是在国家统治、政府管理时期，还是政府治理时代，从"人民对于经济文化迅速发展的需要同当前经济文化不能满足人民需要的状况之间的矛盾"，到"人民日益增长的物质文化需要同落后的社会生产之间的矛盾"，再到"人民日益增长的美好生活需要和不平衡不充分的发展之间的矛盾"，都充分体现了政府工作始终以服务人民为己任，持续努力改善公共服务品质，服务于人民的根本宗旨。政府行政以公共服务为目标始于1949 年的《中国人民政治协商会议共同纲领》，它明确了政府"逐步实行劳动保险制度"，"注意兴修水利"，"有计划有步骤地实行普及教育"，"推广卫生医药事业，并注意保护母亲、婴儿和儿童的健康"等基本服务职能。但是，由于生产力发展水平和国民经济实力的历史局限，在统治和管理时期，我国政府的公共服务生产和供给是不足的。

这里大致以国内基本矛盾转变和治道变迁为标准，总结梳理下统治和管理中公共服务的成绩和不足，证明以公共服务最优化为治理目标的历史必然和现实必要。首先，1949 年至 1977 年政府以公共服务供给平均化为目标。在国家统治下，中央政府统一领导公共服务建设，建立起了广覆盖、分级管理和城市以单位、农村以公社为特征的公共服务体系，实现了国家机关工作人员与企事业单位职工之间、以集体经济为依托的农民之间享有基本平等的社会福利保障，初步解决了医疗、教育等基本公共服务需求。但是在统治的计划性服务供给中，政府没有专门的服务部门，服务内容和方式都是根据事先计划进行的，服务存在于统治之中，是统治的道德感召，且政府财政几乎承担了所有公共服务费用，造成服务需求多而供给不足、财政负担重而服务效率低的矛盾，平均之下的服务质量是低层次的。其次，1978 年至 2008 年政府以公共服务供给效率为目标。在政府管理下，效率优先兼顾公平的发展理念，使效率事实上被置于公平之上，地方政府成为公共服务的主要提供者，且个人承担公共服务费用的比重上升，地方财政能力和个人收入水平决定了个人享有的公共服务质量高低，公共服务供给也由平均走向了差异化，造成了国家经济发展而公共服务不公平的现象。例如，世界卫生组织在 2000 年对 191 个成员国的卫生绩效评估中，中国的总体排名到了第 144 位，且卫生经费的公正性排名倒数第 4，成为卫生服务财务负担最不公平的国家之一。[①] 再有，2008 年至 2013 年政府以公共服务均衡为调整目标。中央政府注意到了公共服务供给的差异化问题，并重新承担起了公共服务供给的主要责任，着力推进社会保障体系建设。例如新型农村合作医疗制度建立，至 2008 年初，全国参加合作医疗人数达 8 亿，覆盖率达 91.05%。[②] 但是，公共服务差异化现象仍然严重，不同区域间、收入阶层间能够享受的公共服务仍然不均等。例如，2008 年广东省的教育投资是广西的 3.3 倍多，两地的受教育者能够享受的教育机会、过程、质量等方面是有差异的。[③]

政府治理是以人为本的服务，它要求改变不均等的公共服务供给模式，实现公共服务供给均等均衡的最优化状态。在现代国家，公民向政府纳税是因为能够从政府处获得相应的公共服务，政府服务的对象是公民，服务所用的公共财政源于税收而不是政府的财产，同时公共服务往往涉及人身、安全、教育、医疗等宪法基本权利，政府应当平等对待一切公民权利，因此公共服务供给均等是政府治理的法治要求。其次，政府治理又以提供优质高效的公共服务为目标。服务均等不是低层次的平均，而是在与国家经济发展相适应的基础上，通过政府增加财政投入，整合市场和社会资源，不断完善公共服务类型、内容和形式，并且简化服务程序，降低公民享受服务的成本负担，保证公民享受到高品质的服务。再有，政府治理以任务导向来保证服务供给的最优化。政府治理主张的多元主体共商共建，鼓励企业、社会公共组织、公民进入公共服务的生产和供给之中，使之不再是服务的被动消费者，并通过主体间协商来确定行政方向和规则，进而有目标地共同履行职责，从而最大可能促进了服务的最优化。最后，政府治理是通过服务来实现管理，管理又是服务质量的支撑和保障。管理不是政府治理的目的，政府应当为市场主体和社会主体服务来营造良好的制度环境。但是，服务不能离开管理的保障和支持。政府对破坏社会安全、潜在风险等秩序失范事件必须加强管理，这是服务于公民的安全与秩序需求。政府依法监管企业、社会公共组织和公民提供公共服务的品质，依法评估服务效果，及时清理不合格的服务供给者。因此，政府治理是以均等均衡、优质高效的公共服务最优化供给为目标的治理。

---

① 世界卫生组织：《2000 年世界卫生报告——卫生系统：改进业绩》，王汝宽等译，人民卫生出版社 2000 年版，第 148～202 期。
② 毛群安：《31 个省份实现"新农合"全覆盖》，《中国经济周刊》2008 年第 27 期。
③ 中国教育年鉴编辑部编：《中国教育年鉴 2009》，人民教育出版社 2010 年版，第 624 页。

## 三、公私混合的多样化治理行为方式

政府治理是任务导向的实践行为，治理主体要完成预设公共任务必然要使用相应的治理工具或方法，这些具体方法就是治理行为方式，或称公共行政方式。治理行为与治理工具（又称政府工具、政策工具）是相互联系又有区别的概念，后者是指有形的制度手段，而治理主体选择适用和创新治理工具过程的外在表现为治理行为施展。现代公共行政主体虽已不限于政府，但政府仍然是公共行政中的关键组织形式，因此对治理行为的分析主要是以政府为基点，从性质上区分为政府固有的公行为和私人主体的私行为。

在治理行为方式类型方面，理论上有不同的划分。休斯认为，政府行为方式包括政府发挥干预功能所采取的 4 种经济方法，即供应、补贴、生产和管制。[①]莱恩认为，契约是政府治理社会的工具，但契约条款应接近私法且尽量明确，从而使之能获得普通法院的判决支持，而具有强制执行力。[②]萨瓦斯认为，政府行为方式有政府服务、政府间协议、合同承包、补助、凭单、特许经营、市场、志愿服务和自我服务等。[③]我国学者通常将政府行为方式分为刚性手段和柔性手段两类。其中，前者是指政府利用其拥有的特定权力对管理客体实施的强制性管理，包括法律手段、以行政命令和公共政策来管理公共事务的行政手段、以经济处罚和其他经济方式来实现公共目标的经济手段和物质技术手段。后者是指通过说服、信息传播、解释、劝说等柔性方式进行管理。政府根据实际情况综合运用两种手段，以刚为主以柔为辅，或以柔为主以刚为辅。[④]陈振明、和经纬借鉴加拿大学者霍莱特和拉梅什（M. Howlett & M. Ramesh）的框架，将政府工具分为：强制性工具，即政府为实现政策预期目标，运用规制和直接行为对市场和社会的主体施加影响；志愿性工具，即政府较少介入而由民间或市场力量来实现公共任务；混合性工具，即介于强制性和志愿性之间的方式，如信息和劝导、产权拍卖、补贴。[⑤]因此，政府治理行为方式具有多样性选择，既包括强制性、刚性、单向度的行为，又包括柔性、双向性的行为。

---

① ［澳］欧文·E. 休斯：《公共管理导论》，张成福等译，中国人民大学出版社 2001 年版，第 99 页。
② ［英］简·莱恩：《新公共管理》，赵成根等译，中国青年出版社 2004 年版，第 11 ～ 12 页。
③ ［美］E.S. 萨瓦斯：《民营化与公私部门的伙伴关系》，周志忍等译，中国人民大学出版社 2002 年版，第 105 ～ 107 页。
④ 张良等：《公共管理导论》，上海三联书店 1997 年版，第 113 ～ 117 页。
⑤ 陈振明、和经纬：《政府工具研究的新进展》，《东南学术》2006 年第 6 期。

政府对治理行为方式的选择是治理的关键，它会受到意识形态、社会和市场的成熟度、资源占有水平、事态发展进度等诸多因素影响，但本质上是行政裁量权的运用。例如，政府采取税收、利率等强制或者非强制宏观政策干预市场，都是政府权力行使的外在表现。[1]政府治理的民主特质改变了权力运行的单向度，为政府、社会公共组织、企业、公民之间交往互动的提供了制度平台，促进了均衡的行政权和相对人权利关系格局的形成，实现了治理行为方式的柔性化、弹性化和多样化。这就要求变革单一、强制、刚性的政府管理方式，放松管制，使之从强制命令转向协商合作、从刚性管理转向柔性指导、从单向推进转向交往互动，通过双方或者多方的协商、沟通、交流，实现政府与市场、社会的合作共治。

政府治理行为方式的特点是公私混合，它包括了公行为、私行为和公私复合性行为。政府与市场、社会之间协商合作是根据具体行政任务来选择适当的行为方式，特别是将公共服务供给职能外包给社会公共组织或者企业，可以推动政府转变为政策制定者和监管者，既有助于服务品质提升，也有助于减轻公共财政负担。例如在西方福利国家由公共财政承担全部社会保障时期，这一支出从20世纪20年代占各国国民生产总值的20%，上升到了70年代的40%。[2]因此，通过服务外包，可以使政府将有限的公共财政用于更被需要治理的任务之中。

值得说明的是，私营化在我国是有争议的治理行为方式，较有影响力的事件是2004年的"郎顾之争"，之后国家对国有企业私营化、公共职能私营化等都采取了极为谨慎的态度。"私营化"是将政府经营的企业和公共职能出售或转交给私人主体经营管理和提供公共服务的措施，如购买公共服务、国有企业改制等。最早提出"私营化"概念的是美国管理学家彼得·德鲁克，之后纽约市政府于1969年将市政服务通过契约承包给私人企业，从此打破了政府垄断公共服务供给的局面。到里根政府时期，联邦政府的安保、设施维护、数据处理等辅助服务都以合同外包给私人主体。最受瞩目的私营化运动发生在英国，从1979年到21世纪初，英国先是将国有企业重组出售，如英国航空公司，后又将公共设施和服务提供部门如英国电信、铁路、电力、能源、自来水、教育等进行了

---

[1] 〔美〕斯蒂格利茨：《经济学（下册）》，梁小民、黄险峰译，中国人民大学出版社2000年版，第772～775页。
[2] 杨祖功、曾宪树：《论西欧的"福利国家危机"》，《世界经济》1985年第4期。

私营化。[①] 在日本，政府对传统大型国有企业"三公社"（即专卖公社、国有铁道和电信电话公社）进行了私有化改革。[②]

# 第四节　政府治理变革下行政法的发展走向

政府治理对管理模式的变革给公共行政带来了许多新的变化，这对与政府管理相适应的传统行政法产生了冲击，推动着行政法的变迁与发展。鉴于上文已就政府治理与行政法的统一性进行了分析，这里不再赘述。与政府管理、形式法治和法制政府的关系形似，政府治理、实质法治与法治政府三者是相辅相成、环环相扣的关系，这也是行政法发展的逻辑起点和实践终点。

## 一、权力有限和公平优先的行政法理念革新

行政法理念是行政法发展的指导思想，它与行政观念具有内在统一性。政府治理打破了政府对公共事务的垄断权，而通过与市场、社会的协商、沟通，共同处理公共事务。在放松管制下，单一性、单向度、强制性、半封闭的政府管理方式，逐渐被回应性、多元化、双向度、柔性、开放的合作治理方式所取代，它必然要求改变政府仰仗行政权管理的模式，建立起权力与权利的合作关系。而合作的前提，就是要变革政府管理下权力控制权利的不对等关系，构建权利对权力的制衡局面，这意味着权力的收缩与权利的扩张。权力与权利相互制衡结构的建成，是以权利的边界明确了权力的界限，同时权力又在"法无授权不可为"的法治本意中划定了禁止区域，以此形成权力有限的行政理念来建设有限政府。同时，政府治理方式也说明政府对自身职能有限的认知，而职能的有

---

① 李俊江、马颋：《英国公有企业改革的绩效、问题及其对我国的启示》，《吉林大学社会科学学报》2002 年第 5 期。
② 陈美颖：《日本公共企业的民营化改革及其启示——以 NTT 与 JR 为例》，《公司法律评论》2014 年第 0 期。

限意味着权力的有限。因此，权力有限应当成为行政法的新理念。

政府治理和行政法都以保障权利为内在价值，权利的平等性要求政府行为以公平正义为导向，也要求行政法回归公平正义的法治本原。政府管理的效率优先，实质是发展优先、秩序稳定优先。在这一背景下，行政法成为促进经济发展和维护社会稳定的工具，它对政府行为的规范，也是着眼于防范行政权对经济的消极影响，旨在提高政府行为的预期性，增强市场和社会的发展信心。正因如此，传统行政法才表现出对权利救济有限、对权力控制乏力，导致权力与权利的结构性失衡，形成普遍的不公平感。在政府治理下，行政法的公平优先导向既是对治理的回应，也是法律的本原意义。法律是公平正义的语言。

## 二、多元主体结构呼唤拓展行政组织法调整范围

政府治理对一元化主体管理的变革，使社会公共组织、企业、公民都成为治理主体，建立起了多元治理主体结构，必然要求改变以"政府—相对人"二元关系结构为制度基点的传统行政组织法。首先，行政组织法必须关注政府内在维度变革，实现行政体制改革法定、政府权力和职能配置法定。其次，政府主导的权责法定。在政府治理中，要处理好政府与市场自生秩序、社会自治之间的关系，就必须依法明确政府职能范围、合作治理事项类型、政府主导权限及其责任、归责原则。再有，行政组织法必须对社会公共组织、企业和公民承担公共事务的行为予以规范，明确多元主体的地位及其权力来源，为多元主体的作用施展提供合法性依据，以及设定相应的责任规范。因此，行政组织法必须突破"政府—相对人"的制度设计拘囿，建构以网络化多元主体结构为基础的制度安排。

## 三、治理行为方式多样化要求扩张行政行为范畴

政府管理方式的单方性、强制性、单向性的权力行使特征，使与之相对应的传统行政法也主张行政行为应以行政权为中心、具备单方性和强制性的基本

特征。但是，这一理论已经无法解释政府治理的多样化行为方式及其形成的行政法律关系。有学者认为，即使将新涌现的行为方式拉入传统意义的行政行为理论之中，也不能长远解决这一问题。[①] 理论是灰色的，实践之树常青。行政不仅是行政行为和行政强制执行，而且使用各种手段来实现行政目的。[②] 政府行政要达到增进公益和保障权利的目的，需要强制性方式，更需要在平等协商中建立政府与社会公共组织、企业、公民的交互合作行为，这是现代民主行政的要求，也是理性行政和行政文明的重要内容。因此，行政行为在行政法上的范畴必须扩张，形成权力性和非权力性行为并重的格局。

行政行为形式的扩张意味着政府选择行为形式的裁量权的扩大，即行政权的扩张。这是适应现代政府治理的，但是对传统的"议会+法院"的法律控制行政模式提出了挑战，要求在传统外部控制的基础上，强化行政内部自制，即通过行政权运行的程序控制政府活动，因此行政程序法和程序规制是行政法治的重中之重。在这一背景下，必须改造以政府与相对人对抗、行政权与权利对立为基础建构的传统行政程序制度。政府内、外维度的治理变革都注重采用协商合作机制。多元主体之间关系处于相互制衡的均衡状态，且是以行政任务为导向，围绕着公共事务展开的交互协商、包容分歧、达成共识、共同行动的过程。与之契合的行政程序法，应当融合政府治理内含的民主、平等、公平的精神，使之凸显多元主体间平等、协商过程民主、程序规则的交往理性化和程序结果的契约性合意，使行政行为的内在表现为行政权与权利的博弈均衡，外在表现为主体间协商一致的合作行动。

## 四、多元、能动的行政监督与救济机制改进

政府治理的多元主体合作共治，公私混合的多样化行为方式的适用，促进了权力的分享共用，但也鼓励了公私疆域的互动与渗透，模糊了公私界限，导致责任主体多元和责任模糊化，产生了责任转嫁和责任推诿的治理风险。同时，以政府管理为参照的传统行政监督与救济机制，是以公私法对立、政

---

① 余凌云：《行政法讲义》，清华大学出版社 2014 年版，第 217 页。
② ［日］盐野宏：《行政法》，杨建顺译，法律出版社 1999 年版，第 36 页。

府单一管理责任为基础的制度安排，它既无法有效监督多元主体的权力分享共用，也无法化解责任主体多元下责任分摊产生的责任认定困难。如果不能对多样化行为方式予以有力监督，并为权利提供充分的保障和救济途径，那么行政权就会被滥用，公民及其他组织的合法权益就无法得到保障，政府治理也就失去了价值和目标。政府治理下行政的积极性和灵活性，以及对行政自制的重视，同时要求监督行政和权利救济的多元化和能动性。在监督行政中，要强化权力制约权力的机制，监督主体要有核心，不能一盘散沙地各自监督又推诿监督。在权利救济中，除行政诉讼制度和审判体制创新外，更要注重诉讼制度与多元纠纷解决机制的职能分工、协调配合，不能一哄而上，各自救济又无力救济。

综上所述，政府管理改革的成绩是显著的，它基本建成了与社会主义市场经济体制相适应的行政管理体制和法制政府，建立了传统行政法的基本体系，同时促进了政府内部自上而下的分权，以及对市场和社会的还权，推动了政府、市场和社会三元权力均衡格局的形成，但由此也催生了行政过程民主化的现实需求。政府管理和传统行政法对行政过程民主化的内化不足，产生了管理失灵和行政的正当性危机。政府治理正是通过民主化行政促使行政的正当性回归。政府治理的民主特质又推动了政府内、外维度的变革。在内在维度上，政府朝着职能有限和有效的方向优化，组织结构为适应职能优化和合作行政需要而展开了扁平化改造，从而推动了政府行为向公平正义优先的文明行政发展。在外在维度上，政府、市场和社会之间多元治理主体结构逐步成形，以公共服务供给最优化为目标，公私混合的多样化治理行为方式得到了广泛运用。在这一背景下，政府治理呼唤变革与管理相契合的传统行政法，要求在行政法理念向着权力有限和公平优先、行政主体多元、行政行为多样、行政监督与救济的多元和能动等方面发展。

# 第三章
# 政府治理变革中
# 传统行政法的困境

政府治理是公共行政理论与实践的新发展，公共行政是行政法学的研究对象，行政法是调整公共行政活动的国内公法。在政府治理变革下，行政法应当朝着与政府治理相契合的方向发展，变革传统行政法以国家与社会、政府与相对人、权力与权利二元对立为基础的制度设计逻辑，调整以权力与权利之间关系架构的制度体系、运行机制和监督体制。那么，要建构与政府治理相适应的行政法，不能仅将之抽象描述为由法制政府迈向法治政府，而应当先认清传统行政法不能解释和规范政府治理的实践困境，从而找到行政法未来的建构路径。

# 第一节　传统行政法功能与价值导向的困境

德国学者何意志曾指出中国行政法是维护行政效率的管理法，但其发展趋势与目标是保护公民权利和建设法治国家。[①]我国行政法的发展印证了这一预言，而"管理法"的论断也深刻揭示了我国传统行政法的特质。

## 一、权力维护功能与权力有限的治理之间矛盾

### （一）政府管理与行政法的权力维护功能

行政法是具有浓厚政治与行政技术色彩的法律，经济社会变迁、政治与政府执政理念转变都会直接影响到行政法的功能定位。行政体制改革与行政法发展是内在关联的，而我国行政法正是政府管理改革下的产物。

20世纪80年代，中国与西方国家都围绕着调整政府与市场和社会的关系展开了行政改革。但是，中西方行政改革的性质存在着根本性差异。中国的政府管

---

① ［德］何意志：《德国现代行政法学的奠基人奥托·迈耶与行政法学的发展》，见奥托·迈耶《德国行政法》，刘飞译，商务印书馆2002年版，序第8～14页。

理体制改革是不改变基本政治结构变动的政治改革①，它推动了治国理政方略由国家统治转向政府管理。西方国家是以创新管理技术为内容的新公共管理改革，目的是解决福利国家建立后面临的新问题。通过改革，我国逐步建立起了适应社会主义市场经济和工业社会的管理型行政体制，且借鉴西方国家的后管理型体制变革经验，不断推进着行政体制的现代化建设。②改革是对既有制度与利益格局的调整，秩序稳定是改革顺利有序实施的前提与保障。在还权于市场和社会的过程中，我国政府还承担着建立现代化管理体制和提高管理能力的任务，使之有能力控制市场和社会的有序发展。在此背景下，我国形成了以政府为管理主体，推崇自上而下强制性管理方式，注重依法（律）行政的形式法治的管理体制，政府行为往往表现为强调"管"和不服"管"则"罚"的管理理念。

　　我国行政法（学）初创之时就受到管理理念影响而具有管理的特质。首先从研究的主体来看，多数研究者是从行政管理学或宪法学转向行政法学，受之前研究旨趣和学科思维的影响，不少学者是将行政管理原则或宪法原则视为行政法原则，据此来构建行政法学体系。③这一时期，一些院校开始着手编写行政法学教材，但基本依循的是行政管理学的体例，没有充分认识到行政法学与行政管理学的差异。其次从借鉴对象来看，由于当时中国与西方国家在意识形态领域的矛盾，我国行政法学者主要吸收了苏联行政法学知识。④在苏联，"行政法作为一种概念范畴就是管理法（从拉丁文中的"行政管理"一词翻译过来），更确切一点说，就是国家管理法"。⑤作为国家管理法，行政法是贯彻国家政策和管理社会的规则，其任务是保障行政权运行，提高行政效率，维护社会秩序和公共利益。还有从行政立法实践来看，我国行政法规和规章多冠以"管理"之名。根据"北大法宝"的统计数据，截至 2017 年 1 月，在现行有效的 732 件行政法规和 3103 件国务院各部发布的行政规章中，以"管理"命名的分别为577 件和 1641 件，占各自总数量的 78.8% 和 52.88%。⑥

---

① 俞可平：《论国家治理现代化》，社会科学文献出版社 2014 年版，第 77～80 页。

② 张康之：《公共行政中的哲学与伦理》，中国人民大学出版社 2004 年版，第 154～166 页。

③ 杨海坤、章志远：《中国行政法基本理论研究》，北京大学出版社 2004 年版，第 93～94 页。

④ 何海波：《中国行政法学的外国法渊源》，《比较法研究》2007 年第 6 期。

⑤ ［苏联］马诺辛等：《苏维埃行政法》，黄道秀译，群众出版社 1983 年版，第 11～29 页。

⑥ 该数据获得是在"北大法宝"网页中选择"中央法规司法解释"，再选择"行政法规"下拉菜单的"行政法规"，后在"时效性"菜单中选择"现行有效"，得出有效行政法规数量；后在搜索栏中键入"管理"并以"标题"搜索，得出含有"管理"的法规数量。同法得出行政规章的数据。

在政府管理模式中，行政法的功能定位是维护行政权高效运行以实现公共利益。"公法的目的是分配正义，强调个人服从公共利益，并且将群体或者阶级的利益与公共利益等同起来。"① 行政法是公法，它的首要作用就是调整超出个人目的之外目的而进行的公共事务。② 公共利益是行政法的基础，也是现代公共行政的目的，而维护和增进公共利益就成为行政权和政府职能扩张的动因。20 世纪上半叶，西方国家通过政府干预市场使得经济恢复并迈向繁荣，苏联的政府计划经济使之迅速成为现代化工业大国，这些事例使人们相信政府干预经济社会是必要的，国家和政府的作用逐步由消极变为积极、由"夜警国家"转变为"行政国家""全能政府"。在这种情况下，个人利益与公共利益是冲突的，个人被假定为公共秩序的潜在破坏者，政府与相对人之间主要是命令与服从的关系，因此行政行为的典型特征是单方面意志的宣告。③ 瓦西林科夫认为，行政法的调整是以多数人意志不平等为前提的，管理者以自己的意志加于被管理者，使之服从管理者的意志。④ 在我国，公共利益条款也广泛存在于宪法、法律法规、规章等规范性文件之中，"维护公共利益"是多数行政法律的立法宗旨。但是，行政立法将公共利益的认定权赋予了行政机关，除少数立法规定行政听证等参与程序外，行政机关认定公共利益缺少具体规则规范。例如，根据《中华人民共和国土地管理法》第 58 条第 1 款第 1 项规定，因公共利益需要使用土地的，政府土地行政主管部门报经原批准用地的政府或者有批准权的政府批准，就可以收回国有土地使用权。此外，公共利益条款还往往成为限制个人权益和加强行政管理的依据。在这一制度环境中，传统行政法依托行政权维护公共利益，而政府是公共利益的"托管人"，公共利益的判断标准由政府掌握，因此行政权实质上成为政府管理的工具，行政法的功能就是维护行政权的高效运行。

## （二）政府治理与行政法的权力控制功能

治理理念的提出，表明政府理政方略由"管"转向了"治"。同政府管理模式相比，政府治理在理论主张和实践运行上更为贴近民主和法治，强调政府权

---

① ［美］罗斯科·庞德：《法理学》（第 2 卷），封丽霞译，法律出版社 2007 年版，第 272 页。
② ［德］奥托·迈耶：《德国行政法》，刘飞译，商务印书馆 2002 年版，第 14～17 页。
③ ［奥］凯尔森：《法与国家的一般理论》，沈宗灵译，商务印书馆 2013 年版，第 394 页。
④ ［苏联］瓦西林科夫：《苏维埃行政法总论》，姜明安、武树臣译，北京大学出版社 1985 年版，第 3 页。

力的有限性，尊重多元治理主体广泛有序参与，通过多向互动的协商与合作实现保障公民权利和增进公共利益的目的。政府治理的"政府"是有限有为的法治政府。

在政府治理模式下，行政法的功能定位是结构性控制公共权力以保障公民权利。政府治理中多元主体合作共治的结构设计，是在行政体制改革的同时，通过引入市场和社会机制将政府权力控制在合理范围内，提高政府自身的治理能力和效率，并拓展市场和社会主体参与国家管理的民主空间来增强治理的合法性。经由上述多维建构的政府治理结构，将在巩固政府主导地位的基础上，充分注入多元、理性、协商的民主精神，形成权力对比较为均衡的体制。这不仅要求政府权力不得介入市场和社会的自治领域，还要求公权力的运行必须在法律控制之下，特别是对强势政府的权力控制。政府治理因管理危机而兴起，管理危机的实质是政府权威和权力的正当性危机，法治是化解正当性危机的重要方式，政府治理与法治是内在统一的。法治是以法律名义规范和控制国家权力，关键是控制行政权力。立法是法治的前提，法律是由人民代议机构作为立法机关制定的，"法律规定就是完全具有约束力的固定规则"，"公权力的作用有赖于普遍的、事先确定的标准，并依据固定的规则实施"[1]，立法权超越于行政权，政府权力从属于法律，这才能使法治成为立国之本。法治的关键是行政法治，法治国家的核心制度内容是控制行政权力。

"控权"不是限制公共权力。"控权"是指法律对公共权力的规范、控制和支配。"控制"是积极的，"限制"是消极的，"控权"不是消极限制行政权作用范围的"限权"。限制政府权力是近代自由资本主义阶段行政法的特点。[2] 例如在德国，资产阶级和市民阶层普遍反对以君主及其官僚为表现形式的政府管制和干预，要求将政府活动范围限制在保护秩序和安全等必要限度之内，并且行政活动必须受法律约束，而在社会和市场领域中，奉行以自由竞争原则为基础的自治调控机制。[3] 在英国，政府所有权力无论有多大，"首先须制限于一宗法案的字句，末后仍要听命于审判员所有对于该法案的诠释"[4]。公权力扩张是经济

① [德] 奥托·迈耶：《德国行政法》，刘飞译，商务印书馆 2002 年版，第 76 页。
② 孙笑侠：《论法律对行政的综合化控制——从传统法治理论到当代行政法的理论基础》，《比较法研究》1999 年第 Z1 期。
③ [德] 哈特穆特·毛雷尔：《行政法学总论》，高家伟译，法律出版社 2000 年版，第 16 页。
④ [英] 戴雪：《英宪精义》，雷宾南译，中国法制出版社 2001 年版，第 420 页。

社会发展的结果，但是任何权力都可能被滥用，而且所有权力也的确是在被滥用。① 行政法必须积极对公权力进行控制，这种控制是建立在对政府及其他公共组织的信任之上，使之权力有限又能有为。

"控权"的对象是公共权力，而不是权力主体。当政府是公共权力的唯一合法主体时，"控制行政权"与"控制政府"有着等同的意义，而"控制政府"又暗含对政府的不信任，这样来看"控权"理念与人民政府的制度设计是冲突的，因为人民不可能不信任自己的政府。但是，根据我国宪法规定，国家的一切权力属于人民，人民行使国家权力的机关是人民代表大会，全国人民代表大会及其常务委员会行使国家立法权。法律是立法和人民意志的代表，政府及其权力源于法律，政府活动受控于法律，这不是不信任政府，而是宪法确定的立法权相对于行政权的优势地位，它必然表现为立法与司法权对行政权的控制。在权力社会化的背景下，公共权力已不为政府所"独占"，社会公共组织承担起了部分公共管理和服务职能，市场和社会广泛参与到了政府治理过程之中，"控权"不再仅是控制政府权力，不能仅对权力主体进行静态管控，而要对公共权力运行的整体结构进行动态调控，使权力主体敢于合理合法用权，发挥权力的正向效用，抑制权力的负面作用。"控权"是建立在对权力的不信任和对权力主体的信任之上。

"控权"的目的是保护公民权利。法治和法律是保护公民权利、实现人的全面自由发展的制度安排。这既因为公民权利经常会成为国家权力和社会成员的侵害对象，需要以国家强制力为后盾的法律保护，也因为公民权利的发达是社会文明进步的标杆和动力。法治和法律体系的发展完善，意味着国家对公民权利的保障制度逐步健全，"这种法律的扩张也暗示着法定权利和权利意识的增长"②。法律为保障权利而对国家权力的防范与补救就是控制权力，"行政法的最初目的就是要保证政府权力在法律的范围内行使，防止政府滥用权力，以保护公民"③。因此，控制权力以保护公民权利，这是行政法的正当性基础。

任何否定行政法"控权"功能的观点，不仅没有从本质上揭示行政法的功能，还可能导致公共权力失范的后果。我国主流观点认为，现代行政法的最高功能

---

① ［美］劳伦斯·弗里德曼：《二十世纪美国法律史》，周大伟等译，北京大学出版社 2016 年版，第 209 页。
② ［美］劳伦斯·弗里德曼：《选择的共和国：法律、权威与文化》，高鸿钧等译，清华大学出版社 2005 年版，第 8 页。
③ ［英］威廉·韦德：《行政法》，徐炳等译，中国大百科全书出版社 1997 年版，第 5 页。

是为行政主体和相对方建构良性互动的平台，实现维护公共利益和保护公民权利的平衡。[①] 这一观点是从行政法的适用结果来理解其功能，事实上利益平衡是所有法律追求的价值目标，也是法律适用的重要方法。当国家作为民事法律关系的当事人时，民法也会维护公共利益，司法判决也是在平衡公共利益和私人利益的基础上作出的。行政法的目标是要平衡公共利益和个人权利，但是平衡不是实现公共权力与权利之间关系平等的手段。要实现行政机关和相对方之间相制衡的平衡状态[②]，只能由法律控制权力的方式来实现。在行政诉讼中，被诉行政机关负责人出庭应诉被认为是尊重公民权利以及政府与公民良性互动的机会，但是在新修订的行政诉讼法实施之前，即便是法院要求行政机关负责人出庭，其不出庭应诉也是常态。这表明行政法要实现公共权力与公民权利之间平衡的条件是控制权力。行政法起源于人们对理想政治体制和秩序的追求，建立在分权和法律之治的前提下，其本质是控制公共权力的法。在政府治理模式下，社会发展和创新需要发挥政府权力的积极作用，公共权力社会化又促成了权力主体多元化，公民权利受到权力侵害的潜在威胁增加，行政法既要控制政府权力，也要控制市场和社会的公共权力运用，这才符合保护公民权利的现代法治精神。

### （三）二者的冲突

我国传统行政法律体系是在管理理念下建立起来的，是与政府管理模式相适应的制度，它与治理理念的政府权力有限以及对行政法的控权功能需求是不相适应的。

首先是维护权力与控制权力的冲突。行政法是调整公共权力与公民权利之间关系的法。在政府管理下，行政法强调行政管理和行政权高效运行的重要性，

---

① 罗豪才：《行政法的核心与理论模式》，《法学》2002 年第 8 期。平衡论观点形成于 20 世纪 80、90 年代的行政法初建时期，当时国家统治思想还有着相当的影响力，政府及其工作人员的活动要由依政策、命令行政转向依法行政，立法和行政观念、习惯都需要一定的转变时间。在这个时期，为避免欲速则不达，以及建立国家法制秩序的急迫性，有必要对传统习惯妥协，先解决有法可依的问题，建构起权力的合法性。同时，在立法、执法和司法操作层面，强调尽可能保障公民权利，这种既不保守又不激进的立论是适应当时法制建设的国情。平衡论表面上是"平衡"，实质上是"控权"的理论。20 世纪 90 年代后，行政法的"控权"理论的研究进一步深入，各家学说实质上都吸纳了该理论关于行政法的基本价值目标是保障公民权利的核心观点，认为行政法是"管理行政的法"。平衡论的重点是"控权"，它"总是将监督行政权、保障公民权以及相对一方设置更多的权利补救措施放在更为突出的地位"。参见皮纯协、冯军《关于"平衡论"疏漏问题的几点思考——兼议"平衡论"的完善方向》，《中国法学》1997 年第 2 期。章剑生：《我国行政模式与现代行政法的变迁》，《当代法学》2013 年第 4 期。罗豪才等：《现代行政法的理论基础——论行政机关与相对一方的权利义务平衡》，《中国法学》1993 年第 1 期。

② 罗豪才、甘雯：《行政法的"平衡"及"平衡论"范畴》，《中国法学》1996 年第 4 期。

为科学的管理原则和技术运用到国家和社会管理中提供了法律依据和保障，解决了技术手段和组织管理的合法性问题①，着力于政府及其权力的合法性建构，使行政权具有优越位性。在这一背景下，立法侧重于确认和巩固行政权的法律地位，逐步推动政府及其公务员由依政策、指令行政转向依法行政，但是法律对行政权缺乏有效制约，权力运行经常违背法律的实质要求，导致出现权力乱用、滥用、腐败等失范现象。在社会主义法律体系基本建成的条件下，行政权运行机制的法制框架已经形成，政府活动无法可依的状况得以扭转，保障行政权已不再是行政法的首要任务。首要任务应当转向对行政权的合法性控制和规范，优化政府权力结构，祛除不必要的职能与权力，厘清权限范围，规制社会公权力运行，从而建立起权责衡平、公开透明的公共权力运行机制，这样才能使政府由强势命令者转变为合作治理中伙伴关系的主导者。

其次是公共利益优先和保障公民权利的冲突。公共利益和公民权利本质上不存在冲突，二者是相辅相成、互蒙其利的关系。保持和增进公共利益的目的是实现公民权利，使公民享受到优质的公共服务，创造公民全面自由发展的物质基础。而公民权利实现的质量提升和范围拓展，又会强化公民对国家共同体的认同，积极维护公共利益。在现代民主国家，维护和促进公共利益或公共福祉是公共行政的宗旨，这是任何公共行政的不成文原则，是公共行政的概念和功能属性，是公务员执行职务的基础。② 行政权是实现公共利益的国家作用，行政法是代表公共利益调整与私益之间关系的法律部门。③ 但是，政府管理模式下的行政法过分强调了公共利益优先，并且缺乏对以公共利益为名限制公民权利的规则约束，这会导致行政权逾越必要限度而侵害公民权利，最终损害的仍是公共利益。在政府治理模式下，行政法应当注重保护公民权利，这不是忽视公共利益，而是矫正政府的公共利益优先观念，要求政府执行法律时要通盘考虑行政目的，遵循比例原则，不能逾越必要限度，并经正当程序和依法补偿后，才能对公民权利予以限制。

---

① ［苏联］马诺辛等：《苏维埃行政法》，黄道秀译，群众出版社 1983 年版，第 37～38 页。
② ［德］汉斯·J. 沃尔夫等：《行政法》（第 1 卷），高家伟译，商务印书馆 2002 年版，第 323 页。
③ 胡锦光、王锴：《论我国宪法中"公共利益"的界定》，《中国法学》2005 年第 1 期。

## 二、秩序、效率导向与治理的自由公平追求冲突

法律规范是一种价值判断，宪法定义并确定了一国法律秩序的基本价值，其他法律与规范也包含着法律确定的价值标准，且根据法律秩序的层级结构形成价值体系，基本的价值秩序反映出法的目的，国家共同体的价值观、世界观和意识形态的变化是法律制度变革的基础。[①] 政府理政由"管理"转向"治理"，公共行政价值观随之改变，适应于管理模式的行政法价值取向必须调适以满足"治理"的要求，反之二者之间就会出现紧张关系。

### （一）政府管理下行政法优先追求秩序与效率价值

行政法的价值是法的价值的下位概念。法的价值是以法与人的关系作为基础，是法对于人所具有的意义和对于人的需要的满足，是人关于法的绝对超越指向。[②] 它包括秩序、公平、自由、效率等价值，这也是行政法的价值。法的不同价值之间存在着矛盾，在行政法中主要表现为秩序与自由、效率与公平的冲突。法律在不同社会条件下会选择并确定相应的价值作为社会建设的价值取向[③]，形成价值的层级秩序。在管理理念下，秩序和效率是行政法优先追求的价值目标，这意味着政府在行政过程中面对不同价值冲突时注重稳定秩序和提高行政效率。

行政法以秩序为价值目标是符合国家转型时期的稳定需求。"在组织一个人统治人的政府时，最大的困难在于必须首先使政府能管理被统治者，然后再使政府管理自身。"[④] "人当然可以有秩序而无自由，但不能有自由而无秩序"，如果政府无法建立合法的公共秩序，无法完成政治权威合法化的改革任务，限制权威就没有讨论的价值。[⑤] 现代国家失败的实质是政府对政治秩序的管控失败。行政法是研究国家与公民、权威与自由、社会与个人之间关系等基本政治问题的法律，它是政治意义上的法。[⑥] 行政法承担着稳定政治秩序的任务。我国现代化转型之路布满荆棘，影响政治秩序稳定的国内国际因素长期活跃。在这一背

---

① ［德］魏德士：《法理学》，丁晓春、吴越译，法律出版社 2005 年版，第 23、59、322 ～ 323 页。
② 卓泽渊：《论法的价值》，《中国法学》2000 年第 6 期。
③ 孙国华、何贝倍：《法的价值研究中的几个基本理论问题》，《法制与社会发展》2001 年第 4 期。
④ ［美］汉密尔顿等：《联邦党人文集》，程逢如等译，商务印书馆 1980 年版，第 264 页。
⑤ ［美］塞缪尔·P. 亨廷顿：《变化社会中的政治秩序》，王冠华等译，三联书店 1989 年版，第 7 页。
⑥ 叶必丰：《二十世纪中国行政法学的回顾与定位》，《法学评论》1998 年第 4 期。

景下，邓小平提出稳定压倒一切战略思想，核心就是政治秩序稳定。稳定是一项政治任务，确保社会秩序安定是政府管理的目标，任何抗议行为会被认为是破坏安定团结的行为，政府必然采取一切手段进行管制。[①] 因此，《中华人民共和国集会游行示威法》规定，公民举行集会、游行、示威必须向公安机关书面申请，经许可才能进行。在许可后，公安机关根据情势还可以变更集会、游行、示威的时间、地点、路线。其次，行政法要维护经济与社会秩序的稳定。政府推动型发展模式要求政府对经济社会发展结果承担无限责任，但是改革充满着危机，政策运用稍有差错就可能导致经济社会的混乱无序。强化管理和维护秩序稳定，既是政府规避失序风险的重要手段，也是政府证明自身职责已尽的依据。在市场领域，以政府对金融资本的规制为例，这是我国顺利渡过1997年亚洲金融危机并保持近8%增长率的关键举措。如果在市场经济环境不稳定和金融体系不健全时，轻率地放松管制，中国经济的境遇可能会比泰国或者其他受危机冲击的国家还要困难。[②] 在社会领域，为维护城市社会秩序，如国务院于1982年颁布了《城市流浪乞讨人员收容遣送办法》（以下称"《办法》"），对乞讨、露宿街头生活无着的人员和"三证"（身份证、暂住证、务工证）不全的流动人员，实行强制性收容遣送。该《办法》虽饱受诟病（后因"孙志刚事件"而废止），但在国家转型和法制初建时期，对维护经济社会秩序稳定的历史作用不能被否定。[③]

效率是现代行政法的基本价值之一。经济分析法学派认为，效率是法的核心价值，法律应当有效分配资源以实现社会财富最大化。[④] 效率价值要求行政权依法高效运行，提高行政执法效率，积极回应信息社会的效率需求，又要求行政立法及时表达国家意志，公众特别是与拟定法律有利害关系的相对人应直接

---

① 唐皇凤：《"中国式"维稳：困境与超越》，《武汉大学学报（哲学社会科学版）》2012年第5期。
② ［美］斯蒂格利茨：《经济学》（下册），梁小民、黄险峰译，中国人民大学出版社2000年版，第909～913页。
③ 收容遣送、劳动教养等限制人身自由的强制措施确实有违现代法治基本要求，特别是在2000年《中华人民共和国立法法》（以下称"《立法法》"）生效后，这些制度直接违反了《立法法》第8条、第9条关于法律保留的规定，且过于追求秩序稳定，忽视了对个人权利自由的保障。但是，它们又有着历史的必然性和合理性。在《城市流浪乞讨人员收容遣送办法》废止3年后，钟南山院士在广州市街头被抢电脑而呼吁恢复收容遣送制度。钟院士的观点受到了法学界的批评，但也有不少公众表示赞同，原因在于城市管理制度建设往往落后于城市发展和公众对秩序稳定的需要，这种矛盾在改革开放初期远比今日更为激烈，政府当时的管理经验、能力和公共资源储备又无法达到今日水准，管理者只能根据当时情况来确定法的优先价值。
④ ［美］理查德·A.波斯纳：《正义/司法的经济学》，苏力译，中国政法大学出版社2002年版，第87～115页。

参与法律规范制定过程中，使立法方案直接、快速获得相关信息。[1] 在管理模式中，作为国家机关的政治本质和使命，政府会吸纳人民参加国家管理，并将部分管理职能交由社会组织来执行[2]，但行政法更侧重于保障行政管理效率，规定并推广科学管理方法和技术，确保经济和社会系统的有效和有序运转，实现国家机关的管理任务[3]。在效率优先原则下，我国行政法旨在尽量排除影响行政效率的各种干扰，使政府能以较少的行政成本获得最大化效益，具体表现为：一是行政法注重设定政府管理权力，而对政府职能范围、组织机构和行为方式的规范不足。如 1998 年《社会团体登记管理条例》（以下称"《条例》"）第 3 条第 1 款规定，社会团体的成立，必须经其业务主管单位审查同意，并依照该条例规定进行登记。但是，《条例》却未具体规定"业务主管单位"的资格和审查同意的标准。[4] 二是政府活动合法性依据主要来源于行政立法，但法律对行政立法权限的约束不足。如 2009 年全国人大常委会宣布废止《关于授权国务院改革工商税制发布有关税收条例草案试行的决定》后，国务院于 2011 年又授权上海、重庆等地对个人住房征收房产税。三是行政执法倚重强制手段，推崇"专项整治"等运动式执法，有关行政程序的法律规范不足。如山西省在 2008 年为提升煤矿安全程度和煤炭产业化水平，按照"关小上大，产能置换"等原则，以行政命令强行要求该省煤矿企业兼并重组。[5] 四是行政监督与救济有限，行政信访难以解决实际问题，行政复议的高维持率又弱化了其公信力（见图 3-1[6]），行政诉讼还存在受案范围有限等诸多制度性缺陷。

---

① 关保英：《行政法的价值定位——效率、程序及其和谐》，中国政法大学出版社 1997 年版，第 154～157 页。关氏注意到直接行政法与间接行政立法的差异，但并未从合作治理角度来认识直接行政立法的独立地位，认为直接和间接的划分是相对的，只是主辅上的区别。

② ［苏联］马诺辛等：《苏维埃行政法》，黄道秀译，群众出版社 1983 年版，第 18～21 页。

③ ［苏联］瓦西林科夫：《苏维埃行政法总论》，姜明安、武树臣译，北京大学出版社 1985 年版，第 10～12 页。

④ 2016 年修订的《社会团体登记管理条例》也未具体规定业务主管单位范围，这一范围需要参照《民政部关于重新确认社会团体业务主管单位的通知》（民发〔2000〕41 号）等相关文件来确定。业务主管单位对申请成立社会团体的审查标准则主要是各自内部规定。如，2012 年广东省政府发布《关于进一步培育发展和规范管理社会组织的方案》（粤发〔2012〕7 号）规定，除特殊情形外，业务主管单位均转为业务指导单位，申请人向民政部门申请登记，即可成立社会组织。此后，浙江、上海等地也纷纷效仿。

⑤ 《山西省人民政府关于加快推进煤矿企业兼并重组的实施意见》（晋政发〔2008〕23 号）、《山西省人民政府关于进一步加快推进煤矿企业兼并重组整合有关问题的通知》（晋政发〔2009〕10 号）。

⑥ 资料来源：2000—2015 年全国行政复议、行政应诉案件统计数据表格，http：//www.chinalaw.gov.cn/article/xzfy/wtjd/。

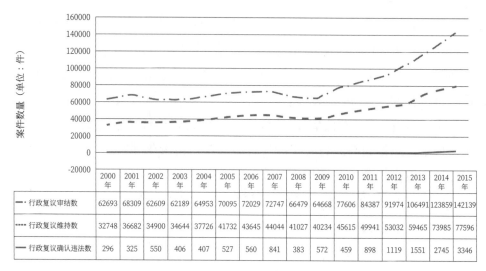

图 3-1　2000 年至 2015 年全国审结的行政复议案件中维持与确认违法的案件数据

| | 2000年 | 2001年 | 2002年 | 2003年 | 2004年 | 2005年 | 2006年 | 2007年 | 2008年 | 2009年 | 2010年 | 2011年 | 2012年 | 2013年 | 2014年 | 2015年 |
|---|---|---|---|---|---|---|---|---|---|---|---|---|---|---|---|---|
| ·■· 行政复议审结数 | 62693 | 68309 | 62609 | 62189 | 64953 | 70095 | 72029 | 72747 | 66479 | 64668 | 77606 | 84387 | 91974 | 106491 | 123859 | 142139 |
| ····· 行政复议维持数 | 32748 | 36682 | 34900 | 34644 | 37726 | 41732 | 43645 | 44044 | 41027 | 40234 | 45615 | 49941 | 53032 | 59465 | 73985 | 77596 |
| — 行政复议确认违法数 | 296 | 325 | 550 | 406 | 407 | 527 | 560 | 841 | 383 | 572 | 459 | 898 | 1119 | 1551 | 2745 | 3346 |

## （二）政府治理下行政法优先追求自由与公平价值

政府治理的精义是民主行政和公众参与，它通过多元主体之间多元治理关系联结成资源互补的治理网络，使公私之间由对立走向合作，行政方式从命令与控制为基本特质的管理模式转向协商与合作的互动模式。在法治逻辑下，民主和参与要求改变官僚制政府管理和专家治国的制度秩序，拓展公众表达的合法途径，增强公共行政的正当性基础，这样行政法优先追求的价值就转向了自由与公平。

自由是法律的目的，它在拉丁语中意为人从父权束缚中解放出来。法律是以自由为核心建构起来的，"法律不是压制自由的手段"，限制自由的法律会沦为专制的工具，"法典就是人民自由的圣经"。[①] 政府治理是民主、参与及合作的治理模式，它的前提是多元治理主体都具有独立的人格，均享有自由权。在行政法中，自由对政府和其他治理主体的含义是不同的，这表现为：行政主体依法享有自由裁量权，而市场和社会主体在免受他人非法限制和干预之外，还拥有参与治理的选择自由。对行政主体而言，自由是排除外界的不正当干预，使之在法定领域内能自由行政，同时又将实现公民自由作为行政的目的，要求其

---

① ［德］马克思：《第六届莱茵省议会的辩论：关于出版自由和公布等级会议记录的辩论》，《马克思恩格斯全集》（第 1 卷），人民出版社 1956 年版，第 71 ～ 72 页。

既应以"法无授权即禁止"的消极方式减少对社会自治和公民权利的干预，也应以积极行政方式促进社会福祉的普遍改善，提供条件来落实公民参与权。对其他主体而言，"自由不只是排除外部约束和免受专制控制，而且还包括了在服务于被称之为人类文明的伟大事业中发挥个人的天赋和习得的技术的机会"①。个体参与制定社会秩序的机会就是政治自由，它通过民主方式保证了人受制于一个社会秩序却仍然是自由的。②政府治理改变了公众参与的方式和途径，将传统政治上的民主选举转化为行政上的民主参与。公众参与行政是权利实现的方式，也是对行政权运行的监督和约束，但必须尊重政府的主导地位，遵守依法作出的行政行为。然而，自由又是有限的，不加限制的自由会使任何人成为滥用自由的潜在受害者。在行政法律关系中，自由的有限性可从三方面来理解：首先自由不是绝对的。政府主导不是对其他主体的任意摆布，不是政府控制下利用其他主体的参与，使行政活动获得正当性或者免责理由，其他主体也不是政府的附属物，而是具有独立意志的主体，代表着自身或者利害相关者的利益。不同治理主体在治理结构中相互制衡，任何一方都不享有不受限制的自由，才能在民主协商与妥协之上实现合作治理。其次是自由受法律的控制。公共权力运行必然体现主体的意志，即自由裁量，但它必须服从于法律，不能超越或凌驾于法律，这要求在法律规定明确时严格依法行政，在法律规定不明或者没有规定时公共行政应当遵循法的目的和原则，以及法院有权审查行政活动。还有是自由以服务为目的。多元治理主体的自由不仅在意志上独立制衡，在行为上服从于法律，而且治理行为必须以服务公民和公共利益为目标，不能共谋损害公民的法律自由。

　　公平是法律本身，法律是公平的表达。在中西方语境中，"公平"与"正义"通常有着等同的含义③，但是二者在价值属性和使用范畴上又存在差异，"正义"是具有善指向的概念，代表着人类终极道德追求，而"公平"是价值中立的概念，强调衡量标准的尺度统一，它必须与"正义"结合使用才具有正向价值。④

---

① ［美］E. 博登海默：《法理学：法律哲学与法律方法》，邓正来译，中国政法大学出版社 2004 年版，第 305 页。

② ［奥］凯尔森：《法与国家的一般理论》，沈宗灵译，商务印书馆 2013 年版，第 405～406 页。

③ 张文显等：《法理学》，高等教育出版社、北京大学出版社 2004 年版，第 409 页。另见 ［美］汤姆·L. 彼彻姆：《哲学的伦理学》，雷克勤等译，中国社会科学出版社 1990 年版，第 327～328 页；［英］彼得·斯坦、约翰·香德：《西方社会的法律价值》，王献平译，中国人民公安大学出版社 1990 年版，第 74～75 页。

④ 许超：《正义与公正、公平、平等之关系辨析》，《社会科学战线》2010 年第 2 期。

换言之，正义必定是公平的，但公平的事情不一定是正义的，例如赌博遵循了双方自愿的公平游戏规则，可这一行为是非正义的。<sup>①</sup> 公平正义的社会制度是人们孜孜不倦追求的理想，但正义的问题仍使人困惑。政府治理的本质特征是合作，社会合作要求在公平的条件下达成一致同意，形成公平的共识，产生公平的结果，"作为公平的正义"<sup>②</sup> 是治理的基本要素，是实质正义和形式正义的结合，是社会主义的公平型正义<sup>③</sup>。我国当前改革已步入"深水区"，多元主体之间的利益冲突、分配规则的重构、贫富差距扩大、地区发展失衡、公共资源的配置不均等问题都凸显着公平的重要性。这是导致社会冲突和群体性事件时有发生的重要原因之一，而绝大多数事件并没有政治目标和组织化政治力量的支持，主要是对公平的诉求和对不公平待遇不满的宣泄。公平行政需要行政法律制度保障，行政法应当将公平作为优先价值取向。在行政立法时，要公平配置政府、企业、社会公共组织、公民在协商制定规则与合作共治中的权利和义务，尽量公平地分配合作产生的利益和负担，坚持治理过程开放性和成果的共享性。在依法行政时，政府对类似情况要类似处理，坚持信息公开和程序透明，不应当带有偏见或歧视进行执法，更要避免采用不公平的执法手段。政府依据的"法"包括公法、私法以及公共政策等软法规范，治理的公私合作属性，要求政府注意并遵守私法规范，诚实守信地履行合意内容，不能草率地以公共利益为由，通过政策命令改变双方已达成的合意。政府依法行政不仅要维护公民权利和增进公共利益，还应当促进公共福祉的公平共享。在行政监督与救济时，要将行政自制与外部监督，行政复议、行政信访与司法救济有机结合起来，坚持责任导向；既有效监督公共权力运行，又要强化对行政侵权行为的救济力度，提高行政主体的责任意识，确保受侵害的权益能够及时获得公平的救济。

### （三）二者的冲突

在行政法价值体系中，秩序与自由、效率与公平不是非此即彼的关系，而是对立统一的。任何法律规范都有着特定的价值目的，并评价特定的法益和行为方式，在规范的事实与法律效果之间总是存在着立法者、执法者和法官的价

---

① 鉴于一般用语习惯，除特别需要外，本书讨论中不对"公平、正义"区别使用。
② ［美］约翰·罗尔斯：《正义论》，何怀宏等译，中国社会科学出版社 1988 年版，前言第 6～7 页。
③ 李德顺：《公平是一种实质正义——兼论罗尔斯正义理论的启示》，《哲学分析》2015 年第 5 期。

值判断 [①]，这种判断表现为对法优先保护价值的选择。政府由"管理"转向"治理"，传统行政法侧重秩序和效率的价值取向，就会与自由和公平优先的新要求发生冲突。

　　秩序优先与自由优先的冲突。秩序是指社会进程中存在的一致性、连续性和确定性。[②] 法的秩序追求是有序的社会状态，并将破坏有序的因素控制在合理稳定的范围内，它意味着一种约束。个人心理上需要生活的有序性和稳定性 [③]，但秩序主要是为满足社会整体安全与稳定的需求，使社会共同体免于溃散。自由是不受束缚的自在状态，它主要满足的是个体对权利和利益的需求，倾向于突破既有秩序以施展主体个性。效率与自由之间是约束和无束的对立冲突。在政府管理的形式法治下，行政法将稳定秩序置于优先地位有其合理性 [④]，但与政府治理的自由优先需求是不相适应的：一是在行政执法和司法实践中，秩序优先成为以牺牲公民权利为代价换取稳定的重要依据，直接损害了公众参与的自由基础。二是在合作治理的探索中，法律对行政管理决策、执行与监督的秩序变革不足，民主行政缺乏明确的法律定位和规范，导致公众参与容易为政府控制甚至是利用。三是在秩序优先逻辑下，单次的参与经多次复制后往往会形成新的常态化秩序，变成其他主体参与治理的障碍。在法治语境中，秩序的目的不是剥夺人权和自由，也不是固守现状，它必须以保障和实现自由为内容，但自由也不是不受任何约束的自由，而是合理秩序之内的自由。

　　效率优先与公平优先的冲突。在法制初建时期，行政法采取"效率优先，兼顾公平"的价值取向是符合国家发展需要的。效率优先实质是发展优先 [⑤]，但

---

① ［德］魏德士：《法理学》，丁晓春、吴越译，法律出版社 2005 年版，第 52～59 页。魏德士认为，法律规范存在的是立法者的价值判断，这是对静态法律规范的解释，即法律规范的基本结构中蕴含着立法者的价值评价。在法律实践中，执法者和法官将静态法律运用于具体事实时，不会仅从字面意义来严格解释法律，也会根据情势需要将自己的价值判断融入法律解释中，这可能与立法者的价值判断不完全一致，但"价值判断原则上是自由的"。

② ［美］E. 博登海默：《法理学：法律哲学与法律方法》，邓正来译，中国政法大学出版社 2004 年版，第 227～228 页。

③ Maslow A H, Motivation and Personality, New York：Harper & Row Publishers, 1970, pp.39-41. 马斯洛在分析人类需求层次时认为，安全需要包括安全、稳定、独立、免于恐惧、焦虑和混乱的自由，对组织（structure）、秩序、法律和限度（limits）的需要，保护措施等。他认为，"绝大多数成年人都会接受一个安全、有序、可预期、合法和组织化的世界，这个世界是可为依赖的，在这里不会发生出乎意料、无法控制、混乱等诸如此类的危险"。

④ 徐继敏：《中国行政法发展：现状、瓶颈与思路》，《法治研究》2012 年第 5 期。考察《中华人民共和国行政诉讼法》（以下称《行政诉讼法》）、《中华人民共和国行政处罚法》（以下称《行政处罚法》）、《中华人民共和国行政许可法》（以下称《行政许可法》）和《中华人民共和国行政强制法》（以下称《行政强制法》）对法律任务的规定，维护公共利益和秩序都优先于权利保护。另见徐继敏《国家治理体系现代化与行政法的回应》，《法学论坛》2014 年第 2 期。

⑤ 孙国华、朱景文：《法理学》，中国人民大学出版社 1999 年版，第 69 页。

效率不是法律的最高价值，忽视公平的效率越高，个人权利就越得不到尊重，法律的价值会越低。效率优先在多数情况下是滥用自由裁量权并损害公平的诱因。例如，在生产安全事故发生后，行政主管部门责令同类企业一律停产停业整顿，并重新审查许可证。这些做法虽有助于迅速排查安全隐患和安抚公众，但对行业中遵守安全生产规范的企业是不公平的，也反映出日常监管的缺位。效率优先也可能从根本上损害效率。例如，在城市房屋拆迁中，强制拆迁能节约不少成本，较为高效地完成拆迁任务，但是暴力拆迁又会引发拆迁户与政府的激烈对抗，造成社会秩序不稳定，这实际上是加大了行政成本。政府治理的公平优先不是否定效率价值，它是追求一种公平之上的效率，使效率为公平服务，让公平贯穿效率的始终，在总体上实现高效率行政。例如在协商制定规则中，政府、利益相关人和公众之间商谈与妥协的决策过程是低效率的，但是合意形成的规则往往执行顺畅，且较少产生行政纠纷，整体上降低了治理成本。公平优先不是否定发展，而是追求稳健、均衡和共享的发展，实现公共利益和个人利益的均衡发展。公平优先要求控制公共权力，特别是政府必须公平行政、诚实守信、权责对等，这是政府治理的法治归宿。

## 第二节　传统行政组织法对多元主体结构的规范困境

法学上的主体概念是与组织法相关联的理论。从主体角度观之，政府治理变革包括内在自治和外在共治两个维度：一是作为主体的政府对自身职能和组织结构的治理；二是政府、市场和社会之间主体结构的制度建构。这二者之间相辅相成、有机统一，政府自治理的目的是建立适应合作共治的现代化政府，政府与市场、社会的合作共治又会促进政府自治理的发展。因此，它们都属于行政组织法的调整范畴。在政府治理下，无论是政府自治还是共治，都强调多元主体之间的协商合作，这使之区别于单一主体结构的政府管理，也给予管理相对应的传统行政组织法带来了规范与解释难题，所以这里将之概括为传统行政组织法对多元主体结构的规范困境。

## 一、传统行政组织法的现代局限

传统行政组织法是以政府为重点研究对象，以行政主体为中心概念，将公共行政组织类型化为行政机关、被授权组织和受委托组织，关注各组织的职权配置和责任主体的定位，以及公务员、行政辅助人员与公共行政组织之间的法律关系。

行政组织法的研究源于行政机关。在大陆法系，"行政组织"或"行政组织法"是以行政机关的组织体系、性质、地位、权力、责任为主要内容，是行政法学体系的重要组成部分。[①] 受之影响，我国行政法学者在 1989 年《行政诉讼法》颁行之前主要是用"行政机关"或者"行政组织"来指称公共行政主体，并由此衍生出行政行为、行政法律关系等概念，这与当时一元化政府管理实践是相适应的。随着政治经济发展，尤其是行政诉讼法起草中亟须解决行政诉讼被告的确认问题，行政机关概念的缺陷日趋凸显：一是对行政组织的法律人格关注不够，没有突出法学概念的特征；二是对行政机关的多重法律身份关注不够，没有突出其在行政法律关系中的身份特点；三是对行政机关的内部管理机构和对外行使职权组织的区别不够；四是无法涵盖经法律、法规授权或者受行政机关委托管理公共事务的社会公共组织。[②] 适值王名扬的《法国行政法》和杨建顺翻译的《日本行政法通论》出版，行政主体理论逐渐被引入我国行政法学，后成为正式的学理概念，用以弥补"行政机关"概念的不足。[③]

作为"舶来品"，行政主体理论在引入伊始有着明显的实用目的，缺乏深厚的理论基础。除解决行政诉讼法的立法难题外，行政主体理论在政企分开、政事分开、政社分开的行政体制改革中也发挥了重大作用，解释了行政分权和公共权力社会化的表现是主体的分化，推动了企业、事业单位、社会组织从隶属行政体系的主体一元化转向具有独立人格的多元化主体。[④] 因此，我国没有照搬大陆法系的行政主体理论，而是对其进行了改造以适应中国国情，同时这一理论的实践局限也引起了学者的关注：一则学术功能有限，它暗含着行政管理相

---

① 姜明安：《行政法与行政诉讼法》，北京大学出版社、高等教育出版社 2015 年版，第 86 页。
② 张树义：《论行政主体》，《政法论坛（中国政法大学学报）》2000 年第 4 期。
③ 章剑生：《反思与超越：中国行政主体理论批判》，《北方法学》2008 年第 6 期。
④ 张树义：《行政主体研究》，《中国法学》2000 年第 2 期。

对方是客体，容易造成行政机关与相对人之间地位不平等，有违背现代行政法治和民主精神的嫌疑。[①] 二则制度功能有限，它将责任承担定位于行政机关和法律法规授权组织，使得社会公共组织、受委托组织非法行使职权的行为难以纳入司法审查，没有圆满解决行政诉讼被告的确定问题。[②] 三则实践回应功能有限，对公共行政的多元化主体发展的现实关照不足。[③]

为健全我国行政主体理论，学者们大致提出了三个方面的建议：一是建立公法人制度，即以行政分权为制度设计基点[④]，明确行政主体具有行政法上的独立法律人格、是拥有行政权且独立承担行为后果的主体[⑤]。较之于私法人，行政主体是公法上权利与义务的主体，因此是公法人。由于公法行为后果的实际承担者是国家，国家机关是在法定权限内代表国家而已，所以国家机关不具有法人资格，国家才是公法人。[⑥] 这就厘清了行政主体、行政机关和公务员之间关系，以及弥合了行为主体与赔偿主体不一致的逻辑断裂。二是重构行政主体制度，主张借鉴大陆法系的分权主体模式，通过中央与地方、国家与社会的分权，证成中央政府、地方政府和社会组织具有行政主体性，以替代当前的"诉讼主体模式"。[⑦] 同时认为，法人理论存在着历史局限，主体理论才是适应现代社会组织现实发展的理论。[⑧] 三是扩张行政主体的概念空间，认为由于公行政由国家行政发展至公共行政，国家行政和社会公行政共同构成了公共行政，因此行政主体应当涵盖社会公共组织。[⑨] 同时，行政主体理论可以临摹民事主体和法人制度，解决行政诉讼的被告确定和责任分离的问题。[⑩] 因此，只要扩张行政主体概念的内涵与外延，就能满足主体多元的现代公共行政需求。

外国法律制度的接受问题就是符合目的和需要的问题。[⑪] 但是，现代法治不

---

① 吕友臣：《"行政主体理论"评析》，《研究生法学》1998 年第 2 期；薛刚凌：《我国行政主体理论之检讨——兼论全面研究行政组织法的必要性》，《政法论坛（中国政法大学学报）》1998 年第 6 期。
② 杨解君：《行政主体及其类型的理论界定与探索》，《法学评论》1999 年第 5 期。
③ 薛刚凌：《多元化背景下行政主体之建构》，《浙江学刊》2007 年第 2 期。
④ 薛刚凌：《行政主体之再思考》，《中国法学》2001 年第 2 期。
⑤ 李昕：《中外行政主体理论之比较分析》，《行政法学研究》1999 年第 1 期。
⑥ 葛云松：《法人与行政主体理论的再探讨——以公法人概念为重点》，《中国法学》2007 年第 3 期。
⑦ 沈岿：《重构行政主体范式的尝试》，《法律科学（西北政法学院学报）》2000 年第 6 期。
⑧ 张树义：《行政主体研究》，《中国法学》2000 年第 2 期。
⑨ 石佑启：《论公共行政之发展与行政主体多元化》，《法学评论》2003 年第 4 期。
⑩ 余凌云：《行政法讲义》，清华大学出版社 2014 年版，第 113～129 页。
⑪ ［德］K. 茨威格特、［德］H. 克茨：《比较法总论》，潘汉典等译，法律出版社 2004 年版，第 24 页。

可能仅依靠变法和移植来建立，它必须从中国本土资源中演化生成。[①] 事实上，行政主体理论进入中国伊始就已经本土化，它是以描述和解释现实为基础的[②]，正是政府的一元化主体管理模式造成了传统上行政主体的概念空间狭窄，而行政诉讼立法也据此裁剪了行政主体的本来意义。随着多元主体结构初现，政府行为方式趋向多样化的公私混合形态，并以任务为导向，追求最优化供给公共服务和共享公共福祉，使得行政权事实上被政府与市场、社会所分享，且由此引发了责任分摊问题。这动摇了以行政权和国家无限责任为中心建构起来的行政主体理论基础。因此，行政主体理论的困境源于我国政府管理模式渐进转型，出现了多元化公共行政主体，而政府治理变革管理，则根本上减弱了传统行政主体理论的解释力。在这一意义上，且鉴于中西方国家政治体制差异和我国现代化转型的现实，扩张行政主体概念是更为切实可行的理论建议。

行政主体是行政组织法的制度起点，它是行政活动连续性和一致性的保证。[③] 然而，传统行政主体理论的空间延展不足，既迟滞了政府体制的组织法建构，又阻碍了行政组织法的外延拓展。首先，行政主体的诉讼导向，使之对行政组织的法律规范的关注不足。行政诉讼法的创制和实施是具有里程碑意义的法治事件，也正因为意义重大，使得制度设计者担负了确保制度稳定过渡的重任，不能因新法的实施而导致行政案件急速增长、超出法院和政府的承载能力。行政主体资格和行政行为类型就成为控制行政案件数量的制度阀门，这符合制度发展规律，且为逐步扩大受案范围积累了行政审判经验。[④] 但这也将理论和实践的注意力聚焦于行政主体与行政诉讼被告资格的关联性，即关注的是某一主体是否是行政诉讼中的行政主体，忽视了行政组织体制的法制建构，甚至于认为这属于内部行政范畴，使得我国政府组织体制及其改革缺乏法律规范。其次，行政主体以政府一元化管理为参照，使之对公共行政中多元主体的关注不足。与政府管理相对应，行政主体理论仍将行政机关与行政组织相等同，没有从行政主体和行政组织对等角度展开研究，使行政组织法拘囿于行政机关的组织体

---

① 苏力：《变法，法治建设及其本土资源》，《中外法学》1995 年第 5 期。

② 余凌云：《行政法讲义》，清华大学出版社 2014 年版，第 127 页。

③ 王名扬：《法国行政法》，北京大学出版社 2007 年版，第 32 页。

④ 张尚鷟：《试论我国的行政诉讼制度和行政诉讼法》，《中国法学》1989 年第 1 期；顾昂然：《行政诉讼法的制定对我国社会主义民主政治和法制建设有重大意义》，《中国法学》1989 年第 3 期；张友渔：《关于行政诉讼法的两点意见》，《中国法学》1989 年第 4 期。

制，没有对政府与企业、社会公共组织在公共事务中合作共治的结构予以关注。通过扩大解释行政主体的外延，虽然一定程度上解决了社会公共组织行使公共权力的法律问题，但是在"行政主体—行政相对人"的传统行政法律关系结构中，反而巩固了行政机关与行政组织的对应关系，使行政组织法更为封闭。从政府治理变革视域观之，传统行政组织法的上述局限，使之既无法为政府内在体制变革提供法律保障，也无力规范治理的多元主体结构。

## 二、传统行政组织法对政府内在维度变革的规范不足

政府管理改革是政策驱动的，这不是说管理改革与法律相矛盾，而是当时社会主义法律体系建设才刚刚起步，法律规范极度匮乏，导致没有引导和规范管理改革的法律，因此政府管理改革的目标之一是建设法制政府。客观地讲，政府在行政管理体制改革时面临缺乏行政组织法规范的尴尬境遇，同样存在于政府治理的内在维度变革之中。但不同的是，我国的法律体系已经基本建成，政府管理改革中"没有违法，就没有改革""良性违法（宪）"的论点必须摒弃[①]，它要让位于政府治理的"重大改革应于法有据"。改革与法治应当良性互动，必须从政府、市场和社会之间均衡关系结构来思考政府体制变革及相关法律的不足，以发现传统行政组织法的转型建构路径，进而为政府自治理提供法律支撑。

政府治理的内在维度变革是政府体制改革，涉及的是政府体制改革权运行，目的是建构符合现代经济和社会需求的行政实体制度，满足现代化政府治理需要。政府体制改革权是指国家立法机关和行政机关依法享有对政府职能和权力配置、组织结构和规模设定、公务员制度的调整权力[②]，其运行机制主要由设定与启动、执行、参与、监督四部分组成。以下将从这四个环节，分析政府治理内在维度变革中传统行政组织法律规范匮乏的问题。

### （一）规范政府体制的设定与启动改革的法律缺乏

政府体制改革设定权属于国家权力，且因关涉政府组织体制变动等法律保

---

① 靳相木、王海燕：《改革与法治"二律背反"及其消解方式》，《贵州社会科学》2014 年第 2 期。
② 邝少明、夏伟明：《论行政改革权的法制化》，《中山大学学报（社会科学版）》2003 年第 3 期。

留事项，应当由全国人大及其常委会以宪法和法律予以规定，即《立法法》第8条规定的各级人民政府的产生、组织和职权的事项只能制定法律，不能授权行政机关行使。政府体制改革的启动是指政府新的组织体制方案形成后，经一定程序将改革方案报请决定机关批准，即发动改革的最初正式提议。一般而言，行政机关可以依法定职权启动，如《中华人民共和国国务院组织法》（以下称"《国务院组织法》"）第8条规定国务院对内部工作部门的设立、撤销或者合并，可由总理启动。在机构设定和启动改革方面，法律上存在的问题在于：

首先，政府内在维度变革的设定主体多元，但法律对不同主体的设定权缺乏规范，使得不同层级的设定主体之间缺少协商合作，致使政府职能和组织机构的设置不合理。除全国人大及其常委会外，国务院及其各部委、部分地方政府都享有机构设定权。例如根据《宪法》第89条第4项规定，国务院有设定中央和省级地方行政机关的职权。同时，根据《地方各级人民代表大会和地方各级人民政府组织法》（以下称"《地方组织法》"）第64条第1款规定，地方政府根据工作需要也可以设立工作部门。但是，法律没有具体规定不同主体的权限范围。这导致：一是国家权力机关对政府机构的设定权和改革启动权旁落。根据《宪法》第89条、《立法法》第65条和《地方组织法》第64条规定，法律将政府部门之间职能划分、中央与地方政府之间职能调整的权力赋予了行政机关，使得政府职能、机构设置等改革向来被视为政府内部事务。虽然《国务院组织法》第8条规定，全国人大及其常务委员会才有权决定国务院各部委的设立、撤销或合并，但是历次提请审议的改革方案内容简单[①]，审议又没有具体标准，审议范围也较为有限，使得人大审议往往流于形式。在地方，权力机关则更少介入政府机构设置和改革之中。根据《地方组织法》第64条、第68条规定，县级以上地方政府的部门设立、增加、减少或者合并，由本级政府报请上一级政府批准，变动结果只需告知本级人大常委会备案，而且经上一级政府批准，县级以上政府就可设立派出机构，无须告知本级权力机关。二是纵向政府之间机构设定的权限划分不明晰，上级政府缺乏监督下级政府设定职能部门的法律依据，下级政府体制改革在职责同构体制中又难以得到上级政府部门的实际认同。国务院虽然有权批准下一级政府的部门设置，但法律规定过于原则，没有

---

[①] 2013 年提出的《国务院机构改革和职能转变方案》有所改观，将国务院各部委的职责权限纳入审议范围，内容相对翔实。

对报请批准范围、程序、后果作出明确规范。政府内部政策文件仍然是部门职能、组织机构组成、人员配置和改革调整的主要依据，但政策却是易变的，上级政府又拥有改革的决定权，所以导致下级政府对体制改革的动力不足，部门职能配置和机构设置的短视思维和功利主义盛行。

其次，我国政府机构改革已形成由党的中央全会先审议决定，再由政府提请人大通过的政治惯例，即政府机构改革内容直接来源是党的会议精神和政策决议。由于政府内在维度改革往往涉及对体制内原有权力和利益格局的调整，依靠党的政治权威统一思想并祛除内部阻力，是有效推进改革的政治保障。同时，国家在长期政治实践中形成的符合一国宪法精神和政治体制运作规律的惯例，也充分彰显了治理的软法之治。党是领导一切的，党的领导依靠的是社会主义法治和法律。政府治理的内在维度变革涉及职能和组织体制的根本性问题，应当以法律明确党和政府在其中的职能、程序、监督等内容，所以必须加强与之相关的党内法规制度建设。①

### （二）政府内在维度变革的执行程序阙如

政府体制改革的执行是指有关机关依法执行政府机构改革方案，调整部门职能配置和权力设定，调配公务人员，新增、撤销或者合并有关组织机构的行为。在我国，国家权力机关和行政机关在现行法律体系中都可以成为改革的执行主体。但是，政府机构调整的具体操作是由政府控制的。这在逻辑上的确违背了"自己做自己案件的法官"的程序正当原则。因为作为改革的对象，政府不仅自己设计机构改革方案，而且还执行方案来改革自身内部体制。换言之，改革的主体和客体均是政府。政府治理的内在维度变革是对政府内部既定利益结构的调整，包括政府部门和公务员的利益。变革的结果既可能减损政府部门利益，也会对公务员产生不利影响。例如，国务院取消和下放行政审批事项后，相关审批收费等收入也随之减少。同时，政府部门职能调整会造成公务员流动性增强，使之不得不学习新知识和技术，面对新的工作环境、任务和压力，并且内心会担忧职位的稳定性和晋升空间，因此绝大多数公务员缺乏改革的动力，甚至会

---

① 褚添有：《行政法治：中国政府行政改革的制度保障》，《天中学刊》2005 年第 3 期。党的十三大之后，党政分开的提法较少出现在官方文件中，而党政合一在地方行政改革中出现了积极探索。参见何艳玲《"无变革的改革"：中国地方行政改革的限度》，《学海》2016 年第 1 期。

消极应付改革引起的变化。在国外就有这样的情况发生，法国的公务员曾经建立了联盟组织，以对抗有关侵害了公务员基本工作条件的政府改革。[①]因此，改革的主、客体一体化，使政府往往处于执行改革任务和维护自身利益的两难之中，也很难保证改革方案的中立性和公平性，这是政府自我变革的悖论。[②]正是在这一制度环境中，高度的政治权威和权力成为政府消除内部障碍的重要手段。因此，1991年成立了中央机构编制委员会负责全国行政机构改革和机构编制管理工作，它受中共中央和国务院的领导。2013年又成立了由国家最高领导人任组长的中共中央全国深化改革领导小组。但是，政府治理的内在维度变革的目标又是不断规范和控制行政权，这就会产生改革目标抑制改革手段有效性的悖论。政府治理变革要走出悖论，在超越政策推动的同时，又确保政府体制改革执行的权威性和科学性，关键要依法改革。

根据法律创制原则，政府治理的内在维度变革应当以行政组织法规范改革的执行权，同时设定改革的执行程序，用程序来引导、规范和保障政府体制改革。但是，我国目前没有配套的程序规定，因此法律也没有发挥出推进和规范改革执行的应有作用。考察他国法治经验，政府体制改革的执行大致由三部分程序构成：一是议会或者最高行政领导人批准成立专职改革研究机构，调研和设计改革方案。该组织具有相对独立性，由各界人士组成，在对行政进行全面调查研究和充分论证后，提出改革建议和规划。如日本国会在1983年至1990年间，共设立了三届专门专职调研的临时行政调查委员会，并负责拟定政府改革的草案。在英国，政府改革的调研和推行主要由内阁办公厅的效率与改革小组（Efficiency and Reform Group）负责。二是立法机关制定政府改革的法律，保证改革的合法性和权威性。在改革研究机构完成改革建议案后，由立法机关对改革建议进行审议，并将其中合理的措施以法律确定为改革措施。如日本国会制定的《中央省厅改革基本法》（1998年）、《中央各省厅设置法》（1999年）。美国通过《1993政府绩效与结果法案》的实施来推行政府绩效改革，之后又颁行了《政府管理改革法》（Government Management Reform Act）（1994年）等多部改革政府的法律。三是政府直接根据法律规定推进改革，按程序实施改

① ［英］克里斯托弗·波利特、［比］海尔特·鲍克尔特：《公共管理改革——比较分析》，夏镇平译，上海译文出版社2003年版，第65页。
② 石佑启等：《论行政体制改革与行政法治》，北京大学出版社2009年版，第56页。

革方案。[①] 因此，我国也应当尽快制定规范改革执行权的程序规范。

### （三）政府内在维度变革的共治程序空白

政府治理的内在维度变革要求政府在中国共产党的领导下，与同级国家权力机关、政治协商会议协商合作，也要求上下级政府之间沟通协商，还要求政府与社会公共组织、企业、公民之间互动协商，依此形成政府机构改革方案，并通过上下级政府、其他国家机关、社会公共组织、企业、公民的合作共治，实现机构改革的目标。政府上下级之间、同其他国家机关的协商合作，主要涉及改革权配置和程序规制的组织法定，上文已有论述。政府与社会公共组织、企业、公民之间是权力与权利的合作共治，是指社会公共组织、企业、公民与政府协商制定机构改革方案，维护自身合法权益，充分表达各自意愿以达成共识，各方按合意方案来享有权利并承担义务，自下而上地推动政府体制改革的活动。

我国政府体制改革基本上是政府主导、自上而下推进的，这当然不表示所有改革事项都是中央政府作出的。有的重大改革是发轫于人民的探索实践，后得到政治权威的认可，进而取得合法性地位，再成为改革内容的，如村民委员会制度。[②] 但是，改革的主要动力来自政府，这一自上而下的改革路径特征为：一是主体和权威的单一化，主要是以执政党、权力机关、行政机关为代表的国家机器，不包括社会公共组织和企业，公民只能通过人大代表间接参与。二是政府体制改革权主要集中于行政机关，上级政府控制了改革方案的设计和执行权，且依托行政权，透过纵向政府层级自上而下地推进改革，下级政府通常只能服从上级政府的改革命令，上下级政府之间缺乏有效的协商合作。

政府治理内在维度变革强调摒弃管理的单向性权力运行，转为多向度互动的协商与合作。这将改变政府垄断改革权力、话语和资源的局面，逐步形成中央、地方、市场和社会共同改革的新格局，促成政府主导与社会公共组织、企业、公民之间的平等协商、互动共治，"自上而下"和"自下而上"地双向驱动政府体制变革。虽然我国宪法明确了人民有权参与国家管理，国家政策也鼓励建立

---

① 周志忍：《当代国外行政改革比较研究》，国家行政学院出版社 1999 年版，第 56～75 页；陈都峰：《国外行政改革的内动力机制及其启示》，《理论与现代化》2006 年第 3 期；李丹阳：《近 20 年中日行政改革的比较研究》，《学术研究》2009 年第 11 期。有关英国、美国的政府职能与法律规定，可查询英国政府网 https：//www.gov.uk/、美国联邦政府信息与服务网 https：//www.usa.gov/。

② 胡皓然：《我国村民自治制度的检视与构建》，《学术界》2016 年第 7 期。

政府倾听公众意见，但是我国尚未对社会公共组织、企业和公民进入政府体制改革中的程序予以规定。政府搜集公众对机构改革意见的主要途径是政府调研、公布征求意见稿、座谈会等，是以软法为主的规制模式。这一模式应当以法定的程序规定为后盾，才能更好地发挥软法柔性之治的效用。应当看到，湖南、山东等地先后制定的地方性行政程序规定中，已经对公众参与政府机构改革方案形成的途径、方式、范围等有所规定。这应当是我国政府治理内在维度变革实现多元主体共治的努力方向。

### （四）监督政府内在维度变革的法律欠缺

监督政府体制改革是指有关国家机关依法督促政府体制改革方案的实施，监督改革中的权力运行，评估变革成效，并依法追究政府及其公务员在改革过程中的违法违纪责任。我国已经建立起了多层次的行政监督体系，对政府体制改革的监督主要来自权力机关和政府内部，如层级监督、绩效考评，但这一监督机制与政府治理的内在维度变革是不相适应的。

首先，权力机关监督政府体制改革的法律规范不足。[①]当前，人大对政府体制改革的监督方式主要有：一是依据《宪法》第 92 条和第 110 条规定，通过听取和审议政府工作报告，监督过去一年政府体制改革进展；二是依据《中华人民共和国各级人民代表大会常务委员会监督法》第 8 条规定，听取和审议政府体制改革的专项工作报告；三是依据《地方组织法》第 64 条规定，对省以下政府职能部门变更的备案监督。可见，权力机关欠缺刚性的监督手段，监督程序、监督对象的责任、处置方式等法律规定还有待完善。其次，政府内部监督体制改革的法律规范不完善。这包括：一是层级监督的法律依据缺乏操作性，《宪法》第 108 条和《地方组织法》第 51 条只是原则性规定了上下级行政机关之间监督与被监督的关系，但是没有规定层级监督的具体主体。[②]二是行政监察的对象是政府体制改革过程中的违法违纪行为，监督范围有限。[③]三是审计监督是国际社

---

① 2016 年 12 月，国家开始了监察体制改革试点工作，决定设立监察委员会，建立集中统一、权威高效的监察体系，实现对行使公权力的公职人员监察全覆盖。但在本书写作时，国家监察法尚处于讨论之中，国家监察委员还未组建成立。

② 部分地方性法规和规章规定，由政府法制机构作为层级监督主体，如《江苏省行政执法监督办法》（1995 年）第 4 条、《广东省行政执法监督条例》（2016 年）第 4 条、《山东省行政执法监督条例》（2014 年）第 4 条。

③ 根据《行政机关公务员处分条例》（国务院令第 495 号）第 19 条规定，行政监察机关对公务员在行政体制改革中的处分主要有两种情形：政府领导违反议事规则，个人或者少数人决定政府体制改革事项，或者改变集体作出的重大改革决定；拒绝执行、阻挠上级依法作出的行政体制改革的决定、命令。

会普遍认可的督促政府治理体制变革以实现善治的关键机制。[①] 但是，我国审计机关的组织、人事和财政均受制于被审计的本级政府，且审计的法定范围是财政经费使用，对政府体制改革的规制欠缺法律依据。四是绩效考评监督是评估和激励政府治理体制变革的重要措施。但是，我国政府绩效考评制度尚无统一法律规范，考评工作缺乏明确的参考标准，这使得各地考评体系繁杂且系统性不强。一些地方虽将改革创新工作纳入绩效考核[②]，但也是原则性规定，对政府体制改革成效没有具体的评价尺度，考评结果的公信力和权威性较低。

总之，从政府治理内在维度变革观之，传统行政组织法规范的不足表现为：一是设定与启动改革的基础性制度不健全，规范执政党、人大、政府的政府体制改革权的组织法亟待建立。二是执行与参与改革的程序性制度缺失，没有形成政府纵横之间、政府与市场和社会之间协商合作的程序规则。三是监督改革的保障性制度不完善，改革的稳定性、持续性和成果转化缺乏法治支撑。要解决改革面临的法治供给不足，必须立足于顶层设计，建构起与政府治理相契合的行政组织法。

## 三、传统行政组织法对多元主体结构的规范匮乏

传统行政组织法是基于政府与相对人之间二元关系结构，以政府和行政权为中心的制度设计，这使之无法与政府治理的多元主体结构相接轨，无法保障政府、社会与市场之间优势互补、协商合作的治理秩序。

### （一）政府主导权的法律规制宽松

中国与西方国家的社会发展道路是互逆的。近代以来，西方国家随着社会和市场的壮大而不断拓展，政府职能的扩张源于回应公共事务增长的需求，而社会及其组织体的高度发达，使得"政府是必要之恶"的观念在西方社会中根

---

① 《北京宣言——最高审计机关促进良治》，《中国审计报》2014年2月14日第4版。
② 《上海市人民代表大会常务委员会关于促进改革创新的决定》（2013年）第11条、《宁波市人民代表大会常务委员会关于促进改革创新的决定》（2014年）第12条、《广州市人民代表大会常务委员会关于促进改革创新的决定》（2016年）第15条。

基牢固。<sup>①</sup> 对政府干预主义的批判亦从未停止。当政府出现失灵时，政府职能自然会选择回归社会和市场。因此，多元治理主体结构在西方国家是自下而上地、自发地、市场化地生成。中国的国情恰恰相反，我们是通过改革政府一元化管理体制，使企业、事业单位、社会组织逐步脱离行政隶属关系，同时发展社会主义市场经济，培育新的市场和社会主体，这是一种政府主导的自上而下、主体分化的生成模式。

政府主导是行政权的运行方式，应当受法律控制。但是，我国现有法律尚未就政府的主导权和责任予以规定，致使规范行政权在多元治理主体结构中运行的规则有限。首先，政府主导多元治理主体结构生成的规则缺乏。我国的多元治理主体结构是政府主导形成的，这些主体往往与政府有着千丝万缕的关系，受行政权干预较多，故其独立性和自主性难以得到保障。<sup>②</sup> 社会公共组织和市场主体丧失独立性，沦为政府实现自己目的之工具，就会损害多元主体平等共治的治理品性。<sup>③</sup> 在去行政化、去一元化的改革环境中，政府主导应当以培育和促成非政府治理主体的独立性为目标，通过资源配置和政策工具来增强其自主性，并逐渐形成"调适性—策略性"合作路径，使之成为国家治理体系的独立推动力。<sup>④</sup> 其次，政府主导多元治理主体结构运行的约束规则缺乏。政府应当合理有度地行使行政权，避免大包大揽，尊重社会公共组织和市场主体的自治行为，推动直接行政向间接行政的转型。现在的问题是，法律控制阙如的政府主导往往演变成了权力领导。政府运用行政权可以将公共事务委派给社会公共组织承担，却较少顾及相关组织的权能，也可以控制本应放给市场和社会的优势资源，还

---

① [美] 托马斯·潘恩：《潘恩选集》，马清槐等译，商务印书馆 1981 年版，第 3 页。美国思想家托马斯·潘恩的政府观念极具代表性，他认为："社会在各种情况下都是受人欢迎的，可是政府呢，即使在其最好的情况下，也不过是一件免不了的祸害；在其最坏的情况下，就成了不可容忍的祸害。"

② 赵宇新：《社会组织发展面临四大挑战》，《中国社会组织》2017 年第 2 期。例如，社会组织成为"行政吸纳社会"的产物，被政府作为公共产品和服务的供应者，但没有主体性，不允许其挑战政府的绝对权威。

③ 以我国部分地区试行的药品集团采购（Group Purchasing Organizations，简称 GPO）为例，这一制度是相关公立医院联合采购药品时，协商确定一家药品经营企业代表医院去采购药品。在限定最高采购的总费用后，第三方企业实际承担了调控药品价格和质量的公共职责。但在试行过程中，有的行政机关却滥用行政权力并透过第三方企业来排除公平竞争。2017 年 4 月 7 日，国家发改委官网发文披露了深圳市卫计委整改公立医院药品集团采购试点中滥用行政权的行为。参见国家发展与改革委员会：《深圳市卫计委承诺纠正公立医院药品集团采购改革试点中滥用行政权力排除限制竞争行为》，http://www.ndrc.gov.cn/gzdt/201704/t20170407_843758.html。

④ 郁建兴、沈永东：《调适性合作：十八大以来中国政府与社会组织关系的策略性变革》，《政治学研究》2017 年第 3 期。

可以影响相关主体的人事管理。[①] 社会公共组织和企业的优势在于专业、行动力强、自愿性高和成本控制得较好，多元共治的伦理基础是信任，行政权的过度介入是不信任其他主体的表现，这反而会阻滞其作用发挥。还有，政府主导的监管措施落后。由于我国市场和社会还处于发展之中，社会公共组织和企业的自治权不断扩张之时存在行为失范、伦理缺失等问题[②]，需要政府强化监管。但是，以权力为核心的强制性监管仍是政府的主要手段，且多数是法律法规所赋予的。例如在标准监管中，政府既是标准的制定者，又是标准适用的监管者。[③] 2015 年，国家标准化管理委员会有关负责人曾公开表示，现有的近 10 万项国家标准、行业标准和地方标准中，70% 左右是一般性的产品和服务标准，可以交由市场和社会主体来制定。[④]

### （二）多元主体责任的法律规制模糊

政府主导的主体分化生成逻辑使政府与社会公共组织、企业之间有着天然的权力联系，社会公共组织、企业和公民根据授权或者委托执行行政任务，可能会导致政府推诿或转移责任，使"行政'遁入私法'而失去监督"[⑤]，而责任和私法自治原则的模糊，又难以对社会公共组织和私人主体归责。因此，责任性和责任规则是多元治理主体结构的关键要素。

明确社会公共组织、企业和公民的公共责任范畴的前提，是要理清各自参与政府治理的界域，如此才能确定其是否承担责任及承担的责任类型。当前，我国法律尚未对这一界域作出明确规定，政策性指导是规范非政府主体参与治理的主要依据。在给付行政中，政府鼓励市场和社会力量参与公共服务的供给，且持续拓宽参与范围。如国务院办公厅发布的《关于政府向社会力量购买服务的指导意见》中，明确政府在就业、教育、医疗等领域可以向社会购买基本公

---

① 陈传荣：《机关干部挂职社会组织的思考》，《组织人事报》2013 年 7 月 30 日第 5 版。例如，上海市安排公务员到非公企业、社会公共组织中挂职锻炼。

② 赵宇新：《社会组织发展面临四大挑战》，《中国社会组织》2017 年第 2 期。例如，"郭美美事件"等公共事件导致社会组织在中国社会遭遇了严重的信任危机。民政部曾在 2016 年 9 月 8 日对长江商学院等 11 家社会组织作出了年检不合格的处理，因这些组织长期存在违反组织章程、从事经营性活动等违法行为。

③ 这是 1989 年《中华人民共和国标准化法》对政府职能的规定。该法修订草案于 2017 年 4 月 24 日提请十二届全国人大常委会第二十七次会议审议。

④ 中国新闻网：《国标委：部分推荐性国家标准不应由政府管　要下放》，http://www.chinanews.com/gn/2015/03-20/7146480.shtml.

⑤ 章剑生：《现代行政法基本理论》，法律出版社 2008 年版，第 13 页。

共服务，而对于非基本公共服务事项，只要社会组织、企业能承担，都可以通过服务外包方式交由社会组织或者企业承担。自 2008 年至 2017 年 5 月，国务院及各部委共发布了 30 部规范性文件促进民间资本投资公共领域，有 93% 的文件是 2013 年后颁行的。[①] 在秩序行政中，社会公共组织、企业、公民承担行政任务存在较大争议。在《治安管理处罚法》《行政处罚法》《中华人民共和国人民警察法》等公法约束下，如果允许私人主体采用私法方式来维护秩序，会违背上述法律的立法目的。[②] 一般认为，除法律另有规定外，涉及公权力的行为不应通过私法途径实现。[②] 但在实践中，企业、公民个人不仅参与了警察、消防等行政任务，还进入了国防领域。2007 年，国防科学技术工业委员会发布的《关于非公有制经济参与国防科技工业建设的指导意见》（科工法〔2007〕179 号）已允许非公有资本投资军品项目科研和生产任务。

社会公共组织、企业、公民与政府对公共事务进行着广泛共治，但又缺乏相应的法律规范，这可以解读为立法者对转型社会中多元主体共治的审慎，但这是以政策规制的潜在风险为代价的。首先，政府会损害合作方的权利。多元治理主体合作完成行政任务大多建立在自愿合意分配的权利与义务之基础上，行政契约成为政府治理的重要手段，而政府享有决定合同标的、监督合同履行、直接解除合同等行政优益权。要保证合意的公开、平等及其内容的全面履行，就必须规定相应的政府责任。其次，社会公共组织、企业、公民和政府合作共治，实质是分享行政权，它同样存在利用权力侵害相对方合法权益的可能，例如因偏见或者私利对合法的相对方进行惩戒[③]，也可能消极不作为，怠于履行职权。还有，俘获和权力寻租的风险。在公共部门和私营部门的边界极易发生腐败。[④] 换言之，公共权力与私利的接触容易出现权力寻租。为获取特许经营权、行政合同、补贴，社会公共组织、企业、公民个人会贿赂政府官员或者与之共谋，或者将参与治理作为获得政策资源的路径，进而在政府采购、土地审批、政府规制等形式中得到

---

① 中华人民共和国国务院促进民间投资专项督查政策文件，http://www.gov.cn/zhengce/zhuti/2016minjiantouzi/qwybgt.htm。
② 陈新民：《中国行政法学原理》，中国政法大学出版社 2002 年版，第 20 页。
③ 胡斌：《私人规制的行政法治逻辑：理念和路径》，《法制与社会发展》2017 年第 1 期。
④ ［美］E.S. 萨瓦斯：《民营化与公私部门的伙伴关系》，周志忍等译，中国人民大学出版社 2002 年版，第 324 页。

支持。<sup>①</sup>社会公共组织和私人主体行使公共权力时同样存在俘获风险。<sup>②</sup>

法治下的权力以责任为约束。政府、社会公共组织、企业和公民合作完成行政任务有着协商与合作的私法特征，但行政权仍在背后发挥着作用，而且私人追求最大化利益也会与实行良好政策的公共利益发生冲突，因此必须强化对主体的责任规制。<sup>③</sup>多元治理主体带来的责任性挑战，重点的不是担心政府规避责任，而是建构政府、社会公共组织和私人主体的责任体系，这一体系的核心是政府责任本位。

## 第三节　传统行政行为法对多样化治理行为的规制困境

行政行为是行政法学对政府活动的理论概括，是行政法学的核心范畴和概念工具。政府治理行为是政府完成行政任务的活动方式，本质上涉及的是行政法律关系，因此它属于行政行为理论的研究范畴。伴随政府治理变革，公法关系和政府活动方式发生了巨大变化，在以命令与服从关系为特征的高权公法关系之外，产生了协商与合作为特征的互动平权关系。因此，与政府管理相契合的传统行政行为法，无法为政府治理提供充分的合法性和民主正当性。

### 一、传统行政行为及其程序规制的现代启示

#### （一）行政行为的缘起与拓展

行政行为的概念源自法国学者在大革命后用"Acte Administratif"一词来表示行政机关在法律之下通过类似法院裁判方式处理具体事项，它实质上是

---

① 李健：《政府俘获影响因素与形成机理的探索性研究——以郭京毅案为例》，《公共管理学报》2013 年第 4 期。

② Muchmore A I, "Private Regulation and Foreign Conduct", San Diego Law Review (2, 2010), pp.371-380.

③ ［美］朱迪·弗里曼：《合作治理与新行政法》，毕洪海、陈标冲译，商务印书馆 2010 年版，第 149～150 页。

要求相对人对主权者单方面决定或者命令的服从。当代法国行政法已不再将行政活动与国家任务相等同,"公务"概念经狄骥等学者倡导成为行政法的基石[1],在通常识别行政行为的组织性质、行为性质和行为功能三个标准中[2],功能意义的行政行为成为主流观点[3]。正是在这一意义上,行政行为具有了确定行政法院受案范围、解决与普通法院之间管辖权争议的诉讼功能。[4]

1826年,德国学者从法国移植了行政行为(Verwaltungsakt)概念,用以解释行政机关根据公法和私法实施的所有行政措施。之后,奥托·迈耶将之定义为"从属于行政的政府裁决",是政府对具体情况中臣民权利与义务的决定。迈耶的目的是在法律行为的概念之下确立行政行为的公法性质,使之对应于私法中的民事行为概念,并用行政行为作为分析政府活动和行政救济的工具,促成行政法具有独立于私法的地位,据此建构行政法学体系。[5] 在这一自由法治国背景下,以公权力、命令性和强制性为特征的定义,反映了人民屈服于政府之下的公法形态,但它与社会法治国理念背道而驰。[6] 伴随公共行政实践发展,德国学者不断健全完善着迈耶的行政行为概念与理论体系,其中三位学者的论述最具代表性:一是耶利内克(Walter Jellinek)将行政区分为"公权力行政"和"非公权力行政";二是弗莱纳(Fritz Fleiner)改变了将公共机构视作具有一种特别公权力的法律形式的认知,提出以机构担负的行政任务来辨别公共机构和私人企业,公共机构是为达成不同行政任务所设立的组织,非公共机构的行为应排除在行政行为之外;三是福斯多夫(Ernst Forsthoff)提出"生存照顾"的概念,认为行政行为的特征由所追求的任务决定,而非法律形式。[7] 德国学者以行政行为为支点向外拓展研究行政的活动方式,发展出了完整的行政方式教义学,也将行政法秩序塑造为型式化的行为秩序[8],但至今迈耶揭示的行政行为的本质特征仍具有决定性意义[9]。但在行政诉讼中,权利救济的范围已不限于行

---

① [法] Bruno T:《法国行政法精要》,沈军译,《公法研究》2005年第2期。

② [法] 古斯塔夫·佩泽尔:《法国行政法》,廖坤明、周洁译,国家行政学院出版社2002年版,第25~28页。

③ 王名扬:《法国行政法》,北京大学出版社2007年版,第105~107页。

④ [法] 古斯塔夫·佩泽尔:《法国行政法》,廖坤明、周洁译,国家行政学院出版社2002年版,第26页。

⑤ [德] 奥托·迈耶:《德国行政法》,刘飞译,商务印书馆2002年版,第97~98、106~107页。

⑥ 陈新民:《公法学札记》,中国政法大学出版社2001年版,第98~99页。

⑦ 陈新民:《公法学札记》,中国政法大学出版社2001年版,第103~105页。

⑧ 赵宏:《法律关系取代行政行为的可能与困局》,《法学家》2015年第3期。

⑨ [德] 哈特穆特·毛雷尔:《行政法学总论》,高家伟译,法律出版社2000年版,第181页。

政行为。① 因此，德国的行政行为概念既与行政法治、行政诉讼紧密相联，也是逻辑自洽的缜密学术概念，兼具诉讼与学理功能。

日本法制深受德国影响，但学者译介的行政行为概念没有被立法采用，而仅是作为一个学术用语。正由于此，行政行为概念的解读呈现出众说纷纭的状态。较为普遍的认识是，行政行为是指行政厅针对具体事实，依法行使公权力，对外部直接产生法律效果的行为。② 在这一意义上，行政行为概念不包括统治行为、立法行为、公法契约以及公法上的联合行为。法律中，行政机关的不同行为通常是用许可、命令、禁止、特许等具体词语来表示，这些行为统称为"行政厅的处分"或"行政处分"③，而其含义与行政行为的学术理解是相同的④。战后，日本借鉴吸收了英美法注重权利救济的传统，重视行政程序和扩大行政诉讼范围，不过分执着于概念的厘定，认为行政行为是法的重要工具，但在行政活动中并不是排他性工具。⑤ 英美法系国家没有形成类似于大陆法系国家中的行政行为概念，主要是因为英美法诉讼制度没有将法院系统分立为受理公法或者私法案件。

从上述理论变迁来看，行政行为是极具争议的动态概念，其发展现状大致可归纳为：一是对行政行为的本质认识基本趋同，即公共权力或行政权是行政行为的一般要件，主张行政行为具有外部性、单方性、具体性、法律效果性等性质。二是行政行为的外延是可拓展的，新形式的行政行为不断涌现。三是行政行为的行政诉讼导向功能弱化，行政救济范围不再局限于因行政行为产生的争议。

### （二）中国语境的行政行为

受德日法学方法影响，我国行政行为理论体系接近德日。⑥ 在《行政诉讼法》颁行前的学术探索中，学者们已尝试创设抽象的核心概念来统合政府活动特征及其内在逻辑。⑦ 与政府管理相适应，"行政行为"被用以代称"行政管理活

---

① ［德］平特纳《德国普通行政法》，朱林译，中国政法大学出版社 1999 年版，第 267～268 页。
② ［日］盐野宏：《行政法总论》，杨建顺译，北京大学出版社 2008 年版，第 72 页。
③ ［日］南博方：《日本行政法》，杨建顺、周作彩译，中国人民大学出版社 1988 年版，第 31～32 页。
④ 朱芒、吴微：《日本行政程序法》，《行政法学研究》1994 年第 1 期。
⑤ 姜明安：《外国行政法教程》，法律出版社 1993 年版，第 328～330 页。
⑥ 赵宏：《基本原则、抽象概念与法释义学——行政法学的体系化建构与体系化均衡》，《交大法学》2014 年第 1 期。
⑦ 朱芒：《中国行政法学的体系化困境及其突破方向》，《清华法学》2015 年第 1 期。

动"。[①]1989 年《行政诉讼法》颁行后，学者们建构的行政法学总论体系虽然在具体组成部分上不尽相同，但总体上都围绕着行政行为或具体行政行为的概念来展开学理体系。

关于行政行为概念的理解，我国学者各执一词[②]，章剑生归纳的最广义说、广义说、狭义说、最狭义说，较为全面地反映出行政法学界对这一问题的认识[③]。其中，主流解释与德国法中"行政行为"、日本法中"行政处分"的内涵大致相同，都强调行政行为的权力性、单方性、法律效果等特征。2000 年，最高人民法院通过在司法解释中列举行政诉讼受案范围的方式，将行政行为的外延从主流观点理解的单方性、权力性、制裁性、刚性和法律性行为，拓展至双方性、赋权性、受益性、柔性和事实性行为。[④]从制度演进来看，2014 年《行政诉讼法》以行政行为替代了具体行政行为，继续延展着行政行为的范畴。

有学者对上述渐进扩张概念外延的做法有不同意见：一是新行政方式与传统意义的行政行为内涵有着诸多实质差异。例如，行政契约等双方行为根本上否定了行政行为的单方性，导致行政行为的实质特征丧失，二者难以共存，同时在行政法学术史上，迈耶、耶利内克等先贤曾寻求行政契约在行政法中的地位，且都以失败告终。[⑤]二是新行政方式产生的纠纷与传统行政救济制度存在冲突。例如行政契约纠纷中，行政机关可以作为原告，且有权提出反诉。[⑥]因此，传统意义的行政行为应当继续保留，同时将新出现的行政契约、行政计划等行政方式，作为与之同等位阶的学术概念。[⑦]

在一定程度上，这些观点冲突源于政府管理下行政行为的诉讼导向，而与管理相对应的行政行为就是单一性、权力性行为。在立法没有改变行政的诉讼作用时，面对新涌现的行政方式，如果坚持原来对行政行为的理解，就必须为新的行政方式提供纠纷解决机制，但如果扩张行政行为外延空间，新行政方式便自然纳入到当前行政救济和监督机制之中，这样可以进一步挖掘制度潜能，

---

① 王珉灿：《行政法概要》，法律出版社 1983 年版，第 97 页。
② 杨海坤、蔡翔：《行政行为概念的考证分析和重新建构》，《山东大学学报（哲学社会科学版）》2013 年第 1 期。
③ 章剑生：《现代行政法基本理论》，法律出版社 2008 年版，第 128 页。
④ 江必新：《司法解释对行政法学理论的发展》，《中国法学》2001 年第 4 期。
⑤ 章志远：《行政行为概念之科学界定》，《浙江社会科学》2003 年第 1 期。
⑥ 余凌云：《论行政契约的救济制度》，《法学研究》1998 年第 2 期。
⑦ 章志远：《行政行为效力论》，中国人事出版社 2003 年版，第 9 页。

降低制度成本。①

比较中外有关行政行为的理解变迁，可以发现行政行为是具有理论延展性空间的概念，它是一个法律技术概念。行政行为形式扩张的主要障碍不是理论自治问题，而是行政诉讼能否承受的技术性问题。这使之根本上区别于行政组织和行政主体的概念功能，因为行政组织和行政主体的内涵扩张或者缩小，往往会涉及国家机构形态及其外部关系变化等政治性内容。因此，法律可以谨慎地对待行政主体变化，但应当宽容对待行政行为形式的扩张。同时，上述渐进扩张行政行为外延的方法，也契合现行法律规定，有助于拓展行政法学研究领域，使之为实践提供更好的理论指导。②

## （三）行政行为程序规制的法治启示

行政行为成为行政法体系的核心概念，不仅是因为这一概念具有的广泛涵盖性和法律技术功能，根本原因还在于迈耶创设这一概念之初，就将法治国的价值追求植入其中，使之承载了行政法治的功能与使命。法治国的本质特征是稳固的法律秩序，国家行为以法律形式决定，从而建立起以理性规范的行政法国家。法治国的重点是规范司法外的行政，因为司法是克己守法的典范，司法裁判是理性行政的范本，它以个案裁判的方式确定公民的权利与义务，这使之具有了法律的确定性、稳定性和可预见性特征，让法律秩序渗入到了生活之中。③因此，迈耶是仿照司法裁判来建构行政行为理论。行政法治的核心就是行政行为法治。

在传统行政法中，行政法治是通过司法审查实现法律控制行政行为。④在人民主权和权力分立学说笼罩下，那个时代的人民信任司法，相信司法审查能有效遏制行政权滥用和腐败，保护公民权利和自由。布莱克斯通认为，自由的政府依赖于法官在国家中占据着中心位置，无私地保护国民的生命、自由和财产。⑤汉密尔顿认为，法院有压制个人的情况发生，但人民的普遍自由权利不会

---

① 石佑启：《论公共行政变革与行政行为理论的完善》，《中国法学》2005 年第 2 期。
② 江必新、李春燕：《统一行政行为概念的必要性及其路径选择》，《法律适用》2006 年第 Z1 期。
③ ［德］奥托·迈耶：《德国行政法》，刘飞译，商务印书馆 2002 年版，第 59～61 页。
④ ［德］奥托·迈耶：《德国行政法》，刘飞译，商务印书馆 2002 年版，第 62～65 页。
⑤ ［美］列奥·施特劳斯、［美］约瑟夫·克罗波西：《政治哲学史（下）》，李天然等译，河北人民出版社 1993 年版，第 722 页。

受到司法部门的侵害。① 但是，法律以司法审查方式事后控制行政的作用是有限的，它忽视了法对行政的事前和事中的积极控制功能。至于行政司法化的法治设计②，只是要求行政机关行使行政权的形式应符合法律规定，结果以类似于裁判的方式在个案中决定个人权利义务，并没有强调行政活动应遵守司法化程序。20 世纪出现的行政国家大幅度扩张了政府职能、行政权力及其自由裁量，司法审查已难以控制行政的恣意，事后救济滞后的短板显露，一些国家中行政与司法之间矛盾激烈。例如在美国，1935 年最高法院全体否决了早期罗斯福新政基石的《国家工业复兴法案》，以及《弗雷泽—莱姆克法案》，次年又否定了《农业调整法》。1937 年，罗斯福在连任成功后即发动了"填塞法院计划"，提出为每一位超过 70 岁半的法官增加一名新法官，这样总统就可以任命 6 名（亲新政的）新法官。③

行政法治需要规范行政行为的新机制。在此背景下，西班牙等国以行政程序控制行政权的法制实践受到了关注。20 世纪 40 年代以后，许多国家和地区陆续制定规范行政行为的行政程序法。④ 英美法系以美国 1946 年《联邦行政程序法》（APA）为代表，采取纯粹程序性规定，其中还明确了机关、机关行为、当事人等基本概念。⑤ 大陆法系以德国 1976 年《联邦行政程序法》为代表，兼有程序和实体内容，特别是规定了行政行为的形成、效力等内容，部分实现了行政法的法典化。从而，法院有了审查行政行为的新依据和标准。但是，20 世纪 70 年代以后，公众愈发不满司法诉讼的费时耗力，替代性纠纷解决方法（ADR）自美国向世界蔓延，以行政程序促进政府自律受到了更多的青睐。

法律对行政的控制从外部转向内、外并重，这是行政法治完善的表征。同时，程序规制较之司法审查的优势还在于：一是促进政府权力的有限行使。行政程序是行政权运行的轨道，它通过实时同步的步骤规范，保证了行政权强度以完成行政任务需要为限，从而优质高效地达成行政目标。二是推动政府权力的有效行使。现代社会需要政府积极行政，政府既要有社会福祉和公共利益增进的

① ［美］汉密尔顿等：《联邦党人文集》，程逢如等译，商务印书馆 1980 年版，第 391 页。
② ［德］奥托·迈耶：《德国行政法》，刘飞译，商务印书馆 2002 年版，第 64～65 页。
③ ［美］劳伦斯·弗里德曼：《二十世纪美国法律史》，周大伟等译，北京大学出版社 2016 年版，第 194～199 页。罗斯福的这一计划虽然没有实现，但最高法院在 1937 年开始转向支持新政，应当说事实上屈服于新政。
④ 李洪雷：《国外行政程序法制建设简要历程》，《紫光阁》2015 年第 2 期。
⑤ 徐炳、刘曙光：《美国联邦行政程序法》，《环球法律评论》1985 年第 2 期。

善治目标，有适当的治理工具，更重要的是明确实现这一目标的路径，即行政程序。因此，行政程序是当代法律规范行政权的最重要机制，行政行为法治的重点是程序法治。

需要说明的是，在国家治理现代化进程中，传统行政行为及其程序规制具有的理论延展空间，不意味着它与政府治理的契合对应，但它为新的行为体系及其规制方式确定了制度建构的起点。

## 二、传统行政行为法对多样化治理行为的规制乏力

我国行政诉讼法和司法解释尚未定义"行政行为"，而是通过肯定性和否定性列举相结合的方式确定行政行为的外延，其目的是保留概念的抽象性，为学术探讨概念本身和行政诉讼的应有受案范围提供空间，同时又能控制可诉范围。这一实用主义的策略使得行政法学不得不纠结于理论自洽和实际问题解决的矛盾之中，但的确扩张了行政行为类型。即便如此，与政府管理相适应的传统行政行为，仍在诸多方面与多样化政府治理行为存在抵牾。

### （一）对行为正当性新基础的支持不足

传统行政行为的正当性源于代议机构的民主授权，政府的活动范围受法律保留和法律优先原则的约束，行政行为在个案中严格执行立法指令而具有正当性。政府被视为有序运转的"输入—输出"机器，输入的是社会问题和政治价值，输出的是使社会现实合乎理想化社会的解决方案。[①] 在这一制度环境中，行政行为为政府活动提供了行为模板，且设想政府只要依法遵照固定格式行为，在个案中决定的个人权利义务就是正确的。这是借由法的形式理性控制行政权，进而保护公民权利自由，体现了形式法治的特点。

现代社会的复杂性增长迅速，在公共权力社会化和利益诉求多元化下，人民已经不满足于政府通过涵摄技术适用法律作出的决定，形式上的依法行政在复杂的个案处置中常会招致正当性质疑。况且，法律适用中不可避免地蕴含了

---

① ［美］杰里·马肖：《贪婪、混沌和治理》，宋功德译，商务印书馆 2009 年版，第 175 页。

执法者的价值判断，行政决定的内容并不具有唯一性。公共行政者发现，在公共事务处理中，吸纳不同利益主体参与公共讨论，并通过对竞争性意见的分析与协调，从而在法律容许的多种处置措施中，往往能找到理性的最适当方案，使行政活动获得人民认可。民主成为行政正当性的必要条件。

政府多样化治理方式的内核是民主。行政方式的民主正当化是民主过程和法律制度的融通，是以法治维护公民权利为目标的制度安排。通过市场和社会主体的多层次沟通、协商，治理模式解决了管理体制下人民对政府活动命令性和民主性缺失的不满，它鼓励人民积极参与、多样化、政府回应、协商、透明、合作、公共监督和问责，使影响个人权利的决定在公开的竞争性讨论中得到最大范围内的认可，追求法律面前人人平等，达至实质法治与形式法治并重。在这一背景下，英美法系的 C. 阿曼、朱迪·弗里曼、马克·阿伦森、默里·亨特等学者、大陆法系的施密特·阿斯曼、霍夫曼·利姆等学者反思了以合法性为中心的政府行为规范体系，倡导革新行政法体系回应公共行政变迁，使之从单纯对行政权和静态的行为法律效果的关注中，转向行政任务导向和公私合作规制，关心政策目标的效能及其实现程序。但是，传统行政法缺乏规范政府行为正当性的规则，从而导致行为的合法性频繁遭受质疑。

### （二）对行政法律关系新结构的规制空缺

与政府管理相对应，行政行为与行政主体、行政相对人是相互关联的概念。行政行为的主体是行政主体，客体是行政相对人，因此没有行政主体或者行政相对人，行政行为亦不复存在。[①] 换言之，行政主体是作出行政行为的主体，非行政主体即便参与行政过程且实际履行行政职责，也不是行政行为的主体，除非法律法规授权其以行政行为履行职责。从行政过程看，行政行为是行政主体运用行政权的结果，即产生、变更或者消灭一定的行政法律关系，从而确定相对方在公法上的权利义务。这一静态且局部化研究方式有助于行政行为型式化以增强其可预测性，维护安定的法律秩序。因此，在单一性主体、单向性行为、相对确定的法律结果的关系结构中，行政法规制的核心是"行政主体—相对人"的双边法律关系。

---

① 方世荣：《行政法与行政诉讼法学》，中国政法大学出版社 2002 年版，第 83 页。

多样化治理行为是政府、市场和社会主体之间多层次、多向度的协商共治、交互合作。政府不再是市场和社会的唯一管理者，而是主导社会公共组织、企业和公民合作的治理者。在现代公共行政中，无论传统的还是新兴的行政任务，都不再一定要求行政机关直接执行，市场和社会主体以非行政行为方式往往会更为优质高效地达成行政目的，治理主体趋向多元化。从行为客体角度看，治理行为是由政府、社会公共组织和私人主体组成的主体结构作出的，这一公私混合结构中交织着权力和权利。[①] 行为主体的改变使得在传统强制性管理行为之外，协商、契约、指导等合意性的非强制行为被广泛运用，对行政政策和动态行为过程关注不足的行政行为理论已很难解释新的变化。由于新行为方式的多向互动性，行政法律关系不再限于"政府—相对人"的双边关系，而呈现出三边甚至是多边的互动网络关系结构。行政行为理论尽管提出了"具有双重效力"或"具有第三人效力"的新类型行政行为来回应行政现实，但受制于传统关系结构，故无法从根本上解决其他主体的法律地位、第三人权利保护、冲突利益之间权衡等问题。[②]

### （三）对行为方式新型式的规制缺失

行政行为型式理论是将行政机关的各种活动抽象提炼为类型化的基本行为单元，进而厘清不同类型行为的概念内涵和外延，确定其构成要件和法律后果，即行为方式的类型化、形式化和程式化。在这一理论下，行政法总体上以研究和规范行为类型为内容，且以行政权为逻辑起点，将特定类型行政行为与相应的合法性要件、法律后果连接起来，由此产生了行政行为存续理论和瑕疵理论，建立起行政程序制度和司法救济途径，据此达成法律控制行政权和保障权利的目标。型式化理论的主要功能在于：一是制度建构功能。型式化研究概括出不同行政方式的法律特性，成为规范行政方式的制度基础，它使政府和公民能直观理解行政方式，促进了政府依法履行职责。二是监督与救济功能。法律后果是型式化行为的构成要素之一，它使行政方式具备了合法性判断标准，有助于保护公民权利，抗衡行政恣意。[③]

---

① 章志远、胡磊：《公私协力的兴起与行政行为理论的变迁》，《山东警察学院学报》2010 年第 6 期。
② 赵宏：《法律关系取代行政行为的可能与困局》，《法学家》2015 年第 3 期。
③ 鲁鹏宇：《论行政法学的阿基米德支点——以德国行政法律关系论为核心的考察》，《当代法学》2009 年第 5 期。

行政行为型式理论的缺陷是难以涵盖所有的行政方式，这使得许多新的政府治理方式无法型式化。为适应公共行政发展，学者们提出两种方案来改造型式理论：一是导入"未型式化行政行为"概念补充型式化行为，它是指法律尚未有明确规范标准的行政行为[①]；二是扩大行政行为概念内涵和外延，将新的行政方式纳入行政行为形式范畴。对于方案一，因没有确定行为的合法性要件和法律效果，会导致法律无法控制行政，同时其也未解决行政行为理论静态式研究的不足。对于方案二，因行政行为概念外延的持续扩大，会导致型式理论的意义空洞化。退一步讲，姑且不论公私合作、私人行政、私营化等多样化治理行为本身是否注重行为型式，这些行政方式的公私混合性质也难以置于传统行政法以"权力—非权力"为纵轴和以"法律行为—非法律行为"为横轴的象限之中。[②] 此外，治理行为以行政活动结果的合理性和可接受性为诉求，突破了仅以行政权为中心的形式合法性目标，主张行为主体与客体之间互动合作，而客体又会因参与治理转化为实际执行的主体，导致只关注政府行政行为的型式理论难以容纳新的治理方式。

## （四）行政监督与救济能力降低

行政行为理论是传统模式下法律控制行政权的基础，法律控制又是通过司法及其裁判来实现的，即以法律的控制与裁判功能为主，司法审查的对象就是行政行为的合法性，由此司法成为保障行政法治的最主要方式。这是代表法律自治理想的规范主义公法。[③] 行政法围绕司法审查构筑行政行为型式，以司法为中心控制行政权，在审查中救济因行政行为侵害的公民权利，从而形成了"行政行为—司法审查—权利救济"紧密关联的制度结构。

多样化治理行为侧重于行政过程本身和法律规制的实效，要求行政法从传统模式的严格控制行政权转向给予行政适度自主性，重视行为的程序规制。这并不意味着放弃行政合法性的基本立场，而是从形式合法性转变为合理性与合法性的结合，在维护行政合法性之上，追求行政的最佳性和可接受性，即行政

---

① 张一雄：《论行政行为形式选择裁量及其界限——以公私合作为视角》，《行政法学研究》2014 年第 1 期。与"未型式化行政行为"类似的概念有"非强制行政行为""非权力行为""非正式行政行为""柔性行政方式""非单方处理性行政行为"等。
② 朱芒：《中国行政法学的体系化困境及其突破方向》，《清华法学》2015 年第 1 期。
③ ［英］马丁·洛克林：《公法与政治理论》，郑戈译，商务印书馆 2002 年版，第 85 页。

正确。在这一背景下，法律的便利和规制功能受到重视，追求法律目标的实现，形成了具有社会变迁理想的功能主义公法。[①] 行政法偏重于行政政策和行为目的，使行为的法律形式和司法审查的重要性有所降低，也使行政表现出脱离法律和司法控制的倾向。因为司法难以对政策和目的进行审查，必须尊重行政的专业判断。但是，司法救济范围不再限于传统行政行为的侵害。例如，《联邦德国行政法院法》规定非宪法性质的公法争议均可提起行政诉讼。对权利保护而言，司法救济至为重要，但承载力有限，所以产生了多元化纠纷解决机制。因此，传统行政监督和救济机制对多样化治理行为的规制作用极为有限。

## 三、传统行政程序法对多样化治理行为的规制松弛

在政府主导的变革模式中，程序是实现制度化有节度的自由、有组织的民主、人权保障、有制约的权威、有进取的保守这一社会状态的最重要基石。[②] 行政行为与行政程序是同一物的两面，依法行政的核心就是依行政程序法行政，行政程序法是现代法治政府的制度支撑。[③] 然而，不同时代、不同国家和地区之间行政程序法的调整范围、内容和结构是有较大变化和差异的。在政府治理模式中，行政侧重于协商与合作的方式，强调通过社会公共组织和私人主体运用公共权力或者私法方式实现行政目标，它对规范政府单向管理的传统行政程序法提出了挑战。

### （一）对民主化行政过程的规制缺乏

近代民主国家中，行政权行使的民主正当性表现为严格执行法律，因为法律是由人民委任代表组成的立法机关制定的，合法性是民主正当性的"镜像"。这一原理暗含着只要政府没有侵入法律保护的个人利益范围，其便享有法无禁止的行为自由，可以对个人生活任意行使潜在的权力。[④] 随着自由裁量权成为现

①　[英] 马丁·洛克林：《公法与政治理论》，郑戈译，商务印书馆 2002 年版，第 85 页。
②　季卫东：《法律程序的意义》，中国法制出版社 2004 年版，第 15～16 页。
③　崔卓兰：《依法行政与行政程序法》，《中国法学》1994 年第 4 期。
④　[美] 理查德·B. 斯图尔特：《美国行政法的重构》，沈岿译，商务印书馆 2002 年版，第 70～73 页。

代行政权的核心[1]，人们认识到法律对行政的控制，不能仅停留在行政行为作出之际，还应当涵括行为形成的整个过程，给政府活动设置程序上的障碍。

传统行政程序法的主要内容就是规定行政机关实施行政行为的方式、步骤和时限，以此促进行政裁量的透明与公正，防止行政权滥用和保护公民权利。在程序设计上，它以行政机关与相对人、公共利益与私人利益的二元对立为前提，将行政机关确立为程序启动和推进的决定者，故具有单方主导性和封闭性的结构特征。"二战"之后，公众参与权得到了行政程序立法的普遍认可，这要求行政机关作出行政行为时，应当为受之影响的利害关系人提供参与行政过程的机会，听取他们的看法和建议，如美国《联邦行政程序法》规定的正式程序和非正式程序中均设置了利益代表模式的参与权利。公众参与给行政程序注入了合法性之外的民主正当性，但参与权是消极的防御性权利，公众尚不具有与行政机关对竞争性观点展开讨论的平等地位。

多样化治理行为的本质是民主行政，这是以协商式直接民主来增进行政权的民主正当性，使公众在选举之外能够以主体角色直接参与管理公共事务。在这一制度框架中，行政程序的目标不仅是引导行政机关作出具有法律权威的决定，而且要在行政机关、社会公共组织和私人主体之间建立平等的协商合作机制。在结构上，行政程序从"行政主体—相对人"的线性安排转向了多元主体互动的网络形态，任务与规则设定、信息公开、公众参与、公共讨论、监督等成为程序的新功能，且倾向于透过灵活、非正式、责任性等方式来发现最佳的公共政策。[2] 行政程序法表现出明显的行政特性，其根本宗旨是使行政民主化，而不是行政法制化，如此才能实现行政法各方主体法律地位的真正平等。[3]

## （二）对非政府主体新地位的保障不足

传统模式下行政程序是政府活动的预设规范，行政机关是程序主体且处于高权地位，行政的需要和意志决定了程序的启动与推进，而社会公共组织、企业和公民个人只是被动参与程序和接受结果的程序客体。在这一法律关系下，行政程序法主要是针对行政权运行来设计规则，规范行政机关适用法律认定具

---

① 章剑生：《行政程序法基本理论》，法律出版社 2003 年版，第 20 页。
② 戚建刚：《"第三代"行政程序的学理解读》，《环球法律评论》2013 年第 5 期。
③ 崔卓兰、闫立彬：《论民主与效率的协调兼顾——现代行政程序的双重价值辨析》，《中国行政管理》2005 年第 9 期。

体事实的过程，分派行政机关和相对人的程序角色，使之相互之间既配合又牵制，从而挤压行政裁量余地，维护相对人合法权益。因此，行政程序的内容在相当程度上是防御性的，带有显著的对抗色彩。①

在政府治理模式下，政府、社会公共组织、企业和公民是合作完成行政任务的治理主体。行政相对人不再仅是谋求个人利益的被管理对象，而是以积极公民的姿态分担行政任务并分享行政职权。作为治理主体，社会公共组织、企业和公民既可以是公共服务的供给主体，也可以是任务目标、规则、标准的制定主体，还可以通过自我监管、信息披露等方式成为公共事务的管理主体，这一角色转变要求传统上对行政机关的程序和监督规则扩展到社会公共组织和私人主体。治理主体的多元化使行政权具有了公共性，程序的首要功能是规范公共权力运行，确保决定过程的理性、透明与责任性，但更重要的是保证决定结果的选择理性。新程序规则将会注重调整政府、社会公共组织、企业和公民之间的关系，建构良性的互动协商机制，创造主体之间自由对话的条件和氛围，帮助提高弱势群体的商谈能力，促进各种方案和意见的公开讨论、达成共识，形成多层次合作结构，实现处理结果的合理与合法。例如美国的《协商制定规则法》（*Negotiated Rulemaking Act*）规定，对于受政府拟定规则影响或者公民认为自己利益难以被政府提名的代表所反映的，均可申请为协商委员会成员，代表相关利益群体商定行政政策。因此，适应于政府单向性权力管理的传统行政程序法，无法给予多元主体之间地位平等的合作行政以有效的程序保障。

### （三）对私法性程序规则的规定欠缺

传统行政程序法的中心功能是规范行政权和政府行为，它源起于控制行政和保障公民权利的公法目的，是公法性程序，属于公法范畴。在工业化社会中，公民对社会安全和公平的需求日益增长，促使国家对经济和社会进行全面干预，政府活动范围持续扩张，行政事务越来越复杂，行政裁量的自由度越来越大，由此法律对行政的控制从实体规范拓展到程序规则。行政程序法本质是司法控制行政的操作规范的衍生。这一法律要求行政决定的过程外部化，且赋予受害主体向法院起诉行政行为违法的权利，法院据此可以控制或质疑行政机关行为。

---

① 陈军：《公私合作背景下行政程序变化与革新》，《中国政法大学学报》2013年第4期。

司法审查是司法权抗衡行政权的作用表现，具有被动回应和对抗性，调整的是高低级主体间他治的公法关系。①

在政府治理模式下，行政程序法规范的主体涵盖了承担行政任务的社会公共组织和私人主体，表现出主体私人化特点。如前述，这不是要否定规范行政权的程序规则，而是要将之拓展至新主体，并设计适应主体间协商合作的新程序。在治理过程中，政府和非政府主体之间合作治理行为虽然形式多样，但其根本特征是运用协商、指导等私法性方式来达成行政任务，这突破了行政机关采用单一公法手段单独完成任务的管理模式。与之相对应，行政程序法中亦应增添一定的私法元素，如吸纳平等、协商、合意、合作等私法精神，重视意思自治作用，尊重主体自治的私法原则，弱化程序的管控强度、固定性和对抗色彩，使之能积极促进行政目标确定、资源分配、规划、指导和政策执行。在现代行政任务中，政府、社会公共组织和私人主体之间关系的更新，使得行政机关以单方面决定形式发布的"命令"，也常是通过名为"协商"的程序与相关个人或企业谈判的实际结果。②私法元素在程序法中的扩展不是要否定政府的主导地位，也不是要增加社会公共组织和私人主体参与治理的成本，而是要使程序触及行政过程本身，发挥出不同主体的优势功能，但是传统行政程序法缺少私法性规则的制度安排。

### （四）对程序安排的灵活性与弹性不够

传统行政程序法主要是规范行政机关对相对人作出单方决定的行为方式，使行政权经由公正程序实施而被接受，如美国最高法院杰克逊（Robert H. Jackson）法官曾言，严酷的实体法只有在程序的公正适用下才是可以容忍的，程序公正是自由的核心要旨。③程序规范比实体法的要素性更强，因为它为行政过程设置了不同层次的法律要求和限制措施，同时程序要素也是法院审查行政行为合法性的依据，以保证行政行为符合立法机关制定的法律。在这一"立法制定规则—程序行政—司法裁判"的程序规制模式中，行政机关虽然可以通过司法审查知道行为错了，但无法获知改进方向，导致行政机关惯于僵化遵守程序，

---

① [奥] 凯尔森：《法与国家的一般理论》，沈宗灵译，商务印书馆 2013 年版，第 301～302 页。

② [法] 勒内·达维：《英国法与法国法：一种实质性比较》，潘华仿等译，清华大学出版社 2002 年版，第 107～108 页。

③ [英] 威廉·韦德：《行政法》，徐炳等译，中国大百科全书出版社 1997 年版，第 93 页。

进而发生公共行政延迟和疲软的现象。

政府治理行为包括传统行政行为，但侧重于运用行政契约、服务外包、私营化等新方式来达成行政任务。当代行政已不仅是单纯地执行法律，而是任务导向的治理，行政机关在目标规划、方式选择等方面拥有能动自主的权力，法律为行政设定宽泛的目标即可。<sup>①</sup> 行政以自身判断作出决策来积极回应经济社会需求，且要借助市场和社会机制来解决公共问题，就必须建立政府、市场和社会的互动平台，这一合作格局主要依靠富有弹性的行政程序。例如在美国，行政契约要求受医疗补助的私人疗养院遵守公告、听证、强制信息公开等最低限度的行政程序。<sup>②</sup> 法律程序是针对特定行为的规则，新的法律行为需要新的程序来约束。多样化治理行为已经超越了以行政行为规范为中心的传统行政程序法调整范畴，这要求程序规则的多样化建构以规范行政活动。例如德国的行政程序改革，将报备程序、许可豁免程序、许可程序等新程序类型纳入到《联邦行政程序法》之中。<sup>③</sup> 总之，与政府治理模式适应的新程序应接近公共行政本身，弹性、多样的程序形式必须遵守最低限度的正当程序要求，这正好是传统行政程序法单向性、程式化规则的欠缺。

# 第四节　传统行政法对混合性治理关系的监督与救济困境

行政救济法在广义上包括监督行政和权利救济两方面内容，其中监督行政的客体主要是行政机关的行政活动，而权利救济则是行政相对人请求有权限的机关矫正公权力的不当或者违法行使，并对遭受权力侵害的合法权益给予补救。它是一种以公私对立为基础的监督与救济模式。伴随政府治理变革深入，行政的主体和方式日渐多元多样，特别在以行政任务为导向的公私协商合作模式中，

---

① 王锡锌：《当代行政的"民主赤字"及其克服》，《法商研究》2009 年第 1 期。
② ［美］朱迪·弗里曼：《合作治理与新行政法》，毕洪海、陈标冲译，商务印书馆 2010 年版，第 394 ~ 403 页。
③ ［德］迪尔克·埃勒斯：《德国行政程序法法典化的发展》，展鹏贺译，《行政法学研究》2016 年第 5 期。

公法、私法、软法性规则交融，公、私行为交织，使得治理关系表现出混合性、复合性特征，导致单纯以公法关系为基础的行政救济法无法有效发挥监督行政和救济权利的功能。

## 一、传统行政监督与救济机制的变革呼唤

监督行政法律关系是行政法调整的主要关系之一，它是指国家有权机关监督行政活动过程中与行政主体形成的且受行政法规范的关系，是基于行政法律关系而产生的关系。[①] 行政活动的监督可以由有权机关主动采取，也可以由利害关系人请求有权机关采取。后一监督方式对于行政侵权行为的受害人是一种救济手段。[②] 换言之，监督与救济是监督行政法律关系的一体两面。

在我国，国家立法、国家监察、司法机关和行政机关是监督行政法律关系的主体。其中，国家监察是权力制约权力的机制，司法审查是以权利制约权力的制度设计。公民、法人或其他组织对行政活动的监督是一种权利监督，它一般是在行政救济关系中依托有权机关或组织，才能使公民、法人或其他组织具有监督行政活动的主体地位。作为法学概念，行政救济是指行政相对人的合法权益因行政主体违法、不当行政或者合法行使公权力的行为造成损害的，有关机关或组织应相对人请求依法制止或矫正损害，恢复和补救其合法权益的制度。它有广义和狭义之分，广义上行政救济制度包括行政复议、行政诉讼、行政申诉、行政补偿和赔偿等多种手段，而狭义上是指行政复议和行政诉讼。结合党和国家机构改革、行政监督与救济的发展走向，这里从权力制衡角度来理解监督行政制度，并从广义上理解行政救济，但以行政诉讼为重点。

伴随政府治理变革，在"政府—相对人"之间单向行政法律关系之外，衍生出"行政主体（政府）—社会公共组织、企业、公民—相对人"之间多维网络化关系。其中，第一维度的是政府、企业、社会公共组织、公民之间协商合作关系。经双方或者多方协商达成相关执行行政任务的合意，政府对执行者的准入资格、公共产品价格、质量与标准等方面承担监管责任，监督行政任务的

---

① 罗豪才、湛中乐：《行政法学》，北京大学出版社 2012 年版，第 11～21 页。
② 王名扬：《法国行政法》，北京大学出版社 2007 年版，第 421 页。

执行过程，在其他主体不能按约定完成任务时，承接履行该任务。[①] 第二维度的是社会公共组织、企业与相对人之间的服务或管理关系。双方法律关系以私法契约或者行政委托等为基础，社会公共组织、企业供给服务或维护秩序，相对方支付服务费用或接受管理。第三维度的是政府与相对人的间接行政关系。政府向社会公众担保执行者不会减损公共产品和服务的品质，且对质量降低、违法管理等行为承担责任。因此，政府治理中的法律关系既有公法关系，也有私法关系，还有公私复合性关系。

这一混合性关系改变了政府管理中单一公法关系状态，也改变了监督行政法律关系的内容。在政府管理中，行政主体和相对人之间关系是监督行政的对象，监督的客体是行政行为，主要通过事后对国家责任的消极评价，进而对个体受损害的合法权益予以赔偿或者补偿的给付性救济。在行政法律关系发生变化后，对行政活动的监督不应限于行政主体，还应包括执行行政任务的社会公共组织和企业。行政救济不再限于行政主体与行政相对人之间的公法争议，还应考虑审查行政主体与行政任务执行者之间、执行者与社会公众之间、行政主体与社会公众之间的混合性争议。在这一背景下，依托传统行政行为理论构建的监督与救济机制显得张力不足，难以有效回应行政法律关系复杂化的功能需求，它必须在适应政府治理变革中去实现自我革新。

## 二、传统监督行政的权力制衡机制薄弱

监督行政（或称"行政监督"）是规范行政权行使，防范和纠正行政违法和不当行为，维护国家和公民的合法权益，提高行政效率，促进行政任务达成以增进公共福祉的重要制度。从因应治理变革角度考察，传统监督行政机制的权力制衡不足，导致监督的整体效率低、对行政过程的监督不严以及对行政任务执行者的监管不力。

---

① 杨彬权：《论国家担保责任——担保内容、理论基础与类型化》，《行政法学研究》2017 年第 1 期。

### （一）监督行政的主体分散，整体监督低效

我国行政法制已经建立起多主体、多方式、多途径的监督行政体制，但是监督系统诸要素间结构较为紊乱，各个监督主体的监督职权、程序、范围及其相互关系等问题仍有待法律的进一步明确规定，致使监督工作的协调配合不足，尚未形成良序高效运转的有机整体，没有发挥出监督体制的整体功能。

首先是外部监督结构失衡。外部监督是指行政主体以外的权力主体对行政主体及其工作人员的监督。[①] 在我国政体中，人大监督是监督行政体系中极为重要的环节，但其监督的权威性和实效性不足。这中间既有监督法制不完善、机构不健全、方式不完备等制度缺失的原因[②]，也有人大每年会期较短而所需审议事项过多、人大代表能够获取的相关政府信息有限等机制运行不畅的原因[③]。就司法监督而言[④]，当前省以下法院、检察院人财物统一管理等司法改革措施正在积极推进中，这有助于扭转地方司法机关受制于同级行政部门的状况，有利于检察监督职能的施展。但是，检察监督也面临着与人大监督相同的根本性难题[⑤]，甚至在监督过程中还会遭遇人大的压力。伴随国家监察体制建设，检察监督在强化独立性的同时，还面临着监督职能重新定位的现实问题。

其次是内部监督结构失衡。内部监督是指政府内设专门监督机构，或者具有隶属关系机关之间的监督。[⑥] 在该结构中，审计机关是政府的组成部门，作为监督客体的各级政府往往控制着监督主体的人、财、物等事项，同级政府行政首长还实质性影响着监督客体的领导人任免，而层级监督中的上下级行政机关之间又有着天然的利益纽带关系，因此内部监督是一种依附性较强、独立性欠

---

① 广义的外部监督还应包括权力主体的中国共产党组织实施的行政监督，以及非权力主体的人民政协、民主党派、人民团体、企业事业单位、公民个人等实施的监督。

② 陈奇星：《中国公共行政监督机制现状分析与对策思考》，《国家行政学院学报》2003 年第 3 期。

③ 于维力、叶子鹏：《我国行政监督体制存在的问题及改革对策研究——基于全面深化改革的时代背景》，《南方论刊》2016 年第 5 期。

④ 在我国，司法监督包括人民检察院和人民法院对行政主体实施的监督。鉴于法院监督行政即为司法审查和权利救济，故将之置于下文的救济内容中进行分析，这里仅探讨检察监督存在的问题。

⑤ 在国家监察委员会成立之前，为避免人大、司法和监察机关形成监督执政党的情况发生，主要对策为：一是党内监督优先。党的纪律检察机关对违纪违法人员作出处理后，再交由国家机关处理；二是监督管辖限制。同级监督机构不能直接立案处理同层级党政领导人员，但上级主管机关指定管辖的除外。如，县级检察机关不能直接立案侦查县处级干部。这就保证了各层级党组织在本层级内的权威领导地位，以及上级对下级的权威领导。

⑥ 关保英：《拓展行政监督的新内涵》，《探索与争鸣》2015 年第 2 期。行政复议属于行政内部监督方式，但一般将之作为救济制度研究。

缺的同体监督结构。同体监督结构的制度性缺陷是"再锋利的刀刃，也砍不了自己的刀把儿"，特别是难以真正有效监督"关键少数"的领导干部，是一种成本高、实效差的监督机制。

### （二）监督行政的重点偏离，过程监督懈弛

传统上对行政的监督通常与行政个案和行政行为联系在一起，主要是对行政执法过程中违法行为的监督，重点是"查错纠偏"，目的是纠正行政权的错误行使，尽可能减少违法或不当行为给公共利益造成的损失，并通过惩戒相关责任人员，教育和引导公务员依法行政，是以事后惩戒为主的监督机制。在政府治理框架中，作为监督行政制度的原生功能，事后惩戒仍是规范行政权运行和保障行政目的实现的重要方式。但在事后阻止或惩罚之时，行政行为毕竟已经对公共或私人利益造成了侵害，甚至于已无法实现行政任务的预设目标。因此，必须强化对公共行政过程的全方位监督，发挥监督的事前预防和事中保障支持功能，而这正是我国监督行政体制的薄弱环节。

一是预防功能薄弱，对于行政权违法行使、社会公共组织或企业垄断或低劣公共服务的情况不能提前预防和阻止。政府与社会、市场之间互动合作的本质是资源互换和利益博弈的过程，社会公共组织、企业与政府合作的根本目的是最大限度地获取公共利益来实现自身利益最大化，而行政权对资源分配的决定性作用，使得掌握权力者容易成为寻租对象。同时，社会公共组织和企业对自身利益的追求，还希望政府承担更多的风险，甚至通过垄断或降低服务品质来获取更多利益。

二是保障支持功能薄弱，对法律、法规、规章、决定、行政协议等规范执行过程的监督不到位。合作行政要求政府具有契约精神，各方主体均应依法依契约行为，而监督行政体制就是双方合作完成行政任务的制度保障。但是在实践中，监督行政过程所设置的程序规则，如听证、信息公开、重大决策公示、专家咨询等，常被政府以各种理由推诿而得不到有效落实。在缺乏监督的环境中，政府直接干预合作项目，或者以批准竞争性商业项目等方式改变原合作项目的外部环境，或者不履约、不完全履约等情况也就屡见不鲜。[①] 政府与市场、社会

---

① 陈志敏等：《中国的 PPP 实践：发展、模式、困境与出路》，《国际经济评论》2015 年第 4 期。

之间缺乏互信，说明监督行政体制对合作行政的保障支持功能还有待强化。

### （三）监督行政的客体有限，专业监管滞后

在政府管理中，政府是公共权力的垄断者，社会公共组织、企业和公民是被动地接受政府管理和服务，所以监督行政仅需审查行政行为的形式合法性。在政府治理下，企业、社会公共组织等主体成为公共管理和服务的供给者，它们理应被纳入监督范畴。但是，传统监督主体缺乏常态化监督企业、社会公共组织的知识和精力。从制度逻辑上讲，政府将行政任务交由其他主体执行，相关部门就必须承担起监督责任，然而当前这些部门的专业化监督水平仍然滞后于合作行政的发展需要。

一是监督内容模糊，缺少专业化监管规则。我国尚未制定规范政府与市场和社会合作的法律，相关规定散见于《中华人民共和国政府采购法》（以下称"《政府采购法》"）、《中华人民共和国招标投标法》、《基础设施和公用事业特许经营管理办法》、《关于政府向社会力量购买服务的指导意见》等规范性文件中，这对约束政府监管市场和社会的作用极为有限。一些地方政府尽管制定了指导性文件，但还是存在规定不够具体、缺乏操作性的问题，而且各地政策差异又阻碍了跨区域公私合作的发展。[①]

二是监督职能分散，缺少专业化监管机构。在纵向上，中央与地方对合作行政的监督边界不清。由于中央政府没有专门监管机构监督合作行政，地方政府扮演起了"运动员"和"裁判员"的双重角色，而较大的权限使地方政府往往将公私合作模式视为减少财政支出和实现政绩的融资工具，当涉及自身利益时就主动干预，反之则不作为，使监督缺乏实效。在横向上，同级部门监督职能交错，职责不清。市场或社会主体参与政府治理会涉及财政、发改、审计、国土、环保、民政等多个行政部门，各部门间又缺乏有效的沟通和衔接机制，致使监督重复或者出现监督空白。

三是专业化监管人才短缺。在公私合作行政领域，我国政府探索实践的时间不长，而监督内容又往往涉及工程、大数据、财政等多领域知识，从审批、中期监管到绩效评估都需要相应的团队或人才。[②]由于绝大多数公务员是传统模

---

① 胡艳蕾：《政府购买公共服务的多元主体监督机制》，《山东师范大学学报（人文社会科学版）》2016年第6期。
② 郭凯乐：《基于国际比较的我国公私合作监管体制研究》，《项目管理技术》2017年第7期。

式下进入政府部门工作的，并不具备足够的监管能力。

## 三、传统行政救济的权利保障机制滞后

我国的行政救济制度包括行政诉讼、行政复议、信访申诉、国家赔偿等，其中以行政诉讼最为重要。1989 年《行政诉讼法》的颁行，是当代中国迈入"法治时代的开始"。[①] 但是，政府管理时代下制定的这部法律日渐滞后于经济社会发展的需求，很大程度上制约了行政诉讼功能的发挥。[②] 作为化解行政争议最后途径的行政诉讼制度的失灵，进一步加剧了政府管理危机。[③] 政府治理变革是克服管理失灵的国家治理现代化方略，而司法权和司法制度是国家治理体系现代化建设的应有向度，行政诉讼作为司法制度的重要组成部分理应进入国家治理体系现代化的视域。[④] 正是在这一背景下，我国于 2014 年对《行政诉讼法》进行了修改，旨在以司法权制约行政权和保护权利，通过实质性化解行政争议，保障行政目标的最优化实现。然而，我国的纠纷解决机制是以公、私法二元划分为基础来建构的，这导致其无法有效对接政府治理中产生的混合性纠纷解决需求，同时多元纠纷解决机制在功能定位、协调衔接等方面也缺乏有效规范，限制了已有纠纷解决方式的效用施展。

### （一）实质性化解争议的行政诉讼功能不彰

"解决行政争议"是新修订行政诉讼法时增加立法目的，这就将行政诉讼的功能定位于权利保障和监督行政权[⑤]，要求人民法院应当全面审查被诉行政行为的合法性，充分保护公民和其他组织的合法权益，能动选择有利于纠纷化解的裁判方式，避免诉讼程序空转，"案结事了"地实质性化解行政争议[⑥]。这一过程

---

① 龚祥瑞：《法治的理想与现实》，中国政法大学出版社 1993 年版，第 148 页。

② 李广宇等：《行政诉讼法修改应关注十大问题》，《法律适用》2013 年第 3 期。

③ 湛中乐、赵玄：《国家治理体系现代化视野中的司法审查制度——以完善现行〈行政诉讼法〉为中心》，《行政法学研究》2014 年第 4 期。

④ 沈德咏等：《国家治理视野下的中国司法权构建》，《中国社会科学》2015 年第 3 期。

⑤ 应松年：《行政诉讼法律制度的完善、发展》，《行政法学研究》2015 年第 4 期。

⑥ 郭修江：《监督权力、保护权利、实质化解行政争议——以行政诉讼法立法目的为导向的行政案件审判思路》，《法律适用》2017 年第 23 期。

既是法院保护权利的能力体现，也反映出法院参与国家治理并保障政府治理目标最优化达成的能力。结合 2013 年至今全国法院行政诉讼案件大数据来看，行政诉讼的争议解决功能还有进一步提升的空间。

首先，一审法院的行政纠纷化解功能有待加强。总体上，行政案件表现出上诉率持续攀高，服判息诉率和再审率不断走低的态势（见表 3-1[①]）。其中，一审案件的上诉率和服判息诉率的计算，是以上诉案件数量除以一审审结的行政案件总数得出；再审率是再审案件数除以一、二审审结案件中申诉再审案件总数得出。从表 3-1 中可见，在新行政诉讼法施行的第二年（2016 年），一审服判息诉率比 2013 年下降了 17.4%，同时一审案件结案数比 2015 年增长了 13.2%，二审受案数增幅达 34.43%，但是再审率下降了 0.16%。这既表明立案登记制方便了当事人诉讼，很大程度上解决了行政诉讼立案难的问题，也反映出二审终审裁判的权威及当事人的信赖，这也可从再审率较低中得到印证，但也说明一审法院的纠纷化解工作有待改进，相关制度和机制建设还有不完善之处。

表 3-1　全国法院 2013—2016 年行政一审、二审、再审案件统计数据

| 年度 | 一审结案 | 二审结案 | 三审结案 | 再审收案 | 上诉率 | 服判息诉率 | 再审率 |
|---|---|---|---|---|---|---|---|
| 2013 年 | 120675 | 35222 | 34568 | 1312 | 29.19% | 70.81% | 1.09% |
| 2014 年 | 130964 | 49984 | 47818 | 1376 | 38.17% | 61.83% | 1.07% |
| 2015 年 | 198772 | 77988 | 72717 | 1379 | 39.23% | 60.77% | 0.71% |
| 2016 年 | 225020 | 104836 | 101256 | 1228 | 46.59% | 53.41% | 0.55% |

其次，法院对复合性纠纷的化解机制有待加强。以行政协议案件为例，通过对"中国裁判文书网"检索，在新行政诉讼法实施的第一年中共有 204 份行政协议纠纷的生效裁判文书，其中有 105 件认定为行政协议纠纷，但以不属于受案范围为由驳回起诉或者上诉的有 179 件，认定属于受案范围的仅有 25 件。[②] 从认定属于行政协议案件与不予受理案件数之差来看，法院对行政协议以行政诉讼来处理的认识有待提高。在一定程度上，它反映出法院对复合性纠纷的化解机制不健全。

---

① 资料来源：2012—2016 年全国法院统计公报，http://gongbao.court.gov.cn/ArticleList.html？serial_no=sftj。
② 包李：《新〈行政诉讼法〉下行政协议受案范围探析——以法院实践现状为契口》，贺荣主编《深化司法改革与行政审判实践研究（下）——全国法院第 28 届学术讨论会获奖论文集》，人民法院出版社 2017 年版，第 1271～1274 页。

### （二）行政审判体制改革后进

在地方法院人、财、物受制于同级政府的制度环境中，与行政区划完全对应的行政审判体制对行政诉讼功能的发挥有着极大的消极影响，法院普遍存在着不愿受理、不敢下判的心理，致使行政审判不能制衡同级政府。[①]在《行政诉讼法》修订前，理论与实务界就是否借铁路运输法院系统回归地方管理之际，将之改造成行政法院，有过激烈的讨论。但由于诸多原因，这一制度设想没有实现，新法采取了提级管辖和相对集中管辖的渐进方式来解决上述制度缺陷。从制度实践看，这取得了一定的成效。[②]

在制度安排上，我国行政审判体制是与政府管理相对应的同级建构，新法推进的行政审判体制也没有完全改变管理的建构理念。首先，缺少对原告的管辖选择权的关照。行政审判管辖制度设计的中心任务，是防止政府对行政审判的不正当干预。这是提级管辖和跨行政区划相对集中管辖的立法目的。但在政府治理方式中，多数是柔性、协商性、合意性行为，且是平等主体间的合作共治，除违背法律之外，主体间对纠纷解决方式和受理法院的约定应当受到尊重，这一理念体现在行政审判中便是尊重原告的选择权。特别是我国地域广阔且地貌类型丰富，提级管辖和相对集中管辖给生活在西藏、内蒙古、广西、新疆等山区、林区、草原、戈壁的群众增加了诉讼成本。其次，缺少对权力制衡能动性的关注。当前行政审判体制是通过权利请求以形成司法权与行政权对抗的设计理念，是消极的权力制衡机制。在国家治理体系中，司法和行政是使命不同的主体，司法权和行政权都是有限度的[③]，二者分野既存在监督制约关系，也有着合作关系。这当然不是让法院变成行政案件中的利益攸关方，而是要发挥司法在制衡中的建构性能动作用，建立司法、政府、相对方的协商谅解机制，使司法裁判不仅给付救济，还能增进公共利益和福祉。还有，缺少对专业审判人才汇聚与培养的关注。政府治理方式多样化意味着专业化、技术性程度更高，它既需要政府对专业监管人才的培养，也需要提高法官对监管措施、行业规范等知识的理解。在提级管辖和相对集中管辖后，由于家庭、生活等现实原因，行政法官的流动

---

① 江必新：《中国行政审判体制改革研究——兼论我国行政法院体系构建的基础、依据及构想》，《行政法学研究》2013年第4期。

② 刘群、姚利屏：《从行政案件"相对集中管辖"到"行政法院"的探索分析——以山西法院行政案件统计分析为样本》，见沈德咏主编《全国法院优秀司法统计分析文集第十次获奖作品（四）》，法律出版社2017年版，第1563～1581页。

③ 谭宗泽、杨靖文：《行政诉讼功能变迁与路径选择——以法与治的关系为主线》，《行政法学研究》2016年第4期。

缺乏有序性，导致不少行政审判骨干法官流失。① 诚然，较之于省、自治区，直辖市内的法官流动的阻力要小。同时，集中管辖法院、中级法院和高级法院的行政案件数大幅度上升，法官长期处于高强度审判工作中，其培训、学习、休息的必要时间都无法保障，也就难以培养出与政府治理相适应的高素质专业化法官。

### （三）多元救济机制协调配合失衡

混合性政府治理关系是公私疆域互动合作、相互渗透的结果，它意味着多元主体分享行政权和分担公共责任，从而推动了责任主体的多元化拓展，改变了政府管理责任主体一元化形态。多元责任主体既产生了责任性模糊的风险，也使治理产生的纠纷具有公私混合性质，导致以公、私法分野为制度设计基础的传统纠纷解决机制，无法与之建立起有效对接。在一定程度上，公法和私法二元划分的纠纷解决机制不是当然的制度前提，如法国行政法院的诞生是由大革命的国际国内环境、行政与普通法院的对立关系的历史背景决定的②，这意味着要适应政府治理纠纷解决的需要，必须对传统纠纷解决机制进行改造。

首先，行政复议与行政诉讼的衔接协调。行政复议和行政诉讼是解决行政争议的主要途径，但这二者之间协调配合程度还不理想：一是行政复议没有充分发挥纠纷化解的应有功能。在案件数量上（见图 3-1、表 3-1），行政复议要少于行政诉讼。仅 2015 年，全国法院一审行政案件受案数达 220398 件，同期行政复议案件数为 147696 件。③ 从他国相似制度实践来看，行政诉讼解决行政争议的数量通常在行政复议的五分之一至十分之一之间。④ 理论上讲，作为上级行政机关，复议机关有全面审查行政行为的权限、资源和裁量空间，若能较好地化解争议，行政诉讼案件数量自会大幅度下降。通过行政机关内部先行有效解决，而不服复议决定的少数案件进入司法程序，法院的办案压力也相对减轻，就有精力和条件更为公平公正地化解争议。虽然新法将作出维持决定的复议机关列为共同被告的制度创新，使行政复议维持率有所下降，但行政诉讼案件数量仍

---

① 程琥：《行政案件跨行政区域集中管辖与行政审判体制改革》，《法律适用》2016 年第 8 期。
② 王名扬：《法国行政法》，北京大学出版社 2007 年版，第 436 ~ 437 页。
③ 程琥：《解决行政争议的制度逻辑与理性构建——从大数据看行政诉讼解决行政争议的制度创新》，《法律适用》2017 年第 23 期。
④ 莫于川：《〈行政诉讼法〉修改及其遗留争议难题——以推动法治政府建设为视角》，《行政法学研究》2017 年第 2 期。

过高，行政复议作为化解行政争议主路径的作用尚未切实体现出来。二是行政复议和行政诉讼与私法性质纠纷的化解机制衔接不畅。行政复议和行政诉讼中附带审理的民事纠纷，仍局限在与政府管理相关的民事行为合法性审查，如土地确权，而对于政府治理中公私混合纠纷还没有具体规范和衔接介质，如网络服务提供者履行了公法审查义务，但仍然导致他人民事权益受侵犯的纠纷化解问题。

其次，替代性纠纷解决机制与行政诉讼的衔接协调。替代性纠纷解决机制（ADR，Alternative Dispute Resolution）通常是泛指诉讼以外所有纠纷化解方式，包括行政复议、行政和解、行政协商、行政调解、行政仲裁、行政裁决等，它具有非正式性、多样性、灵活性、平等互利性特征，是替代行政诉讼的争议解决手段。这一纠纷化解方式强调主体间的地位平等，民主协商，尊重双方之前合意和软法规则，减少司法强制执行的介入，因此与政府治理的协商、合意、柔性、合作共治的主张是契合的。在我国制度环境中，替代性纠纷解决机制往往处于政府控制下，不是完全民间属性的纠纷化解途径，但同时它与行政诉讼之间的衔接机制也存在诸多不完善之处：一是纠纷化解主体拓展困境。在混合性治理关系中，政府作为调解者、和解与协商主持者、仲裁者、裁决者处理平等主体之间民事纠纷和公法性纠纷是可以的。但若政府是争议一方当事人时，社会公共组织可否作为独立的第三方主持调解、和解、协商甚至是作出仲裁和裁决，则是值得研究的问题。二是替代性机制的纠纷解决范围。传统上行政调解、仲裁、裁决的适用范围局限于民事纠纷，没有将公私复合纠纷、公私混合纠纷纳入其中。同时，因行政权不可处分性的传统行政法理念，行政和解还没有得到制度设计者的肯定。三是替代性纠纷解决机制与行政诉讼的对接困境。对于替代性纠纷解决方式与行政诉讼之间，是前置、混合还是后置关系还没有规范确定，而且不同纠纷解决方式与行政诉讼之间是独立关系还是依附关系也没有理清，这使得替代性纠纷没有发挥减轻行政诉讼负担的功能。

总之，在政府治理变革下，与政府管理相对应的传统行政法在理念、价值导向、主体、行为、监督与救济领域中都面临着对现实解释不足、规范乏力的困境。因此，这要求行政法以政府治理为参照进行体系化革新。

# 第四章
## 政府治理变革下
## 行政法的未来建构

政府治理变革是公共行政的功能和结构的演进，它对规范政府管理的传统行政法提出了挑战，给法治政府带来了新的难题。法治国家中的政府活动必须服从法律，公共权力必须受制于行政法。为了应对行政的结构变化，走出治理变革的法治困境，行政法就应当开放体系，运用新方法整合自身结构，保持行政法系统的动态平衡，使之具有适应和规范现代公共行政的能力，进而实现行政法的功能目标。这一革新行政法的新方法就是结构功能主义。

# 第一节　行政法的结构与功能革新

## 一、结构功能主义分析方法要旨及其局限性

结构功能主义（structural-functionalism）是功能主义在 20 世纪中期的重要发展，其中集大成者是美国现代社会学奠基者塔尔克特·帕森斯（Talcott Parsons）。帕森斯认为，社会是由相互关联的结构组成的系统，社会系统的存续以各个结构的功能性作用为前提，社会的整体稳定依靠各组成部分的功能发挥，且在结构发生变化时，结构的自我整合可以促进系统趋向新的稳定。[1]帕森斯理论的当代价值在于，它不仅推动了古典社会学迈向现代和新功能主义[2]，而且通过对罗斯福政府"新政"和纳粹德国极权主义的深刻剖析和反思，提出了在结构化秩序机制下稳定、渐进改革社会的理论构想[3]，这对正处于深化改革背景下的中国行政法系统性革新具有指导意义。

帕森斯的结构功能理论研究始于分析人的行为，目的是揭示人的行为不仅是个体的理性追求，还受到指导性规范和理念的约束，这一规范是由行动者促

---

① [美] 戴维·波普诺：《社会学》，李强等译，中国人民大学出版社 1999 年版，第 108～109 页。
② [美] J.C. 亚历山大：《新功能主义及其后》，彭牧等译，译林出版社 2003 年版，第 65～67 页。
③ 赵立玮：《世纪末忧郁与美国精神气质帕森斯与古典社会理论的现代转变》，《社会》2015 年第 6 期。

成又受之指导自己选择的共同价值系统①, 即社会行为规范②。为论证该观点, 帕森斯在评述马歇尔 (Alfred Marshall)、帕累托 (Vilfredo Pareto)、迪尔凯姆 (Émile Durkheim)、韦伯 (Max Weber) 等学者观点的基础上, 提出 "单位行动" 是行动的最小单位, 它由目的、手段、条件和支配 "手段—目的关系" 规范的具体成分组成。③ 社会行为规范确定个体行动的方向, 行动者是在规范预先设定的目的和手段中作出行动选择, 否则行动虽然能实现个人的目标, 但会因违反规范, 成为没有价值的越轨行为或异常行为, 而受到社会的制约或者惩罚。这种唯意愿主义行动理论的分析重点是透过单位行动和各单位行动之间关系来理解复杂、有机的行动体系, 但受之约束, 帕森斯在后来的研究中不断削弱了行动的地位, 进而转向结构主义。④ 在个体选择行动过程中, 帕森斯认为行动者的选择会受到 "模式变量" 的结构性限制, 它包括五种两难选择的变量, 即情感与情感中立、自我取向与集体取向、普遍主义与特殊主义、先赋 / 身份与成就 / 成绩、扩散性与专门性。借助模式变量, 帕森斯说明了结构必备项通过具体社会安排对现实社会的形塑方式, 指出亲属关系、分层、国家、宗教是所有社会中普遍存在的结构性安排。⑤

至此所述, 帕森斯的结构主义论点是, 结构是限制行动者的选择方式, 但不决定行动者的选择。基于此, 帕森斯提出了行动空间的维度, 且将之与模式变量整合起来, 认为在每一限定空间中必须有相当数量的行动者, 个体行动者的行为要受行动空间的维度限制, 而不再仅是选择的问题。结构成为社会系统的前提, 单位行动被组织成有机的行动系统, 要保持系统的均衡和持续存在, 组成部分必须履行特定的功能, 这些必备功能又会约束社会安排, 因此帕森斯的结构主义被称为结构功能主义。根据功能是关系到系统维持还是目标状态选择、是在系统内部还是外部得到满足这两对二分法的交叉分类, 帕森斯提出了分析社会系统动态平衡的 AGIL 功能关系图式, 其中: A (Adaption) 是 "适

---

① [澳] 马尔科姆·沃特斯:《现代社会学理论》, 杨善华等译, 华夏出版社 2000 年版, 第 9 ~ 10、45 页。
② 佟庆才:《帕森斯及其社会行动理论》,《国外社会科学》1980 年第 10 期。
③ [美] 塔尔科特·帕森斯:《社会行动的结构》, 张明德等译, 译林出版社 2003 年版, 第 717、832 ~ 844 页。行动是不同于行为的概念, 行动是行动者或行动者们将一种主观意义寄予其态度或活动, 具有意志性和目的性; 行为是对刺激的无意识反应。
④ [澳] 马尔科姆·沃特斯:《现代社会学理论》, 杨善华等译, 华夏出版社 2000 年版, 第 47 页。
⑤ [澳] 马尔科姆·沃特斯:《现代社会学理论》, 杨善华等译, 华夏出版社 2000 年版, 第 46 ~ 47、117 ~ 118 页。

应"，即一个系统从外部环境获得可支配的资源和手段；G（Goal-attainment）
是"达鹄"，即系统确立目标及其主次关系，且配置资源达成目标；I（Integration）
是"整合"，即维持系统各单元之间的协调有序，防止系统内部的冲突与障碍；
L（Latent pattern-maintenance and tension-management）是"模式维持
和张力调控"，即系统维持自身独特性和共同价值体系的模式。①AGIL 图式是纵
横拓展、多层分化的立体分析框架，其中纵向分化上可对社会系统的各子系统
进行分析，横向交换上可分析各子系统的双向互动关系。② 简言之，结构功能主
义的逻辑进路是将结构概念置于功能概念之上，不同单位结构（子系统）在系
统中发挥着不同的功能，结构的本质是规范、规则、秩序，价值取向是系统建
构和重构的维续力量，是社会秩序形成的条件。③

　　作为方法论，帕森斯的结构功能主义有其局限性：一是帕森斯的理论过于
强调以"主流（正统）共识""共同价值"整合系统内部结构，过分重视社会系
统的政治意义，为稳固统治形态作辩护，以期建构社会互动的安定状态，维系
社会系统的稳定，而忽视了社会内部不可避免的冲突和不平等。二是帕森斯的
理论建立在分析和批判欧洲古典社会学理论之上，通过否定前者来肯定自己的
理论，具有明显的个人主观倾向。三是帕森斯的理论带有目的论色彩，在运用
其制造的眼花缭乱的概念分析真实生活的行动时，这些分析往往像是在卖弄零
乱的术语④，缺乏经验层次上的可操作性⑤。

　　为克服上述局限，提高制度设计的可操作性，这里将注重联系行政法的具
体规范和运行机制来讨论，并将同类别的个体归类化为特定法律术语，作为结
构功能主义的"单位行动"⑥，在法治界域中分析行政法系统内部结构的各自功能
定位。就正向价值而言，结构功能主义是契合我国当前行政法体系革新需要的
针对性分析方法。首先，该分析框架的政治性与行政法性质相适应。作为公法，

---

① ［澳］马尔科姆·沃特斯：《现代社会学理论》，杨善华等译，华夏出版社 2000 年版，第 119 ～ 125 页。
② 叶克林：《现代结构功能主义：从帕森斯到博斯科夫和利维——初论美国发展社会学的主要理论流派》，《学海》1996 年第 6 期。
③ ［德］阿图尔·考夫曼、［德］温弗里德·哈斯默尔：《当代法哲学和法律理论导论》，郑永流译，法律出版社 2013 年版，第 405 ～ 407 页。
④ ［澳］马尔科姆·沃特斯：《现代社会学理论》，杨善华等译，华夏出版社 2000 年版，第 124 页。
⑤ 杨方：《论帕森斯的结构功能主义》，《经济与社会发展》2010 年第 10 期；李猛：《从帕森斯时代到后帕森斯时代的西方社会学》，《清华大学学报（哲学社会科学版）》1996 年第 2 期；窦金波：《帕森斯的"结构—功能主义"之探析》，《济宁学院学报》2010 年第 4 期。
⑥ 例如，政府、社会公共组织、企业和公民统一纳入"政府治理主体"范畴。

行政法是涉及国家机构设置和行政权行使的法律，调整的是具有政治性的法律关系，行政法领域的争论实质是政治论争的延续。[①] 其次，结构功能主义的系统方法有益于行政法体系渐进、有序的革新。行政法体系是社会体系的子系统，是由一定的规范和价值引导运行、不同单位结构组成的系统。法律是社会秩序规则，行政法体系革新要尽量减少对社会秩序的负面影响，而结构功能主义的目的就是在确保社会安定的前提下改良社会。再有，结构功能主义的功能导向有助于建构面向行政的行政法。功能是理解所有生命机体的中心概念，社会体系是开放性的体系，社会系统是具有整体功能的内部组织体系。[②] 在功能导向下，行政法学的研究重心将从"行政法是什么"转向"行政法能够做什么"，关注行政法与公共行政的互动关系，这符合现代行政法的发展趋势。

## 二、行政法体系的结构功能主义解读

### （一）行政法体系与结构功能主义

以行政法的调整对象是行政关系抑或监督行政关系，及相应行政法律规范和原则为分析基础[③]，行政法体系包括三部分：行政机关具有的权力、行使权力的法定要件以及对不法行政行为的补救[④]，即行政组织（主体）、行政行为和行政救济[⑤]。这是学术上对行政法作为一门独立学科和主要法律部门的理论建构，是行政法体系的静态描述。但是，帕森斯理论研究的是社会系统的动态互动，且是通过两个方面的互动来阐释功能在系统中的中心地位，即一是社会系统存在于环境之中并对环境起反应，二是社会系统各组成部分的相互关系。[⑥] 从动态上看，行政法是在法的运行系统中生成和实施，并在此过程中发挥其制度功能，而且这一运行过程反映出行政法与公共行政（外部环境）之间、行政法内部各结构之间的关系。因此，借助结构功能主义的分析框架并从法的运行维度，这

---

① ［英］马丁·洛克林：《公法与政治理论》，郑戈译，商务印书馆 2002 年版，第 7～9 页。
② ［美］玛格丽特·波洛玛：《当代社会学理论》，孙立平译，华夏出版社 1989 年版，第 134～135 页。
③ 罗豪才、湛中乐：《行政法学》，北京大学出版社 2012 年版，第 32～33 页。
④ ［美］伯纳德·施瓦茨：《行政法体系的构成》，刘同苏译，《环球法律评论》1989 年第 3 期。
⑤ 姜明安：《行政法与行政诉讼法》，北京大学出版社、高等教育出版社 2015 年版，第 40 页。
⑥ ［美］玛格丽特·波洛玛：《当代社会学理论》，孙立平译，华夏出版社 1989 年版，第 134 页。

里将行政法体系解释为由立法、执法、司法（监察）子系统组成的动态系统[①]，维系子系统之间相互关系的价值规范是行政法理念，而系统的整体功能就是塑形特定治国理政理念下的行政法律秩序。

### （二）传统行政法体系的结构功能分析

行政法是依法治国的产物，法治要求政府行为必须以法律形式作出，因为在人民主权原则和社会契约学说下，法律是公民或者其代表制定的。[②] 行政权源于法律，行政主体依照行政程序作出行政行为，法院适用法律对行政行为进行合法性审查并救济权利。这就是斯图尔特概括传统行政法运行的"传送带模式"。通过 AGIL 图式来分析这一模式（如图 4-1），可以发现立法承载了"适应"功能（A），即将行政权、政府职能、公共行政目标等写入法律，为行政主体活动提供正当与合法的资源和手段；执法是政府依据法定权限与程序的行政，以实现公共行政目标，即具有"达鹄"功能（G）；司法具有解决行政活动所产生争议以维持子系统团结的"整合"功能（I）。作为维持系统独特模式的行政法理念（L），则直接受到治国理政理念的影响。

| A<br>立法子系统 | G<br>执法子系统 |
|---|---|
| I<br>司法子系统 | L<br>行政法理念 |

图 4-1　行政法体系结构

在制度设计上，我国沿袭了传送带模式，不过立法、行政和司法的现实作用具有中国特色。在政府管理中，行政法理念秉持着秩序和效率优先的理政理念，立法机关是代表民意的政治机构，法律是民意的提炼和表达，行政机关严格执行法律，就透过立法的民主性而具有了正当性，法院审查行政行为本质上是维护政府活动的合法性，因此行政法的主要功能是为行政权提供形式上的合法性解释和评价，防止权力异化。政府管理理念通过法的适用转变为以秩序和效率为特征的行政法律秩序（如图 4-2）。

---

① 作为国家政治机关，国家监察委员会的功能是监督，它与司法审查的功能是近似的。二者区别在于，司法是通过权利救济方式监督政府，监察委员会是以权力监督方式来规范行政权运行。

② 王名扬：《法国行政法》，北京大学出版社 2007 年版，第 25 页。

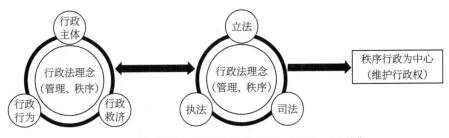

图 4-2　管理理念下行政法体系的"结构—功能"

## 三、治理变革中传统行政法体系的结构失稳

随着社会系统的进化和复杂化，政府活动范围不断扩大，但政府能够运用的资源和手段又有限，使之往往难以全方位应对复杂的公共事务，导致政府失灵的状况频繁发生。政府治理变革是为应对管理危机而推行的公共行政改革，目的是探索建立有效发挥政府、市场和社会三者优势互补的合作机制，通过合作来优质高效地供给公共产品和服务，实现社会秩序的安定，达至公益与私益之间最佳均衡状态。政府理政理念由"管"转向了"治"，政府权能由垄断向共享、由直接向间接转型、组织结构趋向扁平化、行为目标追求效率但更讲求公平，同时将民主引入行政过程，政府注重寻求与社会、市场共治公共事务，从而推动了行政过程的治理主体多元化、治理目的合理化、治理行为多样化。

行政法系统存在于公共行政之中，公共行政变革必然会打破规范和解释公共行政的行政法体系的稳定性，而法对变革的规范与解释力不足，又会使变革失去法治保障，陷入法治困境。在治理变革中，行政法体系结构失稳的主要表现为：一是立法与行政之间关系失稳。传统政府管理是透过"行政合法性"来证明"行政正当性"，这是形式合法化的正当性，即判断行政的正当性标准是行政是否依据法律作出。[1] 在"民主赤字"的拷问下，治理变革将民主引入行政过程，市场和社会主体不仅可以参与执行行政任务，还可以与行政机关平等协商制定规则，这就为行政活动的过程和结果提供了民主正当性。如此，立法不再是行政机关获取制定和实现公共目标的资源和手段的唯一途径，行政机关在民主正

---

[1] 王锡锌：《行政正当性需求的回归——中国新行政法概念的提出、逻辑与制度框架》，《清华法学》2009 年第 2 期。

当性下亦可从市场和社会中得到更为丰富的资源和手段。二是行政与司法之间关系失稳。德国学者胡芬曾言，如果实体性公法的高度专业化知识不涉及行政诉讼法，并借此获得相关解释和实现，这些知识毫无用处。[①] 行政与司法（行政救济）之间链接的重要性无须赘言。在传统行政法中，行政行为理论是法官审查涉案行为是否属于行政诉讼受案范围，以及进一步审查行为合法性的进路和标准。然而，治理变革下的政府治理行为形式多样，既包括传统公法行为，又吸纳了公私混合行为、私法方式，传统行政行为理论已经无法解释当代政府的所有活动。三是行政法理念的转向压力。国家治理体系和治理能力现代化是全面深化改革的总目标，它标志着我们党治国理政理念由"管理"向"治理"的转变，旨在建构政治国家与公民社会之间的新型关系，实现政府与非政府主体的合作共治。这必然要求改变政府管理模式中行政裁量权过大、过分追求秩序和效率等制度安排，转向控制行政权和引导权力规范运行的制度设计，并在法秩序下营造自由环境，使公众能够自由民主地共治公共事务，共享公共福祉。行政法理念是维持系统模式和张力调控的潜在力量，其自身都面临着转向压力，说明其已无力维持各子系统之间的关系稳定。

## 四、结构回稳与行政法体系的功能转换

结构失稳会使系统无法发挥应有的功能，但是社会系统会不断提升适应外在环境持续冲击的能力，帮助结构回归稳定状态。在这一发展观指导下，帕森斯提出社会发展过程中原位置相对确定的子系统会分化出诸个单元或系统，其结构和功能均不同于更大的母系统，但若新分化的单元或系统比原先的适应能力强，价值规范会对正向分化予以确认，分化结果将包容进新社会系统中，社会系统便进化到一个新阶段。[②] 因此，结构失稳是社会系统由简单向高级进化变迁的进程表现。

在治理变革下，行政正当性来源、公共行政主体、行政活动方式、公共行政目标等都呈现出由一元向多元的分化，行政法结构回稳必然要求新系统能够

---

① ［德］弗里德赫尔穆·胡芬：《行政诉讼法》，莫光华译，法律出版社 2003 年版，第 4 页。
② 叶克林：《现代结构功能主义：从帕森斯到博斯科夫和利维——初论美国发展社会学的主要理论流派》，《学海》1996 年第 6 期。

包容分化的结果，而系统包容的前提是子系统不会因分化而结构失范。换言之，子系统先包容了自身的分化结果，使分化处于结构（秩序）的可控范围内，从而确保分化的过程和结果不会导致系统的整体性动荡或者崩溃。以行政正当性来源为例，在协商与合作的治理过程中，立法要维持作为行政法体系适应公共行政的功能，必须重塑结构而将行政的民主正当性纳入立法的规范系统。因此，立法、执法、司法（监察）子系统必须在政府治理理念（L）下进行重构，转变各子系统在母系统中的原有功能，促进子系统之间关系回归稳定。

一是"适应功能"要求立法由积极转向谦抑（A）。在人民主权和议会民主下，立法形成的法律代表了主权国家的人民意志，行政必须为实现该意志服务。[①]传统体系中行政只有严格执行立法机关制定的法律才具有合法性，这是"形式主义法治""严格规则主义法治"控制行政活动的基本逻辑。[②]立法控制行政的合法性来源，必然要求其对行政领域积极制定法律规范，否则行政会无所适从。在我国人民代表大会制度下，立法本应发挥积极的作用，但由于当时社会主义法律体系尚未建成，所以立法往往表现为对行政主导下改革成果的确认和服务。[③]立法要使行政法体系适应公共行政变革的现实要求，就不应消极被动而使行政无法可依，但是当代公共行政的多样与复杂又远远超出了立法机关的能力，使之无力以法律规范全部行政活动，且在治理变革下，行政不再是单纯地执行法律管理社会，政治与行政的界限日益模糊，行政的民主正当性使之在确定公共目标、行政方式选择等方面都拥有了更多自由裁量的权力，因此立法对行政的控制应转为宽泛的目的性指引，而将公共目标实现方式的选择判断交由行政机关权衡。申言之，立法应当谦抑对待行政，除非必须以法律规制行政来守护法治权威。这不是否定立法的重要地位，立法作为规则制定者的"自由的脚"不可能被其他国家权力"束缚"，其决定仍可能是最终的决定。[④]

二是"达鹄功能"要求行政由消极转向积极自主（G）。传统体系中的行政是消极地执行立法指令，法律对行政主体、行为方式与程序、法律后果及司法审查都有着较为明确的规定，公权力只能依据普遍的、事先确定的标准和固定

---

① ［德］魏德士：《法理学》，丁晓春、吴越译，法律出版社 2005 年版，第 100～101 页。
② 王锡锌：《自由裁量与行政正义——阅读戴维斯〈自由裁量的正义〉》，《中外法学》2002 年第 1 期。
③ 石佑启：《论立法与改革决策关系的演进与定位》，《法学评论》2016 年第 1 期。
④ 王书成：《合宪性推定与塞耶谦抑主义——读〈美国宪法原则的起源和范围〉》，《政法论坛》2011 年第 5 期。

的规则来发挥作用。20 世纪以来，行政对市场和社会的需求回应，使行政作用之疆域不断扩展，但并未改变行政正当性对立法的依赖。例如美国学者斯图尔特提出的"利益代表模式"，也是在传统模式中吸纳了利益代表参与行政过程。①在我国政体中，人民政府是执行机关，行政应当是执行权力机关的法律来管理社会，而政府管理中行政表现的积极自主，主要是因法制尚不健全所致，这不同于治理理念下行政的"积极自主"。治理变革下行政的民主正当性，使政府有理由要求立法给予更多的尊重，而且政府面对的当今公共问题，如金融管制、环境污染、恐怖主义等，已不再是简单地执行法律所能解决。行政要达成系统目标，就需要针对具体的行政任务，积极自主地开展工作。诚然，治理之下的积极自主行政仍是权力的运用，因此在极大赋予政府、市场和社会协商合作处理有关公共事务的自由权力之时，必须重视行政程序和责任机制的建构。

　　三是"整合功能"要求司法由被动转向能动，并创立监察委员会以强化监督（I）。司法的任务是适用法律解决矛盾纠纷，保证依法公正对待诉诸司法的个体权益，这一使命要求司法必须在争端双方之间严守中立无偏的地位。司法的中立性决定了司法权运用的被动性，即所谓的"不告不理"。因为如果法院主动地启动诉讼程序，或者主动将某一纠纷纳入司法审理范围，事实上是帮助当事一方对抗另一方，司法就会丧失裁判者的中立立场。司法的能动性主要是为克服法条主义的根本缺陷，主张司法活动是社会目标实现的组成部分，不应当把将法律或者先例作为当然的唯一规范，而应当充分考虑和平衡案件涉及的规则、价值和利益，灵活运用司法技术以有效、自为地作出裁判。② 能动司法并不否认司法的被动性，而是强调在法律原则和规则之下，通过合理行使裁量权和解释法律，运用司法资源和措施落实国家工作大局，推动社会治理机制健全。③治理变革之下行政的积极自主作用突出，司法的形式审查已很难有效评价政府治理过程和结果的合法性。司法活动要适应国家政治统治的总体要求，就必须依据法律、法规等硬法规范，又参考合意规则等软法规范，实质性审理行政活动，关注公共行政目标实现过程的合理性和合法性，积极保护公民权益，合理平衡公益与私益，协调各方关系，有效化解行政纠纷，促进公共目标的最优化实现。

---

① ［美］理查德·B. 斯图尔特：《美国行政法的重构》，沈岿译，商务印书馆 2002 年版，第 68～69 页。
② 顾培东：《能动司法若干问题研究》，《中国法学》2010 年第 4 期。
③ 公丕祥：《当代中国能动司法的意义分析》，《江苏社会科学》2010 年第 5 期。

鉴于历史与现实的原因，我国在人民代表大会制度之下创设监察委员会，将党的纪律检察机关与行政监察、检察机关的反贪污贿赂局等机构整合起来，形成以党的政治权威为后盾的国家监督体制，集中反腐资源监督权力行使者，形成以权力监督权力的制衡机制，这是支撑以权利监督权力的司法审查的支撑性法治力量。

由此可见，在治理理念下，立法、执法、司法（监察）子系统的作用指向表现为：关注行政的形式合法性、更强调行政的民主性、理性和实质正当性，恪守制约行政权的底线、更倡导发挥行政权的建构性作用，注重立法与司法的外部调控、更侧重行政的内部自制，注意保护公共利益、更重视公益和私益的平衡以及公共福祉的整体增进。它反映出行政法体系对外部公共行政环境冲击的反应性调整，而子系统的作用转变会带动系统的整体功能转换，即以公共行政目标实现的最优化为目的，均衡发展公益和私益，共建共享社会福祉，推动行政法律秩序从以秩序行政为中心转向以服务行政为中心。然而，由于我国政府权力比较强大，政府治理变革成功与否的关键在于法律控制行政权的程度，因此可以将行政法体系功能进一步区分为"手段功能"和"目的功能"。行政法体系的"手段功能"是控制行政权，规范行政权运行，它是行政法的法属性之主要功能，"目的功能"是确保公共行政目的的最优化实现，这二者是行政法体系功能的一体两面、缺一不可（如图 4-3）。

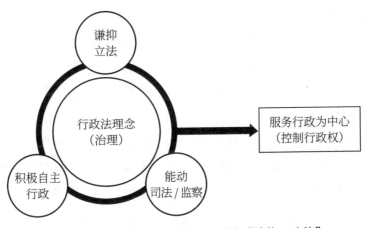

图 4-3　治理理念下行政法体系的"结构—功能"

## 五、功能转换下行政法的内涵式发展

行政法体系的功能是行政法内容（静态体系）建构的向导，而其功能转换亦会带动行政法内容的革新。从结构功能主义视角观之，这一革新表现为系统结构稳定之中的内涵式变革，它推动了行政法在下列原则指导下的新发展。

### （一）民主行政原则

民主行政原则是指政府在行政过程中以民主为基础，依法通过与社会公共组织、企业、公民的平等协商与合作来共同完成行政任务。民主行政是政府治理的核心，民主是行政正当性的源泉，因此民主行政原则理应成为治理理念下行政法的基本原则。这一原则具体包括以下内容：

其一，政府与社会公共组织、企业、公民之间协商合作的主体间性。主体间性是主体与主体关系的内在特质，即主体身份是主体与主体互相承认与尊重的结果，每个主体以自身为目的，又在一定程度上发挥着手段作用，彼此是目的又互相是手段，它揭示了交互世界中的交互主体性。在面对共同客体时，这些主体构成了共同主体。[①] 主体间性揭示了民主行政的本质，即政府与其他主体之间的平等交互性，且在合作完成行政任务时是一个共同主体。

其二，民主行政的前提是依法行政。这里的"依法"是强调民主行政应当兼顾形式法治和实质法治，不得违反国家制定的硬法，也不得违反法律保留、法律优先等基本法理、公共政策、行业标准等软法规范，以及行政协议、私法契约等合意性约定，但不强制要求民主行政必须有具体的法律依据。

其三，以行政任务为导向的协商与合作。政府应当坚持任务导向，根据行政任务的具体内容、可资利用资源、社会舆情等情况，选择最适宜实现行政目标的民主共治方式。

其四，行政过程的开放、参与和回应。在政府治理过程中，除法律规定不应当公开的事项外，其余均应当完全公开、透明。开放是参与的前提，参与是民主行政的具体表现，它决定了民主在行政过程中实现的质量，必须贯穿于行政权运行的全过程。社会公共组织、企业和公民不仅可以参与实施行政措施，

---

① 郭湛：《论主体间性或交互主体性》，《中国人民大学学报》2001 年第 3 期。

还可以参与行政决策和规则的制定。政府对其他主体的参与必须积极回应，保证参与的有效性和真实性。

### （二）行政正确原则

行政正确原则是指行政法既要保障行政活动的形式合法性，又要建构政策目标和行政方式选择的匹配机制，保证行政目标的最佳实现。我国是政府主导的治理模式，形式合法性的制度逻辑对行政法治建设仍然具有相当的现实价值和政治效用，但是当代行政活动的正当性和合理性已经很难仅以形式法治的话语来解释，这需要引入行政正确原则整合行政的合法性与最佳性。该原则的内容包括：

其一，形式合法是行政正确的底线要求，行政活动不能脱离法律确定的权力限度和程序规则。

其二，公共行政目标的最优化实现是行政正确的目的。为达成这一目的，它要求公共政策目标确定的科学性、合理性，完善政府主导下专家论证和公众参与相结合的规则制定机制，又要求法律促进治理工具创新，以及授权政府自由选择行政任务的执行方式和程序。

其三，行政正确是政绩正当性的保障。政府推动经济和社会发展，不断提高物质和精神文明水平，应当坚持以人为本，重视提升人民群众的获得感，促进公共福祉的均衡共享，使改革发展的成果惠及人民群众，不能为经济而发展经济，更不能为了个人政绩而刻意追求发展速度，破坏生态自然和社会生活环境。

### （三）责任导向原则

责任导向原则是指以责任为中心对公共权力进行控制，规范和指导权力运行。政府治理对传统管理模式的最大变革是公共权力向社会公共组织和私人主体移转，形成了多元主体分享权力的格局。在这一背景下，法律的主要作用从为公共权力和国家干预的新扩张提供合法化证成，转向使公私混合、私人行政和通过市场等方法实现公共利益目标的合法化。[①] 但是，法律又不可能全盘规定

---

① ［美］阿尔弗雷德·C.阿曼：《新世纪的行政法》，［新西］迈克尔·塔格特编《行政法的范围》，金自宁译，中国人民大学出版社 2006 年版，第 112 页。

行政机关必须采取的行政方式及其适用范围①，特别是公私混合的新行政方式②。其后果是权力运行及其效用施展更为隐蔽，行政自主和裁量权更大，责任界限日益模糊。因此，行政法应当在责任导向原则下重构公共责任机制，至少要求：

其一，权责一体性。权力的设定必须配置对等的责任，其类型既包括传统的公法责任，也包括私法责任，以及公、私混合责任。责任的配置不应当是无限的，责任的无限会扼杀权力的创新性与活力，责任的合理限度要求权责并行、形成威慑、有过必责。

其二，国家担保责任的创制。协商制定规则、公私合作、私营化等治理方式是政府将国家履行职责转移给了市场和社会，由此形成的责任"空位"应当以国家担保责任来填补，并明确双方违约责任、损害第三人权益的赔偿责任等责任分配问题。

其三，国家监督责任的确定。整合国家监督机制，有效发挥检察监督作用，强化对行政机关及其工作人员不作为或者违法作为导致公共利益受损的责任追究。

### （四）行政自制原则

行政自制原则（又称"行政自我控制原则"）是指政府对行政违法或者不当行为所作的预防、发现、遏制、纠错、改进等自我控制，确保行政权合法、合理、高效地运行。③当代行政任务覆盖了秩序维持、经济发展、环境保护、民生保障等诸多领域，任务的繁杂要求权力的增长。④但是，立法机关在大多数情况下已经不能或者不愿意集中资源来制定法律规范行政，而是给予行政机关以宽泛的授权。伴随权力的增长和权力作用形态的多样化，规范和引导行政权运行的机制建构变得尤为重要。我国是政府主导的行政法治发展模式，对行政权的规范与引导不能仅依靠立法机关和司法机关，更需要行政机关内部的自我规范、约束和监督。⑤与政府治理相适应，这一原则主要有以下要求：

其一，法治变革政府体制。协商与合作的治理模式要求改革封闭的管理体制，

---

① ［美］理查德·B.斯图尔特：《美国行政法的重构》，沈岿译，商务印书馆2002年版，第38页。
② 黄学贤：《行政法中的法律保留原则研究》，《中国法学》2004年第5期。
③ 崔卓兰、丁伟峰：《治理理念与行政自制》，《社会科学战线》2016年第3期。
④ 于立深：《多元行政任务下的行政机关自我规制》，《当代法学》2014年第1期。
⑤ 崔卓兰：《行政自制理论的再探讨》，《当代法学》2014年第1期。

建立开放、包容、结构扁平的行政组织结构，这一改革应当置于行政法规范下，依法科学配置权力和规范简政放权，确保行政组织的法定，有序推进公共权力社会化。

其二，行政的程序规制与理性行政。程序规制是行政自制的核心。从规则制定、决策到具体执行的行政过程都应当设置相应的程序，用程序联通内部行政与外部行政。行政程序应当是政府与市场和社会协商与合作的平台，使民主行政"看得见"。行政程序的目的是规范和引导行政权运行，保证公众意见的充分表达，促进行政的理性化。

### （五）双重审查原则

双重审查原则是指司法审查行政活动的形式合法性之时，应当对行政的合理性与合目的性进行审查。在政府治理变革之下，司法审查对行政的形式合法性控制已经落后于现实需求，但是司法审查在行政法律制度的重要性并未降低，而是拓展至对行政过程的监督与权利救济。这一原则要求法院在个案审理中注意以下事项：

其一，民主行政的正当性审查。法院应当对协商与合作的规则、制度环境、参与的利益代表结构、商谈内容等行政过程进行审查，保护公民参与权，保障行政的民主正当性机制的正常运作。

其二，行政过程的程序审查是重点。司法审查行政程序的优点是，既可以减少对行政灵活性和效率的干扰，又能实质性监督行政活动，因此亟须尽快制定行政程序法。

其三，协商制定的规则、公共政策、行业标准等应当成为司法审查的对象，经合法性审查后，对于不违背法律、法规或者规章的，可以用作案件裁判的说理依据。

其四，司法审查的目的是在形式合法性的前提下保障行政目标实现的最佳性。司法应当充分运用公法和私法手段，均衡保护个人权益和公共利益，实现公共福祉的普遍增进与共享。同时，对于个案审理中发现的问题，法院可以通过司法建议等方式告知政府，推动政府治理方式的改进和创新，再造政府治理。

## 第二节　行政主体多元化的行政组织法建构

### 一、政府职能定位与机构设置的组织法定

政府、市场和社会协商合作的政府治理模式建构，首先要厘定政府职能界域，它是政府活动的逻辑起点，无论是政府内在维度的体制变革，还是外在维度的合作共治，都取决于政府职能的现代化定位，关键是要建成合理的政府职能和权力结构，这是行政组织法和政府治理的共同使命。

政府治理的内在维度变革是对政府职能与机构的调整。政府职能法定化要求，政府的设立、职能定位、组织结构和权力范围都应当以法律规定，通过法律来优化政府职能，以法律巩固政府职能优化成果。① 我国法律也明确规定政府体制改革属于法律保留事项。不过，宪法和立法法的规定通常较为抽象和原则，作为宪法的实施法，行政法必须具体化宪法性规定。行政组织法是规范政府职能、机构组成和权力配置的基本法，而政府体制改革对政府职能和组织机构的调整，也理应纳入行政组织法的规范范畴。在内容上，行政组织法包括了规范政府设立及其职能职权的行政机关组织法、规范政府机构及其人财物规模的行政编制法和规范行政机关组成人员的国家公务员法。② 与政府内部治理结构的变革相适应，在宪法框架下，行政组织法应当加强以下制度建构。

---

① ［德］哈特穆特·毛雷尔：《行政法学总论》，高家伟译，法律出版社 2000 年版，第 114～118 页。特别权力关系是德国等大陆法系国家的行政法中的重要理论，它认为行政法是调整国家与公民之间一般关系的法，而行政机关的组织关系属于政府内部事务，是一种特别权力关系，应由行政规则自行调整。1972 年联邦德国宪法法院在一份关于刑罚执行的判决中突破了特别权力关系理论的拘囿，法院认为监狱与被关押人之间是特别权力关系，但是对被关押人基本权利的限制，必须根据法律，而不是内部行政规则。在这一认识的推动下，不仅基本权利需要实体法保障，保护基本权利的相应组织和程序也应以法律规范，因此法律保留原则应适用于行政组织的建构。
② 马怀德：《行政法与行政诉讼法》，中国法制出版社 2007 年版，第 92 页。本书采用狭义上行政组织法的界定。最狭义的行政组织法仅指国家行政机关组织法。广义的行政组织法包括中央行政组织法、地方行政组织法、其他行使行政职权的组织的法律、行政机关编制法和公务员法。

### （一）政府职能与权力的配置法定

政府职能定位、权力配置和组织机构形态是相互关联、相互作用的制度安排，是政府治理内在维度变革的对象。政府职能优化是政府体制改革的核心，政府组织机构是政府职能和权力的载体，是改革成果的具体体现。政府职能定位的本质是划定政府权力的界限，厘清各级政府之间、政府各部门之间以及政府与市场、社会之间的关系。但是，传统行政组织法对政府职能的规定过于原则，授权政府改革职能和组织机构的权力过大[①]，致使政府职能和组织机构的设定与改革的法律规范不足，政府职能"不到位、缺位、错位、越位"的弊病尚未彻底根治[②]。在政府治理变革下，政府的政治职能由垄断转向共享、经济职能由直接干预转向间接调控、社会职能由管制转向主导，这一转变优化必须以法律为依据，同时要将政府职能变革成果体现于法治政府建设之中。[③] 在政府与市场的关系上，政府法定职能是政策引导和市场监管。政府应当尊重市场自生秩序对资源配置的作用，减少对市场的直接干预，着力于完善市场法律体系，服务于市场有序和创新发展。在政府与社会的关系上，由于我国社会发展的阶段性问题，政府承担着主导社会发展与建构社会自治的双重任务，必须以引导、培育和监管为法定职能，明确政府和社会公共组织合作供给公共产品的范围与责任，建立社会有序成长与政府渐进退出的良性互动。政府职能调整必然会出现行政权和组织机构分化与组合、人员流动等多向运动，因此必须强化法律的约束和保障。

政府职能依托政府权力发挥作用，权力配置法定又是政府职能和组织结构法定的基础和归宿。首先是政府纵向职能和权力配置的法定化。在宪法和宪法性法律下，以集权和分权制衡的原则，明确规定中央和省级政府、地方上下级政府之间的行政权限，用法律固定各级政府的权力、利益、责任和义务，规范政府组织机构形态和机构改革程序，除法定事由且经法定程序之外，各级政府的职能定位和权力范围均不得随意更改，同时要为政府之间权限争议的提供法律解决途径，从而建立层级明晰、权责对等、诉求畅通的新型政府间法律关系。

---

① 值得肯定的是，国务院及各部委自 2013 年以来为明晰各自职能所作的工作，如《国务院工作规则》(国发〔2013〕16 号) 的第 3 章中规定了国务院 5 个方面的职能。

② 杜钢建：《行政法治：政府改革的制度保证》，《中国行政管理》2003 年第 4 期。

③ 杨晶：《以加快转变政府职能为核心 深化行政体制改革》，《行政管理改革》2014 年第 3 期。

政府内部纵向维度变革的关键是事权调整，它属于法律分权范畴①，即以法律明确中央与地方、上下级政府之间各自事权和共享事权的范围，使之关系法定化。通常而言，涉及国防、外交、国家安全、国家统一市场规则等国家整体利益的事务，由中央政府负责；部分社会保障、跨区域重大项目建设等事务，可由中央和地方政府共同负责；区域性公共服务、城乡建设与管理、环境保护等地方性事务，由地方政府负责。②这要求加快修订《国务院组织法》，明确中央政府组成部门的职能和规模，明确领导职数和人员编制，确定内部机构的设置条件和程序，以此来确认国务院机构改革成果，带动地方政府组织机构的法制化建设，以及为适时制定国务院各部委和直属机构的组织法规奠定基础。同时，要制定独立的地方政府组织法，明确地方政府调整部门职能和权力配置的权限，用法律改变职责同构的政府组织结构，建设适应地方发展需要的职能部门，并确立权力机关对政府机构改革的监督权，要求政府组成部门、直属机构、派出机构设立、撤销、合并的，应当由同级权力机关批准，并报上级政府备案。通过健全中央与地方政府组织法，探索建立中央政府与地方政府、地方上下级政府之间稳定且高效的组织法律关系，增强各级政府的内聚力和下级政府的向心力，形成中央有权威、地方有活力的良性政治生态。

其次是政府横向权力优化和组织机构扁平化改造。在政府职能和纵向权力配置优化基础上，以解决职责混同、各自为政为目标，重组优化同级政府部门之间职能相似、性质相近的行政权，建立行政权相对集中的职能部门。同时，政府内部权力结构优化，要求压缩权力决策到任务执行的空间，建立独立的监督部门，从而形成决策、执行和监督相互制衡的扁平化组织结构。这一改造主要涉及政府机构设立、撤销或者合并的编制变动，即要求政府编制法定化。但是，我国目前尚未制定行政编制法，编制管理主要依据是行政法规，政策仍是政府体制改革中机构设置的重要依据，致使政府编制的系统性和法制化程度较低。因此，必须尽快制定行政编制法，科学设定政府机构编制标准、领导职数和人员配备定额③，以保障政府机构的扁平化改造。与政府治理相对应，行政编制立法应当坚持法定原则与弹性原则的有机统一。编制法定是指行政编制权应

---

① 石佑启：《我国行政体制改革法治化研究》，《法学评论》2014 年第 6 期。
②《中共中央、国务院关于地方政府职能转变和机构改革的意见》（中发〔2013〕9 号）。
③ 石佑启、杨治坤：《法治视野下行政体制改革探索》，《宁波大学学报（人文科学版）》2008 年第 4 期。

当由法律规定，政府必须依法调整部门编制，确保编制的稳定性。同时，由于政府与市场、社会合作共治的动态性，政府职能往往处于向市场、社会移转或者回收的变化中，使得政府对机构组成和人员配备的需求动态变化。因此，政府编制的标准和结构必须具有弹性，编制总额中可以有相对灵活地调整比例和幅度。

值得强调的是，党政关系法治化是政府体制改革和职能法定的关键。党政关系是宪法性关系，广义上属于行政组织法治化的重要内容。[①] 如前述，我国中央行政体制改革的启动过程已具有政治惯例的特性，这一秩序形态虽无法律规定和国家强制力的后盾，实际上却影响着国家政治生活，发挥了引导政治实践的规则效力。政府体制改革需要党的政治权威与国家权力的有机统一，这就必须将党领导改革的依据从政策转向法律，坚持依法执政，因为法律不仅比政策有着更强的正当性和稳定性，而且法律本身即是政治权威和国家权力的融合体。在法治化党政关系下，应当制定党领导政府治理体制变革的相关党内法规，明确中国共产党作为执政党在国家和社会事务中的领导权，形成党领导政府体制改革的法律秩序，确保改革内容以党的方针和政策为指导，理清党组织和政府部门的职权界限，建立党委领导改革方案设计、论证、审议、决定的工作机制、党委与政府在改革设计过程中的协商机制和争议解决机制、改革方案由党的政策经政府提交权力机关或者政府自行立法制定法律法规的转化机制，以及规定党委领导人员在政府体制改革中的法律责任，对抵制、干扰、破坏改革等渎职行为和不作为、改革失败等失职行为均应追究相应的政治和纪律责任，从而实现党领导政府体制改革的规范化、程序化和透明化。

### （二）政府职能与机构改革的程序法定

程序是政府治理内在维度变革的法治路径，是执行改革任务的规则依据，是社会公共组织、企业和公民有序有效参与改革的制度保障。政府体制改革主要是对职能和机构的调整，其执行程序包括改革方案的立项、调研、起草、论证、审议、批准、实施等环节，本质上是政府体制改革权的行使。

理论和实务中对政府体制改革程序的制度设计有不同观点。有学者建议，

---

① 金国坤：《国家治理体系现代化视域下的行政组织立法》，《行政法学研究》2014 年第 4 期。

在行政组织法中规定改革的程序。[①] 有的认为，政府体制改革方案的执行本质上是行政权的运用，所以相关程序规则应当规定于行政程序法中。在实践中，《湖南省行政程序规定》将政府管理体制改革列为重大行政决策，并要求适用与之相关程序。笔者认为，政府体制改革程序应单行立法，理由是：一则行政组织法是维持组织系统稳定性的实体法，应当与变革组织结构的程序法相区别。二则行政程序法是规范政府行为的一般法，由于政府是改革的主要执行者，广义上行政程序法包含了政府体制改革的程序。但是，政府体制改革涉及政府与其他国家机关之间、政府与市场和社会之间的关系协调，这一程序具有特殊性。三则多数法治发达国家对政府体制改革也采取了单行立法的形式。因此，单行立法是必要且可行的。

从政府治理视角观之，政府体制改革的程序法应当包括一般程序、授权改革程序和协商共治程序三大部分。

首先是一般程序规则，即政府体制改革通常适用的程序，是改革方案从设计到实施的普遍性程序规范。它主要由三部分构成：一是改革设计的程序，即设计主体拟定政府职能和组织机构调整方案的程序。中央和省级政府可以设立专业的政府体制研究机构，负责政府职能和机构的理论研究、改革调研和草拟方案，研究人员可由专职和兼职人员组成，其中兼职人员应当是公共行政、公法学领域的专家。在方案拟定过程中，该机构应当对改革事项先行调研和论证，向社会公开征集意见，组织社会公共组织、企业和公民参与讨论，对争议较大、公众关注度高的事项，可以委托第三方形成意见。在草案拟定后，应当组织利益相关方进行协商，对方案不予采纳的意见，应以书面形式说明理由。同时，草案应当向政协、各民主党派、无党派人士等征求意见，充分听取各方建议，协商妥协以凝聚共识，确保方案的科学、权威和中立。二是改革决策的程序，即改革方案形成后提交权力机关审议讨论和批准的程序。对于已经成型的机构改革方案，明确由政府提交权力机关讨论决定，同时对审议标准、范围、异议表达和回应、表决票数、后果等内容也应有明确规定。需要说明的是，在设计和决策的程序中涉及党政关系的应当规定于党政关系法。三是改革实施的程序，即政府部门负责落实职能转变和机构调整方案的程序。就保证方案设计到执行

---

① 邝少明、张威：《论行政改革权》，《中山大学学报（社会科学版）》2002 年第 6 期。

连续性而言，可以由草拟方案的机构负责具体落实，同时设置层级和部际协商合作机制，由该机构负责组织和联络工作，促进纵向、横向部门之间的协商合作。此外，对于机构改革中出现的职能脱节或冲突，导致部门之间争议的，可由省级政府法制部门以书面或听证方式来处理。

其次是授权改革程序。[①]较之于一般程序，授权改革是政府体制改革的特别程序。政府体制改革的合法化路径不是只有先修法、后改革的"一条道"，依授权改革也是赋予改革合法性的有效方式，但是授权必须在授权机关的权限范围内并依照法定程序作出。在程序法中，一是授权内容法定，即授权主体及其授权权限、授权行为要件、转授权、授权消灭等内容必须由法律规定。授权主体的设定资格必须遵循法治原则，所授之权必须在主体享有可授之权范围内。例如试点改革中，授权主体应当是全国人大及其常委会，因为试点改革往往暗含着对现有法律的突破，而国务院的授权范围应当受法律保留原则约束，其对法律秩序的改变是有限的。为了保证改革的及时性和灵活性，权力机关也可以特别授权国务院对试点改革进行规定，但必须明确限定特别授权的范围、期限，并禁止转授权。二是授权对象法定，即针对不同授权对象来规定授权步骤、所受之权的行使方式，使授权对象能直接有效行使所受之权。上下级权力机关之间、上下级政府之间、同级权力机关对政府的授权应遵循不同程序，特别要注重发挥省级权力机关作为连接顶层设计和改革实践的平台作用。全国人大及其常委会可扩大适用概括性授权范围，由省级权力机关通过地方性法规或者规范性文件具体化授权事项，或者授权地方权力机关以变通规定权，化解地方改革与上位法之间的冲突。

最后是协商共治程序，即政府体制改革过程的民主化程序。不同于政府管理改革，政府治理的内在维度变革要坚持民主行政原则，建立新型的政府与市场、社会关系，积极响应民愿，充分体现民意，搭建公民与政府体制改革之间良性互动机制。在程序法中，一是社会公共组织、企业和公民的主体地位法定。在政府体制改革中，主体性的社会公共组织、企业和公民是不同于行政相对人的。主体性意味着社会公共组织、企业、公民是以自身利益或者公共利益的表达者进入政府体制改革之中，在政府主持下，对政府提出的改革方案进行平等讨论，

---

① 罗豪才、宋功德：《坚持法治取向的行政改革》，《行政管理改革》2011 年第 3 期。

共同发现问题并寻找解决答案，同时对达成共识的内容，非政府主体承担相应责任，在国家、市场和社会的大环境中推进政府体制改革，实现政府内、外的交互合作。政府体制改革的相对人仅指与改革有直接利害关系的个人或者组织，它们是改革的消极被动参与者。对于非政府主体的选择标准，应当强调积极性、自愿性、代表性和具备必要的知识，综合考虑主体意愿、利益关联程度、代表范围和知识能力的标准。[①] 二是非政府主体的组织化，即程序上应当有助于不同利益诉求者建立有序的组织形态，无组织的民主是低效的、软弱的，同时要帮助弱势群体提供必要的物质、知识支持，确保协商的平等和效率。三是明确协商共治的途径和方式。在主体确定后，政府应当将协商内容、时间、地点、事项议程、讨论规则、获取相关资讯和专业人员帮助的途径、异议表达与反馈等事项提前告知参与者，同时通过媒体网络将上述内容和参与者予以公布。值得讨论的是，公众对政府体制改革是否享有动议权。从政府治理的主张来看，在党和政府启动改革之外，基于人民主权和以人为本的原则，公众应该享有该权利。至于动议提起人数、效力等，则属于技术性问题。四是协商的法律效力。政府与社会公共组织、企业、公民协商达成改革方案应当对政府体制改革产生实质性影响，必须建立相应的信息公开和意见反馈程序，尊重市场和社会的积极性，从而赢得公民对政府内部治理结构改革的认同和支持。

### （三）政府体制改革的监督与评价法定

政府体制改革的成效应当有法定的监督与评价机制，这是政府职能和组织机构法定的题中之义。然而，我国当前对政府体制改革的监督和评价均缺乏法定机制。诚然，这与改革存在不确定性风险有关，而且中国政府治道变革本身就没有现成的模板。为激励改革和创新，国家需要从思想和责任上放松对改革者的束缚，增强其积极性和能动性。这也说明在监督制度中建立容错机制的重要意义。

我国改革已经步入"深水区"和攻坚期，面对着坚实的制度化利益障碍，改革的意愿和执行力呈现出向下递减态势，改革动力亟待提升。政府治理的内在维度变革是政府主导的，政府是主要执行者和责任承担者，在整合"自上而下"

---

① 姬亚平：《行政决策程序中的公众参与研究》，《浙江学刊》2012 年第 3 期。

和"自下而上"双向执行动力时，更要以责任导向强化"自上而下"的改革力量，使政府想变革、敢变革和变革好。在监督政府体制改革方面，应当加快制定政府体制改革监督法来构建有效监督的新格局。通过立法，首先是明确国家监察委员会为改革监督机关。这是因为改革的监督机关往往是设定机关，它既符合人民主权原则，又能更好地推动改革进行，而国家监察委员会是由权力机关产生的，并且国家监察委员会是独立的专门监督机关，设立的目的就是解决"上级监督太远、同级监督太软、下级监督太难"、审计监督不独立等难题，监督范围也覆盖了所有行使公权力的公职人员。其次是将绩效考评监督作为政府体制改革的评估激励机制。政府治理内在维度变革结果必须通过一套科学合理的绩效评价机制来衡量，依此来确认改革成果、发现不足和奖励先进。这既使绩效考评有法可依，将之确立为法定监督方式之一，又为巩固改革成果提供了依据。对改革成果的积极评估，应以促进成果"入法"为目标，使依法改革和入法改革有机统一，用法治回应政府体制变革，使变法与变革相得益彰，保证政府治理内在维度变革的稳定与连续。最后是建立容错机制，对于不可抗力、改革中不存在失职、渎职行为等情况的应当免于追责，同时建立事前风险评估和预案备案制度，以及系统化纠错机制，从而为公务员创新改革提供宽容的制度环境。

## 二、行政主体多元化与行政组织法发展

### （一）行政主体多元化的比较法考察

行政主体是大陆法系中行政法学的概念，英美法系中通常是从行政权角度来直接描述现代行政的组织形态。[①]20世纪70年代，西方国家进入后福利国家时代[②]，放松管制、行政分权的治理范式革新，使得行政任务不再拘囿于秩序维护，转向注重服务和公共福祉的供给，而行政任务的完成也不再仅依靠公法上的组织和行为方式，更强调透过私法上的组织和行为方式来实现，这推动了行政主体由单一的政府向多元化主体的转变。各国法律并没有关于行政主体的定义性规定，政府以外主体是否纳入行政主体的范畴，只是对行政主体的概念理解问

---

① Leyland P, Anthony G, Administrative Law, Oxford : Oxford University Press, 2009, pp.32-72.

② 丁开杰、林义：《后福利国家》，上海三联书店2004年版，第475页。

题。<sup>①</sup> 各国较为一致的看法是国家和地方公共团体是行政主体,差异在于对授权、委派组织的范围和类型的理解不一。

在德国,行政主体有六种类型。<sup>②</sup> 一是国家。根据《德意志联邦共和国基本法》第 20 条规定,德国是联邦制国家,国家的权力来自人民,并通过立法、行政和司法机关行使国家权力。作为原始行政主体,国家由联邦和联邦各州组成,因此国家行政包括联邦行政和州行政。二是派生行政主体,即国家以高权行为设立,法律赋予相应职权,使之具有法律和组织上的独立地位。<sup>③</sup> 三是具有部分权利能力的行政机构,即根据公法设立且在授权范围内享有独立权利义务、自负其责地执行特定行政任务,但不具有法人资格的组织。四是被授权人,即国家以法律授权自然人或私法人,使之能以自己名义通过行政处理或者公法契约来行使所授职权。其组织形式是私法主体,但具有行政主体的功能。五是私法组织的行政主体。国家设立有限责任公司等私法人并授权其执行特定的行政任务,如有轨电车股份公司。六是作为行政主体的国民。这是从人民主权原则推导出的国民是行政权的主体。

在日本,行政主体主要分为三类,即国家、地方公共团体和其他行政主体(或称为独立行政法人、特殊法人)。<sup>④</sup> "其他行政主体"是指为实施特定的行政任务而设立的独立法人,它主要包括:一是营造物法人(行政法人),即国家或地方公共团体根据法律或特别程序出资设立,以私法企业方式经营的公共财团法人。例如,私有化前的日本国有铁道公社;二是公共组合,即由利害关系人组成的公共性社团法人,其享有行政职权和特殊待遇,接受国家监督,如农业救济团体;三是"延伸了的公共之手",即采取股份公司等私法组织形态,且不是根据特别法律规定设立,但实质上承担着公共服务任务的团体,如从事煤气、电力供给的特许经营的私人企业。

英美法系的行政法学以行政权和行政侵权的救济为研究对象,认为行政组

---

① [德] 哈特穆特·毛雷尔:《行政法学总论》,高家伟译,法律出版社 2000 年版,第 503 页。
② [德] 平特纳:《德国普通行政法》,朱林译,中国政法大学出版社 1999 年版,第 15 ~ 42 页。
③ 张源泉:《德国大学管理体制的演变——以〈高等学校基准法〉为线索》,《宪政与行政法治评论》2011 年第 0 期。例如,大学在德国是国家的设施、公营造物。2006 年《德意志联邦共和国基本法》的修订、2008 年《高等学校基准法》的废除以及《2020 年高等学校协议》的实施,虽扩大了大学的自治权,但并未改变国家与大学的关系,大学的自治依然是国家监督之下的自治。
④ 杨建顺:《日本行政法通论》,中国法制出版社 1998 年版,第 232 ~ 242 页。

织问题属于公共行政学的范畴，是政治学家研究的对象。[①] 因此，司法审查是划定公法范围和辨识组织性质的核心机制。在英国，高等法院传统上是根据组织的"权力来源"确定某一决定或行为是否属于司法审查的范围。换言之，如果权力源自成文法，就可适用司法审查；若源自契约等私法形式，就应排除行政法上的救济手段。1987 年的"达特芬案"（R. v. Panel on Take-overs and Mergers, ex parte Datafin Plc.）判决，成为组织性质界定标准由权力来源转向功能属性的标志性案例[②]，它明确了对于政府将公权力委派给私人主体行使的，法院可以进行司法审查。这意味着私人主体是行政诉讼的被告。在美国，最高法院认为私人主体在履行政府保留的公共职能时是公共主体，认定"公共职能"的标准是传统上与主权相关的、属于政府的排他性特权或者具有强制性的职能，或者私人主体受政府资助与援助，二者之间存在紧密关联。[③]

## （二）主体多元与组织法的功能导向革新

在我国，传统上行政主体的范畴包括行政机关和法律、法规授权组织。[④] 这与政府治理中多元主体的组织类型有重叠之处，但二者并非等同概念。我国行政法学理论认为，行政主体的资格要件是职权法定和组织形体。[⑤] 其一，职权法定是从权力来源上确定组织特质，即行政权必须由法律依照法定程序设立的组织在权限范围内行使。唯有在此意义上，行政主体是行政权的拥有者。对于没有法律、法规授权的社会公共组织，它们的权力源于成员让渡了自己的某些权利，根据组织章程或规约，这些组织也行使着某些公共权力，但是是否认定为行政主体是有争议的。[⑥] 如果以政府备案审查确认了权力载体的组织章程为由，将之视为法律确认的权力，那么社会公共组织在国家监督下行使公共权力，由此推论出社会公共组织是行政主体。这仅是逻辑上的推定，并没有解决它们的合法

---

① ［美］伯纳德·施瓦茨：《行政法》，徐炳译，群众出版社 1986 年版，第 2 页。
② ［英］默里·亨特：《英国的宪政与政府契约化》，［新西］迈克尔·塔格特编《行政法的范围》，金自宁译，中国人民大学出版社 2006 年版，第 34 ~ 42 页。这一判决没有完全否定以权力来源界分公、私组织。
③ ［美］朱迪·弗里曼：《合作治理与新行政法》，毕洪海、陈标冲译，商务印书馆 2010 年版，第 172 ~ 175 页。
④ 姜明安：《行政法与行政诉讼法》，北京大学出版社、高等教育出版社 2015 年版，第 86 ~ 118 页。
⑤ 杨海坤、章志远：《中国行政法基本理论研究》，北京大学出版社 2004 年版，第 180 页。
⑥ 社会公共组织行使公共权力有两个向度：一则对内部成员行使，即成员为获取某种公共物品而自愿让渡某些权利形成组织章程，该组织依据章程具有公共权力以约束成员行为；二则对外行使，即特定情况下，该组织依据章程对外部相对人行使权力。

性问题。如果将社会公共组织作为新的行政主体类型，就会突破传统行政主体范畴。同样在未经法律特别授权时，企业和公民个人行使公共权力也没有合法性依据的，不具有行政主体的资格。若政府与企业、公民以签订公法协议或者私法契约方式，将行政权委派给企业或公民以完成行政任务，也不具有合法性。其二，组织形体要求行政主体必须是组织体而不能是个人，且应具备一定的组织机构和工作人员，能以自己的名义独立行使职权和承担责任。政府治理中的公民个人显然不符合行政主体的这一要件。因此，以政府治理为参照，应当将社会公共组织和特定条件下的企业和公民均作为新的行政主体。

从制度功能角度观之，行政主体和行政组织法可以把所有完成行政任务的主体纳入其范畴。国家通过立法将行政职能分配给行政机关，并授其行政权以管理国家和社会的公共事务。[①] 行政主体、行政权、行政机关、行政组织、行政组织法，这些概念便构成了逻辑周延的和谐体系，行政组织法也成为调整国家行政组织（机关）的法。行政组织是承载行政职能处理行政事务的组织，公共性是行政事务的本质属性。因此，承担公共事务且运用公共权力的主体都可视为行政主体，并受行政组织法规范。

在功能导向下，行政主体应当包括政府、法律授权的社会组织和私人主体、社会公共组织。与之相对应，行政组织法应当将社会公共组织法纳入其中，建立起规范国家行政和社会公共行政的统一行政组织法体系。通过制定社会公共组织基本法，明确政府与社会公共组织之间关系，建立二者之间职能衔接机制，同时原则性授权社会公共组织处理公共事务的权限，规定社会公共组织的地位、权利和义务、职能、组织机构、法律责任等内容。对于特定领域的社会公共组织的职能，可以通过单行法予以特别授权，从而形成一般授权与特别授权相结合的权力来源规范。

功能导向的行政组织法可以将社会公共组织和私人主体作为调整对象，但要注意二者在政府治理和社会治理中的不同角色。政府治理强调政府与市场、社会的合作行动、优势互补以增进公共利益。社会公共组织和私人主体依据市场规则和社会规约自行管理市场和社会，则不属于政府治理范畴。当然，纯粹的社会自治极少存在，国家规制的社会自我规制是当代各国社会自治的主要形

---

① ［德］哈特穆特·毛雷尔：《行政法学总论》，高家伟译，法律出版社 2000 年版，第 497 页。

态。[①] 在政府治理界域内，组织法不是规范社会自治领域的社会公共组织和私人主体，而是规范二者与政府形成的主体结构。

功能导向的行政组织法关注以政府为基点的多元行政主体结构。政府在中国社会中的权威、权力和公民信赖度不同于西方国家。在政府主导多元主体合作共治的框架中，政府和行政权是必要组成部分。从行政相对方角度看，政府、社会公共组织和私人主体在特定行政任务中是一个整体，它的本质是以信赖和利益为合作基础的共同体，即通过合作治理，社会公共组织和私人主体获取了经济收益等私人利益，而行政任务的合作完成，使政府追求的公共利益得以实现。法律的任务在于制定价值准则以认可利益类型、确定被认可利益的保护边界、判断在给定案件中对有效法律行为予以限制的重要性。[②] 行政组织法研究多元行政主体结构，重点不是社会公共组织和私人主体的内部体系，而是要将之与政府为实现行政任务而联结成的共同体结构作为对象。作为行政组织法的法理基础，组织法的革新也需要行政主体理论从单个组织体延展至多元主体结构。

在组织法视域中，多元行政主体结构是一种关系结构，它在特定公共任务出现之后，促成政府、社会公共组织和私人主体之间合作而形成或者转换为具体组织或者个人。从生成过程看，这些新组织形态与政府、社会公共组织和私人主体之间是原初和派生的关系。主体类型化是组织法治的前提，这里按照一定标准对政府主导下多元治理主体结构的法律形态进行分类，以便于深入研究不同主体的特征及其法律问题。基于此，结合政府主导的内容和形式是否涉及行政权的授权或委托，将多元行政主体结构的拟制组织形态大致分为以下类型：

（1）公权力受托主体。它是指政府在特定公共事务中将行政权授予社会公共组织或者私人主体行使，这是与政府行为最紧密关联的合作共治。此处的"公权力"表明委托业务的高权特性，其委托范围不限于秩序行政，若给付行政中，受托主体享有决定地位，也可归入该类型。与行政委托情形不同，公权力受托主体在受托范围内是以自己名义行使行政权来完成行政任务。在行政法治下，政府委托行使公权力须有法律、法规的授权，委托机关通过契约来监管受托主体的行为。

（2）公私合作管理主体。它是政府透过社会公共组织、私人主体来管理社会和市场。上文虽为明晰政府治理和社会治理的界域竭尽全力，但二者确有重

---

① 高秦伟：《社会自我规制与行政法的任务》，《中国法学》2015 年第 5 期。
② ［美］罗斯科·庞德：《法理学》（第 3 卷），廖德宇译，法律出版社 2007 年版，第 17 页。

合之处，因为政府治理的对象是社会，而且完全的社会自我规制就是无政府主义，这有悖于主流政治价值取向，所以各国的社会自治多是受政府规制的。从主体角度来辨析，公私合作管理主体在政府治理中注重研究政府的监管职能和其他主体的责任，而在社会治理中侧重于探讨社会公共组织和私人主体的自治主体地位。

（3）特许经营主体。它是指政府根据法律、法规规定将特定公共产品生产和服务供给授权社会公共组织或者企业，以契约确定权利和义务，由经营者在约定期限和范围内经营特许事项。[①] 与法律、法规、规章授权组织不同，特许经营是政府采取竞争方式依法授权企业等主体的排他性经营权。在特许之前，它们只是一般的民事主体，而在特许之后，它们与政府在特许经营的公共服务中具有分工合作的特征，政府不仅要履行监管责任，在特定情况下必须还要接管特许事务。我国目前规范特许经营的规范主要有《市政公用事业特许经营管理办法》《基础设施和公用事业特许经营管理办法》等部门规章和地方性法规。

（4）公共服务承包主体。它是指政府通过契约向社会公共组织或者私人主体购买公共服务，将政府业务委托他人执行。2015 年，《关于在公共服务领域推广政府和社会资本合作模式的指导意见》（国办发〔2015〕42 号）明确在公共服务领域广泛采用政府和社会合作模式。在这一模式中，政府由直接承担执行责任转向监督社会公共组织和私人主体的服务供给，并支付购买服务的费用。社会公共组织和私人主体因承包公共服务而承担了执行责任。

（5）公私合资经营主体。它是指政府、社会公共组织和私人主体通过投资成立私法组织来执行公共任务。在德国，其被称为混合企业或混合经济事业，具体表现为政府和私人共同成立公私合资事业、政府投资民营事业或政府将部分公营事业资金投资给私人。

### （三）行政主体多元化结构的组织法制

#### 1. 政府主导权与担保行政责任法定

政府权力和行政任务的目的是为维护和保障人权，增进公共利益，促进公共福祉共享。在政府治理模式下，社会公共组织和私人主体的广泛作用并不意

---

[①] 根据《基础设施和公用事业特许经营管理办法》第 3 条，公民个人在我国不能成为特许经营的主体。

味着国家和政府的作用削弱，政府部门不再直接执行某一任务也不意味着在该领域内放弃维护人权和公共利益的责任。多元主体合作完成行政任务改变的是责任承担方式，它使社会公共组织和私人主体承担或分担了国家原本承担的"执行责任"，而国家责任的重心转为保证公共产品和公共服务的给付范围和标准所担负的"担保责任"。① 国家是最终责任主体，政府负有制定规则和设计合作目标的义务，且在必要情形下对社会公共组织和私人主体进行监管与规制，但公共服务不必全由国家亲自供给。从这一视角看，国家形态由传统的给付国家转变为了确保给付品质的担保国家。

在德国，担保责任是指国家保证公共部门按照一定标准向公民供给公共产品和服务。② 我国台湾学者萧文生认为，国家的担保责任包括挑选合格的私人、监督责任、保障第三人权益、评估和学习责任、有效的其他选择。杨彬权认为，宏观上这一概念主要有两方面内容：一是国家担保公民获取的公共产品和服务的品质，二是防止公共领域的行业垄断，保障市场竞争的公平与开放。③ 在担保国家理念和国家担保责任中，政府为确保社会公共组织和私人主体执行行政任务符合预设规定，采取多元方式担保行政任务完成的行政活动，是担保行政。本质上，担保行政是国家责任分配和具体化的结果，是行政主体责任的新状态。④

在政府治理模式下，应当变革以执行责任规训行政权的传统行政组织法，建构以担保行政责任为核心的政府责任体系。首先是政府的规则设计责任，即政府应设计社会公共组织和私人主体执行行政任务的规则框架，要为后者活动留有空间。政府主导的关键是设定行政目标、程序、组织形态等规则，通过正当程序选择具有执行能力的合作伙伴，尊重和信赖伙伴能力，以实现公共管理和服务供给的目的。其次是政府的监管责任，即在社会公共组织和私人主体执行行政任务过程中，政府应当恪守权力谦抑性原则，不过分干预或介入其中。但为保证行政任务的完成和不中断执行，政府可以建立评估、学习等机制来履

---

① 高秦伟：《社会自我规制与行政法的任务》，《中国法学》2015 年第 5 期。"担保责任"也被译为"保障责任"，相关概念有"保障国家"。
② 李以所：《德国"担保国家"理念评介》，《国外理论动态》2012 年第 7 期。德国学界通常将国家责任分为"履行责任""承接责任"和"担保责任"。其中，"履行责任"是指必须由公共部门直接面对服务对象而独自实施完成的公共任务，但不要求全部由国家亲自提供。"承接责任"是指公共部门原则上不参与或者干涉私人部门履行公共任务，但在私人部门履行公共任务存在瑕疵或者履行不能时，国家应承接任务以确保履行完毕。
③ 杨彬权：《论国家担保责任——担保内容、理论基础与类型化》，《行政法学研究》2017 年第 1 期。
④ 杨彬权：《论担保行政与担保行政法——以担保国家理论为视角》，《法治研究》2015 年第 4 期。

行监督与指导的义务，避免公共任务的执行品质降低，确保公共服务的私人供给在政府预先设定的公益目标框架之中。再有，维护市场公平竞争的责任。在合作共治中，社会公共组织和私人主体的双重身份会给平等竞争的市场环境造成不良影响。政府应当建立相关机制来遏制社会公共组织和私人主体的过分逐利性，防止垄断的形成，避免公民基本权利受侵害。还有，政府担负最终执行责任和赔偿责任。行政任务在本质上属于国家。在社会公共组织和私人主体无法有效执行任务时，政府必须立即承接行政任务，保证任务履行的持续性，再选择是亲自还是交由其他主体予以履行。此外，行政任务的国家属性还要求，当社会公共组织和私人主体违法或不当执行任务而侵犯他人基本权利时，无论合作契约中是否明确界定责任分配，政府都应当先承担赔偿责任，因为通过合同将公共任务的风险私有化对执行者和公民都是不公平的，亦会纵容政府逃避公法责任。①

### 2. 共同治理的界域和辅助性责任法定

社会公共组织和私人主体参与政府治理的范围应当有所限定是普遍认可的观点，争议在于对参与界域的圈定。在政府管理模式中，由于行政权的不可处分性，政府一元垄断行政权，且不得委托社会组织、企业和个人行使，这是行政委托的内在边界。② 这一观点在权力社会化趋势下已显保守，但揭示出了行政权在政府治理中的特殊地位。有学者提出了"国家保留"概念，认为特定性质和以强制力为后盾的任务必须保留给国家，不能交由市场和社会主体来履行。有鉴于此，行政组织法可以参考"国家保留"来设定"政府保留"规则，从权力强度和任务性质出发，根据共同治理事项所需法律授权的程度，将之分为"严

---

① ［澳］马克·阿伦森：《一个公法学人对私有化和外包的回应》，［新西］迈克尔·塔格特编《行政法的范围》，金自宁译，中国人民大学出版社 2006 年版，第 66～69 页。Horton-Stephens K J, Competitive Tendering and Contracting by Public Sector Agencies : Industry Commission Inquiry Report, Melbourne : Australian Government Publishing Service, 1996, p.88. 例如，澳大利亚学者探讨私有化和外包中经常举例的"信箱被损案"。本案中，负责为澳大利亚邮局送信的承包者因疏忽而损害了一位靠养老金生活的人的信箱。澳大利亚邮局是国有公司，与承包者的合同中已经列明了责任分担，所以认为此事与其无关。但是，承包者不愿意对受害者全额赔偿。受害者因太穷又无法提起诉讼。为此，澳大利亚联邦监察员就起诉了澳大利亚邮局，认为公用事业应由政府所为，公民不会因服务外包而享有更多的发言权。法院认定澳大利亚邮局承担赔偿责任。

② 王天华：《行政委托与公权力行使——我国行政委托理论与实践的反思》，《行政法学研究》2008 年第 4 期。公权力的行使必须符合民主正当性，通过代议民主制和行政组织法等法律制度授权，由国家行政机关统一行使，从而在最终意义上向人民负责，体现"主权在民"的宪法原则。因此，公权力不能委托给社会公共组织和私人主体，人民基于自由权合意只能形成相互之间的权利义务关系。

格政府保留""一般政府保留"和"开放选择"三种情形。

首先是"严格政府保留",是指行政任务涉及强制性公权力行使或者国家秘密的,除法律允许社会公共组织和私人主体参与外,政府不得委任他人执行。"法律允许之外"包含两层含义:一是法律禁止的事项,政府不得以契约方式委托他人履行。如依据《行政强制法》第 17 条规定,政府不得将行政强制措施权委托他人行使。二是法律保留的事项,在没有法律依据之前,政府也不得委任他人履行。考察立法变迁过程,从《行政处罚法》允许受委托组织实施行政处罚,到《行政许可法》允许委托其他行政机关实施行政许可,再到《行政强制法》的禁止委托,我国对非政府主体行使公权力表现出明显的审慎态度。因此,涉及限制公民人身自由的强制措施和处罚、税收管理基本制度、非国有财产的征收、征用等事项必须由政府亲自执行。经法律授权,政府才能在行政权限内委任社会公共组织和私人主体执行。

国家秘密有着宽泛的内涵。一般而言,社会公共组织和私人主体参与国家秘密事项必须有法律规定,如依据《中华人民共和国国防法》第 30 条规定,民营企业可以参与国防科技研发和生产。然而,在一些情况下,国家机关委托社会公共组织和私人主体从事领土、国防、国家安全等涉密事项没有法律直接授权,是政府本着职能而依情势作出的处断,这虽然可以解释为紧急状态下政府保留的权力体现,但必须严格限制适用,且必须履行保密手续、承担保密责任。

严格政府保留的例外是法律允许政府委托非政府主体执行。例如,对服刑人员的改造一直是国家保留的司法行政职能,但轻刑犯在监狱中往往会因"交叉感染",导致刑满释放后再次犯罪,且再犯的重罪率高。通过适用非监禁的社区矫正,将罪犯隔离于犯罪环境之外,同时委托具有心理学、手工技术等专门知识的社会力量加入帮扶、改造罪犯之中,更有助于罪犯回归社会。根据《中华人民共和国刑法修正案(八)》和最高人民法院等部门联合发布的《社区矫正实施办法》的规定,作为帮扶力量的社会工作者和志愿者,在司法行政部门所属社区矫正机构指导下工作。因此,公民个人经委托而履行了改造罪犯的司法行政权。

其次是"一般政府保留",是指行政任务涉及公权力行使,但不具有终局决定性,或者行政任务本身不会减损公民合法权益,该类事项由法律一般性授权或者规章授权后,政府可以交由社会公共组织和私人主体履行。所谓"不具有终局决定性"事项,即在行政最终处理作出之前的程序性事务,由于不是对公民权益的处理决定,故可以允许非政府主体的受委托者作出。例如在交通管理中,行政处罚权应当由交通民警作出,但是截停违法车辆的即时强制、违法信息收集、交通事故现场的警戒与保护等行政活动也涉及权力行使,却可以交由辅助警察完成。就"不会减损公民权益的行政任务"而言,它主要是指以社会、经济、文化为目的给付,以及对特定人群在特定时期分配的给付。给付行政不会课以公民义务或负担,但现代国家肩负着主动给予公民生存照顾的职能,所以拒绝或者不及时给付给公民造成的侵害,或许不亚于直接侵害公民的财产和自由。[①] 在给付行政中,当社会公共组织和私人主体对利益分配起实质性决定作用时,涉及的是公权力的行使,应当有法律依据。例如电力供应是公用事业,虽然电力供应者和使用者是私法关系,但对于没有公用供电设施的地域,供电企业是依据《中华人民共和国电力供应与使用条例》第 20 条规定,委托有供电能力的单位就近供电。

最后是"开放选择"事项,即通过私法方式处理的纯粹服务性或者非权力性的给付行政任务,原则上都应向社会公共组织和私人主体开放。2015 年,我国政府已向社会开放了基础设施和公共服务领域。值得注意的是,在经济增长放缓的环境中,地方政府"稳增长"的现实压力,使得开放公共服务领域可能转变为政府融资手段,缺少动力转变政府职能和提升治理能力。[②] 社会资本投资公共服务不是免除政府责任,相反政府要承担更复杂的监管责任,以及扶持微利或低利行业的培育责任。

通过行政组织法界定上述治理范围,还在于进一步明确社会公共组织和私人主体的辅助性责任。有学者提出,我国当前法治建设中应当确立给付行政的"国家辅助性原则",公权力只有在个人和社会无力自救时才能介入。[③] 这一观点中有对行政扩张的担忧和社会自治的偏爱,符合激发社会活力的政策背景,但会成为政府逃避责任的理由。政府治理以自由和公平为价值取向,以良法善治为路径,社会公共组织、私人主体与政府的合作共治,既是社会和市场的自我完善,也是政府转变职能的自我健全,这一改革发展是为了公民享受到更为优质均等的公共福祉。然而,不同于其他治理模式,政府治理中政府和行政权处于

---

① [德] 哈特穆特·毛雷尔:《行政法学总论》,高家伟译,法律出版社 2000 年版,第 112～114 页。
② 陈志敏等:《中国的 PPP 实践:发展、模式、困境与出路》,《国际经济评论》2015 年第 4 期。
③ 杨东升:《给付行政限度论》,《上海政法学院学报(法治论丛)》2015 年第 1 期。

主导地位，且不可避免地会发生治理错误，造成公民权益受侵害。为维护公民生存和发展权利，督促政府负责地选择合作伙伴，尤其是不能使权利救济变成弱势者的诉累，政府必然要承担起主要责任。政府的责任承受能力客观上受制于国家财政支付能力。诚然，福利国家正是因不堪重负的国家责任而产生了治理、担保国家等改革理论，我国财政也尚无能力担负起一个高标准的政府责任体系，但这并不妨碍建立起支付适当、覆盖全面的以政府为主、社会公共组织和私人主体为辅的责任模式。

### 3. 归责标准

社会公共组织和私人主体以纯粹私法方式履行原属国家的任务，或者经法律、法规授权以自己名义执行行政任务的，应当自负其责；对于未经法律、法规授权，但其以国家名义实施相关行为而损害他人合法权益的，由国家承担赔偿责任，这是我国国家赔偿理论与实践中的一般观点。但是，政府以契约方式交由社会公共组织和私人主体执行行政任务的责任归属是有探讨必要的。

政府治理本质是一种合作行为，由于政府和行政权处于主导地位，社会公共组织和私人主体是执行主体，它们在某种程度上如同完成行政任务的工具。在侵权行为中，对于损害结果的发生起着主导和支配作用的主体行为应承担责任，所以居于主导地位的政府应负赔偿责任。[①] 至于社会公共组织和私人主体是否是政府控制之下的工具，可以从三个方面判断：一是社会公共组织和私人主体执行的行政任务具有公权力强制程度，是否具有公共职能属性。二是社会公共组织和私人主体的行为与政府行为之间有紧密关联。三是社会公共组织和私人主体在执行约定的任务过程中自主空间有限。这是以理性工具论为基础的"紧密关联标准"，即社会公共组织和私人主体依契约执行行政任务中，享有的公权力强制性高，与政府关系紧密，自主行为空间受限多，则政府应当承担赔偿责任。对于因社会公共组织和私人主体违法或者不当行为产生损害的，政府亦应代为赔偿后享有追偿权。例如，私人主体受委托经营公共设施，因该设施是国家所有，故政府仍不能免责。

综上所述，政府内、外两维的组织法制建构，是政府治理和行政法共建有限有为法治政府的基础制度安排。政府体制变革与社会公共组织、私人主体承

---

[①] 这里借鉴了刑法的"间接正犯"的归责原则。在德国，间接正犯以工具理论为基础，即行为人将他人作为工具利用而实施犯罪的，利用者对被利用者的行为负责。它类似于英美法的"无罪代理人原则"。

接公共职能的程度密切相关，法治化变革政府内部体制与建构外部多元治理主体结构相辅相成。鉴于政府在中国治理语境中的权威和权力，而中国市场和社会还处于成熟发展之中，以及行政权扩张和责任规避的相生相长特性，对合作共治中的政府、社会公共组织、企业和公民要视以主体结构来分析。因此，与政府治理相契合，行政组织法的建构功能要注重责任的制度设计，以责任来规范政府、社会公共组织、企业和公民的治理活动，建立以政府责任主导的新时代国家责任体系。

# 第三节　行政行为多样化的法律控制

政府治理行为是以政府存在为前提，既包括单向行政行为，也包括多向互动的协商与合作方式的行为，它标志着行政方式从线性转变为网络化交互多向结构，由此形成政府主导的多元主体合作共治格局。在此背景下，传统上法律控制行政的"立法制定规则—司法裁判"机制必须进行革新。行政法要关注行政活动方式，建构契合交往理性的反思型程序规则，保证行政的正当性与合法性。

## 一、行政行为的功能导向革新

### （一）行政行为的现实价值

随着公共行政方式多样化发展，学者们普遍认为行政行为正在失去整体性、包容性和引导性的理论作用，建议用行政方式、行政活动、行政处理等概念替代行政行为。但是，基于结构功能主义的渐进改革思想，行政行为在行政法体系中的中心地位尚不宜作颠覆性变动，其仍有可资利用的现实价值。

一是统合行政法体系的历史使命。在政府管理下，行政行为是既有行政法体系的基石，它推动了行政方式类型化，通过法律对行为构成要件、程序和后果的规范，使复杂的行政活动有了清晰的规则导引，建立起依法行政下法律控制行政的内部支撑架构，形成了安定和可预期的行政法秩序，同时也为行政法的部门分化提供了统合性概念，连接行政法总论和部门行政法，构建起完整的行政法体系。政府治理同样需要借助行政行为的上述作用，建立稳定统一的行政法体系，以宣示政府主导性权威，形成可预期秩序，统合差异化多元利益，促进多样化行为方式的优势互补，防止协商合作的民主低效。

二是理论自身的延展潜能。政府治理是以行政任务为导向的行政方式，讲求方式的实用与有效，它与高度制度化的行政行为存在抵牾。同时，行政行为理论也在不断反思与现实的冲突，如扩大行政行为的型式化范畴，拓宽行政裁量和判断的空间，创设先行裁决、部分许可等新行为方式，并对未型式化行为予以制度化规范，以及将复杂行政决定作分节化和序列化处理，使之灵活应对公共事务。这些变化体现了行政行为突破管理理念的努力，以及解释和规范多样化治理行为的理论延展潜力。

三是行政法制的稳定发展需要。行政行为是我国立法和司法实践中普遍接纳的法律概念，《行政处罚法》《行政许可法》《行政强制法》等规范行政活动的基本法律规范都是围绕着司法审查"行政行为"的合法性标准建构起来的。在行政诉讼中，行政行为是抽象的、具有统括性地位的法律概念。例如《中华人民共和国国境卫生检疫法》规定的强制隔离措施，法院审查该措施的合法性时，要判断其是否属于《行政强制法》规定的"行政强制"行为，再透过"行政强制"判断是否属于行政诉讼受案范围的"行政行为"。在上下位概念的判断中，行政行为成为演绎出诸如"行政强制"或"强制隔离"等具体法律的上位概念。"法律必须稳定，但又不能静止不变"[①]，这一悖论要求人们必须找到某种妥协方案来协调法的稳定与变化，保证法律秩序既稳定又能灵活地应对现实生活的各种变化。我国行政法律体系初步成型，稳定"行政行为"的法律地位是效益高于成本的务实做法。

## （二）以行政为面向的行政行为理论改进

行政行为有存在的现实意义，但必须自我改进以因应现代公共行政变革。德国学者阿斯曼通过观察现代公共行政，认为国家是行政法体系的上位概念，

---

① [美] 罗斯科·庞德：《法律史解释》，邓正来译，中国法制出版社 2002 年版，第 2 页。

国家任务的转变会导致行政法学方法论变化，现代行政法的基本概念是行政
任务、利益、行政类型和责任结构。① 行政法对公共行政的现实关注，要求行
政行为参照行政的具体方式来建构。在全球化背景下，中国政府法治建设面
对着空前复杂的多元利益关系，远比西方国家法治发展时更为困难，因此行
政行为不应拘囿于概念逻辑，应当面向公共行政，解决现实问题。特别要注意，
以预设最高概念推导下位概念的概念法学，往往会导致法的意义和概念玄虚。
在政府治理模式下，行政行为的概念内涵应当突出行为的工具性和实用性，
矫正过分偏重与司法对应的结构，使之回归行政而趋向行政化。笔者认为，"行
政行为"是指公共行政主体行使行政职权、履行职责以完成特定行政任务的
活动及其过程。

首先，这里将"行政任务"导入"行政行为"概念之中，旨在强调行政自
主和行政正确。在政府治理中，行政法的视野不能局限于公法、公共利益、公域，
要跨越公法和私法之间障碍，注重与私法、私人利益、私域的互动协商与合作。②
行政法是行政特有的法，行政活动的形式不论是公法还是私法，都是行政法学
考察的对象。③ 公法与私法的合作意味着行政机关在宪法和法律之下，按照公法
的程序性规则，有选择行为形式的相对自由，但具体选择应以行政任务为导向，
权衡公法和私法的实施效果，尽可能作出正确的选择。④ 如此，公共政策、协商
制定规则、公私合作等内容均可以经行政任务进入行政法范畴。

其次，行为主体是公共行政主体。它包括所有为完成行政任务而履行公共
行政职能，实施了影响公民权利和义务的行政活动，应当承担相关法律后果的
组织或个人，即上文所述多元行政主体结构。

再次，行为性质的权力关联性。公法和私法的合作不意味着公法与私法的
不分，行政法的疆域自有其范围和边界。在政府治理中，社会公共组织和私人
主体与政府协商合作，共治公共事务，本质上是与政府分享行政权，这一权力
要素使治理行为必须纳入公法规制范畴，基于此相应地拓宽行政法调控的范围，
以及思考逻辑化行为形式体系的建构。

---

① ［德］施密特·阿斯曼：《秩序理念下的行政法体系建构》，林明锵等译，北京大学出版社 2012 年版，第 138～168 页。
② 高秦伟：《行政法中的公法与私法》，《江苏社会科学》2007 年第 2 期。
③ 杨建顺：《日本行政法通论》，中国法制出版社 1998 年，第 124～125 页。
④ 严益州：《德国行政法上的双阶理论》，《环球法律评论》2015 年第 1 期。

最后，行为的结构过程性。行政行为是由若干环节或步骤组成、分段进行的复杂连续过程。[①]在政府治理模式下，行政过程已不仅是单向线性，还包括多向互动的网络化方式。从有效完成行政任务视角全方位、动态考察行政行为过程，必须对不同层次和阶段的任务结构、多元主体结构、行为方式结构、行政程序结构以及联结要素等问题进行整体分析，而不能局限于作为结果的行为。

### （三）以政府治理的具体行为形式为研究重点

在福利国家危机中诞生的治理理论将政治民主引入公共行政，使之在代议民主的依法行政之外又增加了直接民主的正当性，使政府有理由采取灵活且多样的行政方式，快速解决福利国家累积的公共问题。民主需要自主的行政，而代议民主的立法者也知道法律对行政的严苛限制已不符合时代要求，反之福利国家的危机就不会发生。于是在宪法之下，立法者通过授权、认可等方式给予行政更多选择行为方式的自由。在这一环境中，政府、社会公共组织和私人主体能够民主协商、自主选择行为方式及合作执行公共职责，尽可能正确地完成行政任务。行政方式的自主选择会对法律秩序的安定性造成消极影响，但是在西方法治发达国家中，其更具有突破形式法治桎梏的积极作用，同时提醒法律要关注行政活动本身，由此行政在法学语境中的"行政化"特征凸显，而不再仅是对应于司法审查的概念。申言之，自由法治国形式法治的"行政的司法化"，迈向了社会法治国实质法治追求的"行政的行政化"。这一追求是以多样化行为方式为依托的，使得行政法学的关注从行为结果转向行为的整体过程，实质上就是研究具体的行为形式。

政府治理是治理的中国形态，它客观反映了我国大政府和强行政权的现实，同时又借助治理的民主理念、多样化行为方式、合理行政等内容来改造传统的政府管理。然而，中、西方国家法治建设处于不同的发展阶段，中国法治尚处于起步时期，还未出现西方国家因法律绵密导致的形式法治僵化情况，所以特别要留意新兴行政法制建设中偏离法治国家目标的风险，推动形式法治与实质法治同步发展。吊诡的是，国家的发展压力又使得立法不得不放松对行政方式选择的规制，甚至于不少行政领域还无法可依。法治国的精义是行政法治，即

---

① 朱维究、阎尔宝：《程序行政行为初论》，《政法论坛》1997 年第 3 期。

法律控制行政，这一控制的主要途径是立法规制的行政自主和司法审查。在立法授权行政自主性增强之际，法律的规范和引导功能会减弱，这使得设置规范行政活动方式的程序规则变得尤为重要。从司法审查看，"行政行为"含义在新修改的行政诉讼法中采取了宽泛的解释，由此涉案行为的性质、类型、审判规则的确定等工作都交给了法官，扩大了司法保护公民权利的范围①，这是否是增强司法权以平衡行政自主性过大的影响尚需详考，但确是增加了具体行为形式在行政诉讼中的重要性。

上述分析表明，行政行为在中国现阶段行政法治中仍具有统合行政法体系、保障法律秩序稳定发展的现实价值，但该理论应以行政为面向进行改进，使之更具行政性特征，由此政府治理行为的具体形式将成为行政法治和理论研究的重点。

## 二、行政行为形式多样化的实体法控制

### （一）行政行为多样化的形式体系

"类型"是当从抽象到一般概念及其逻辑体系不足以认知多样化现象表现形态时的辅助思考形式，通过这一思考将不同方式规整为彼此关联的体系。②它不同于概念的封闭和可定义性，类型是开放和描述性的，类型的思维是对事物本质的思考。政府治理行为的本质是将协商与合作的平权方式导入传统上运用命令与控制形式管理的行政领域，从而使行政方式更为多样、灵活和柔性。以面向行政为制度设计基点，这里尝试在"规则制定—任务执行"的行政实体过程中，以政府主导性和权力强度递减的标准，建构政府治理中行政行为的具体方式体系（如图4-4）。

---

① 闫尔宝：《论作为行政诉讼法基础概念的"行政行为"》，《华东政法大学学报》2015年第2期。
② ［德］卡尔·拉伦茨：《法学方法论》，陈爱娥译，商务印书馆2003年版，第337～348页。

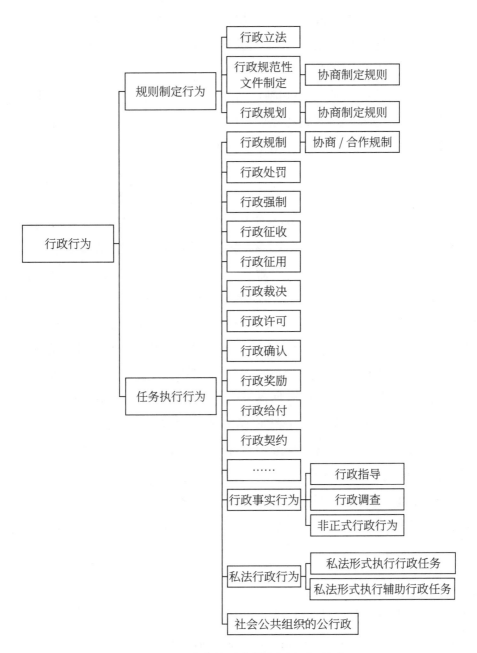

图 4-4　政府治理中的行政行为形式

　　首先，"规则制定—任务执行"的结构是根据从决策到执行的行政过程，力图全面反映出行为方式的整体性、动态性和过程性。规则制定是指以特定行政任务为目标的规则创制行为，任务执行方式是指针对规则确定的行政目标的具体行为选择，二者脉络关联，旨在合法、最佳地完成任务。政府治理注重新兴行政方式的运用，以弥补政府管理的功能不足，但并未完全取代管理方式，传统行政行为仍然是重要的行政方式。① 因此，这一体系体现了行政行为统合传统行为方式和新兴治理手段的功能。

其次，"协商制定规则"是规则制定结构的革新表征。这里新颖的不是"协商"形态，而是国家与公民之间关系经现代化转型，公民在行政活动中具有的主体地位。以行政立法为例，我国《宪法》第89条，《立法法》第65、80、82条，《国务院组织法》第10条和《地方组织法》第60条规定了行政立法的主体是行政机关，社会公共组织和私人主体可以在行政机关征求意见时提出建议。在政府治理模式中，社会公共组织、企业和公民不仅是提出意见者，而且是规则的制定者之一，即行政规则是政府与社会公共组织、企业和公民协商达成共识的结果。

值得强调的是，理论界对行政规制的属性是行政行为、具体行为还是抽象行为尚有不同观点。② 植草益认为，规制是依据特定规则约束个人和经济主体的行为。③ 宋华琳认为，政府规制关注事前的行政过程、规制政策的形成、实施和行政任务的实现。④ 在宏观层面，行政规制主要由三部分组成：规制政策目标、规制实施机制和监督规制实施的措施，其中关键是政策设计。⑤ 规制的内容通常包括行政立法、标准设定、信息披露等内容，是针对特定市场和社会领域中主体及其行为的具有普遍约束力的激励性和约束性规范。⑥ 可见，行政规制的重点是围绕特定行政任务形成规则性政策目标。在美国，规制过程去法化的中心是改革了传统的"通告—评论"规则制定程序，建构起互动式的协商规则制定模式。⑦ 同时，政府规制还可以与社会公共组织和私人主体的自我规制进行合作，发挥各自规制的优势作用，如食品质量标准设定。因此，行政规制是一种综合

---

① 经济合作与发展组织编：《OECD国家的监管政策——从干预主义到监管治理》，陈伟译，法律出版社2006年版，第53～62页。

② 江必新：《论行政规制基本理论问题》，《法学》2012年第12期。"规制"译自英文的"regulatory"，也译为监管、管制。在国内研究中，有政府监管、政府/行政管制、政府/行政规制等基本同义的不同说法。考虑到我国行政法学对政府行为型式化时，一般表述是"行政"加上行为类型，本书采用"行政规制"一词。

③ ［日］植草益：《微观规制经济学》，朱绍文等译，中国发展出版社1992年版，第1页。

④ 宋华琳：《论政府规制中的合作治理》，《政治与法律》2016年第8期。

⑤ 经济合作与发展组织编：《OECD国家的监管政策——从干预主义到监管治理》，陈伟译，法律出版社2006年版，第143～151页。

⑥ 王首杰：《激励性规制：市场准入的策略？——对"专车"规制的一种理论回应》，《法学评论》2017年第3期。

⑦ ［美］基思·韦哈恩：《行政法的"去法化"》，宋华琳译，罗豪才、毕洪海编《行政法的新视野》，商务印书馆2011年版，第20～28页。

性行为形式，整合了政策设计和实施过程。与政府治理相对应，规制也由单向、单一性转向多元、多向协商与合作，其中协商确定规制目标是规制的关键。

再次，协商性、合作性的非正式行政行为。各国行政法学对非正式行政行为的内涵有着不同理解。在美国，正式和非正式行政行为是以行政程序中对抗性要素的充足性来区分，而德国采取了法效意思和行为型式理论的分析路径，日本又以是否超越法律授权作为界定标准。[①] 作为正式行政行为的对应概念，非正式行政行为通常是指行政机关作出决定前或者决定时，与社会公共组织、企业和公民的非正式协商[②]、自愿合作[③]、劝导或者其他接触行为。它是法律行为的准备状态或者替代行为，且不具有法律拘束力，不会产生法律效果，故纳入到事实行为之中。[④] 非正式的协商与合作尽管通常只记录在行政笔录中，不会形成正式契约，也没有法律强制力，但该行为与行政决定之间具有关联性，这要求行政机关不仅要聆听意见，还应当立足于公共利益和私人利益的平衡来考虑协商中发现的可能影响行政决定的情况，因此必须受到法律的规范。

还有，契约式合作是任务执行结构的新特点。现代政府职权和职责尚不能全部以契约方式与社会公共组织或私人主体合作执行，但协商、契约与合作是民主行政内在逻辑过程。从公、私法二元论的视角，合作执行行政任务的"契约"形式包括公法契约、私法契约和公私混合契约。公法契约，即行政合同，界定标准为合同当事人一方是行政主体，以直接执行公务为目的，是超越私法规则的协议。[⑤] 私法契约，是平等主体之间签订有关民事权利义务关系的协议，即民事合同。[⑥] 公私混合契约，即行政私法合同，是指行政主体为完成行政任务，与社会公共组织、私人主体平等协商达成的兼具公法和私法性质的协议，这一契约形式很接近私法契约，只因当中包括有公法性约定。私法行政行为主要采用私法契约和混合契约的私法方式进行行政活动。此外，"私法方式执行行政任务"是指行政机关与社会公共组织或者私人主体签订兼具公法和私法规则的契约来

---

① 蒋红珍：《非正式行政行为的内涵——基于比较法视角的初步展开》，《行政法学研究》2008 年第 2 期。

② 例如，行政机关告知企业要更新污水净化设备，经多次沟通协商后，企业改进了净化设备，行政机关也未作出强制改进的决定。

③ 例如，行政机关拟限制房地产价格上涨过快趋势，但是在房地产企业自行联合宣布限价之后，不再作出规制措施。

④ ［德］哈特穆特·毛雷尔：《行政法学总论》，高家伟译，法律出版社 2000 年版，第 398 ～ 400 页。

⑤ 王名扬：《法国行政法》，北京大学出版社 2007 年版，第 146 ～ 148 页。

⑥ 魏振瀛：《民法》，北京大学出版社、高等教育出版社 2010 年版，第 420 页。

直接履行行政任务，如传统行政中的补贴、资助、供给性（提供水、电、煤气、邮政、公共交通）或者清除性（清扫垃圾、排水）活动，以及现代政府将其职能转交私人主体经营、公用事业民营化。[①]"私法方式执行辅助行政任务"是指行政机关与社会公共组织或者私人主体订立私法契约来满足执行行政任务所需的人员和物资需要、管理其财产和营利性活动，它包括国库行政中的行政辅助活动和行政营利活动，但营利活动中也会使用混合契约。[②]以下将通过比较分析上述契约形式来进一步阐释合作行政的特征[③]：

公法契约和公私混合契约的辨析。这二者在主体、形式、内容等方面均具有相似性，它们的差异表现为：一是契约中当事人之间地位不同。公法契约中行政主体作为当事人一方对合同履行享有指挥权，可以单方变更和接触合同标的，其地位高于当事人另一方的相对人。混合契约中行政主体与另一方当事人在商议、签约、履行和争议解决中是地位平等的主体。二是契约订立目的不同。公法契约的目的是追求公共利益最大化，而混合契约的目的是实现公益与私益的均衡，使之和谐共存、合作共赢。三是契约适用的法律和纠纷解决机制不同。公法契约专属于行政法，以援用私法规则为例外，具有纯粹的公法属性，由此产生的纠纷通过行政救济路径解决。混合契约的法律适用问题是有争议的，因其具有的双重属性，使之纠纷通常有行政或民事两个救济途径。[④]我国是适用私法予以调整，但普遍认为这导致行政活动遁入私法。[⑤]

私法契约和公私混合契约的辨析。混合契约与私法契约十分接近，二者区别主要表现在：一是契约订立的目的和意思自治程度不同。私法契约追求个人利益的实现，其基本原则是意思表示自主自愿，而混合契约中还有增进公共利益的目的，当事人不能完全凭借意思自治来订立契约，行政机关承担着选择具备法定资质的另一方当事人的义务，契约形式一般是书面的、记载了公法条款的格式合同。二是契约的解除条件不同。私法契约中法律规定了当事人双方解除合同的权利与条件，而在混合契约中单方解除契约会受到国家对公民的生存照顾责任、公共利益等法律规制，如公民租赁公共住房，在承租资格尚未失去前，

---

① 高秦伟：《行政私法及其法律控制》，《上海行政学院学报》2004年第4期。
② 胡悦等：《行政行为转变研究——行政私法行为之凸显》，《法律科学（西北政法大学学报）》2010年第5期。
③ 丁丽红、孙才华：《行政私法合同初论》，《湖北社会科学》2007年第9期。
④ ［德］哈特穆特·毛雷尔：《行政法学总论》，高家伟译，法律出版社2000年版，第351～352页。
⑤ 余凌云：《行政法讲义》，清华大学出版社2014年版，第261页。

住房保障主管部门不能单方解除合同；三是纠纷解决机制不同，私法契约产生的纠纷经仲裁或者民事诉讼解决，而混合契约有双重纠纷解决机制的选择。

需要说明的是，行政许可的特许经营[①]、治安处罚中的担保合同、委托行使行政权的行政委托协议等都是纯粹公法属性的行政合同。另外，现代国家中纯粹社会自治的领域较少，多数是政府再规制的社会自我规制，但是社会公共组织单独行使公权力主要属于社会治理范畴，这里不再讨论。概而言之，政府治理行为形式的新颖特征是将协商民主导入了规则制定过程，且将契约合作的私法方式输入任务执行环节，使政府可选择的行为方式多样化、弹性化，这些方式均可纳入行政行为体系之中。

### （二）行政行为形式选择的法律规范

在管理的秩序行政下，由于行政对公民权益影响较大，法律对政府活动规定了严格的法律形式，政府没有太多选择行为形式的裁量空间。随着给付、担保等现代国家责任的出现，公共行政任务日趋繁杂，传统公法行政方式的功能不足日渐显露，使得政府寻求协商制定规则和私法方式合作以完成任务。现今理论和实践基本承认政府有选择行为形式的裁量空间，但是法律要对裁量予以约束和规范。

首先，依法行政原则的控制。作为行政法治的首要原则，它对行政的控制体现在两个方面：一是法律保留，即法律规定必须由行政机关履行的职权，不得委托他人执行，如行政征收的税收只能由国家税务机关和海关征收。二是法律优先，即行政机关履行职权不得与上位法相抵触，必须根据法律规定的行为方式活动。换言之，法律规定运用公法方式的，行政机关必须适用公法方式。如根据《治安管理处罚法》规定，公安机关对违反该法的中国籍公民，可以适用警告、罚款、行政拘留和吊销公安机关发放的许可证的处罚。那么，公安机关必须基于违法行为的危害程度，依据法定权限、种类和程序实施处罚。对于法律规定采用私法方式的，行政机关亦应采用私法方式。

其次，公法优先原则的控制。德国新行政法学倡导者 Martin Burgi 认为，公法和私法是具有不同功能和特征的法机制，私法也具有保护和促进公益的效

---

[①] 李霞：《论特许经营合同的法律性质——以公私合作为背景》，《行政法学研究》2015 年第 1 期。

用，立法者和行政者可以从有助于实现公益出发来自由选择公法或者私法，但是公法和私法又不总是互补，二者的价值与规范也会发生冲突。①政府治理讲求发挥公、私优势互补的作用，也要正视公法、公法方式、公益与私法、私法方式、私益之间的差异。政府对具体行为形式的选择本质上是行政裁量，是运用行政权的结果，这一选择裁量的自由空间应当处于公法控制之下。只有当公法允许，或者规范特定行政活动的公法规则完全欠缺而私法容许时，才有适用私法的可能，且相关公法规定具有补充规范作用。

再有，行政正确原则的控制。当代行政法既要规范公权力运行以确保行政活动的合法性，又要提供政策目标与行为形式选择的匹配机制以实现行政效果的最佳性，"行政正确"正逐渐成为行政法的重要原则。对主导国家发展的中国政府而言，行政正确对保持改革、发展、稳定的和谐统一是极为重要的。从已发生的严重群体性事件看，很多事件不是起因于政府行为没有法律依据，恰是因过于依赖强制性行为形式的不合理选择。政府要实现善治，必须合理运用传统的和新兴的行政方式，选择行为形式应当以具体任务为导向，权衡公法与私法的实施效果，关注政策的可接受性，使之符合行政正确的标准。同时在协商与合作过程中，政府也应当发挥主导作用以维护公益，不能"久商不决"或者把合作演变成垄断，也不能假借行为形式选择而逃避监管责任或者不作为，更不能利用私法形式行为来谋取不当利益。

最后，行政责任的控制。行政主体选择公法行为应当依据法定权限和程序，且须依法接受司法审查，违法行政要承担相应的法律责任自不待言。对责任性的担忧集中于政府采取协商和契约合作方式将会模糊公、私界限，降低行为的可问责性。责任机制是一个技术问题，以传统责任模式管制新行为形式是有龃龉的。美国的经验是创新非正式责任机制（如私人自我管制）、非政府主体控制（如第三方审计）等方式强化公私混合行政的责任性。②当然，行政法对责任性的关注会推动合作契约的明确，书面契约会成为未来协商或者司法途径解决纠纷的基础。至于责任性质的界分，德国"两阶段理论"将行为关系从纵向上分解为公私法属性的不同阶段，有助于厘定责任的归属主体。政府治理是民主行政，民主政府必然是责任政府。对中国政府而言，由于特殊的历史使命和政治体制，

---

① 何源：《德国行政形式选择自由理论与实践》，《行政法学研究》2015 年第 4 期。
② ［美］朱迪·弗里曼：《合作治理与新行政法》，毕洪海、陈标冲译，商务印书馆 2010 年版，第 183～189 页。

责任性约束在行为形式选择中的重要程度远高于美、德等国。政府要对相对人承担担保责任以履行给付义务，也要慎重选择私法形式，控制责任风险，避免公共利益受损。

### （三）行政行为形式选择的司法制衡

司法实践是法律之外形塑行政的重要动力。当今政府治理行为的性质已不限于纯粹的公法或者私法行为，还包括了公私混合行为。政府有选择具体行为形式的自主权，法院只能通过案件审理来规制行政权以保护公民权利。随着行为方式的多样化，在传统的合法性控制之外，法院又有了在混合行政中发现公法性质行为的新任务，进而才能确定救济途径，这是司法控制政府治理行为的难点和重点。

针对以私法方式执行行政任务，德国的司法实务和部分学理基于公法和私法的划分传统，提出了"两阶段理论"的分析方法，它将给付、指导行政分成两个阶段：第一阶段是决定环节，即政府决定是否同意发放补贴、贷款、缔结合同，这属于公法性质的行政行为，争议由行政法院解决;第二阶段是执行环节，即给付或者指导的具体实施，这可能形成公法或者私法的法律关系，争议由行政法院或普通法院解决。[①] 不过,该方法也遇到了诸多批评和质疑。有学者认为，它将原本统一的社会关系分成了两个法律关系，且分属于两个不同的法律领域及其相应的救济途径，会导致法律适用的困难。[②] 当然，无论是两阶段理论还是其替代理论，都注意到以私法方式执行行政任务的公法属性。

对中国司法而言，两阶段理论将复杂社会关系进行纵向拆解再归入不同性质的法律关系，有助于法官理解政府的作用。但更重要的是，它揭示了公法行为的核心判断标准，即公共权力的运用。两阶段理论是以"实质特别法说"作为区分公法和私法的依据，认为"公法"是国家或特定主体以公权力主体身份承受权利义务的法律规范总称，是专属于公权力主体的职务性规范，而"私法"是对任何人均可适用的规范。[③] 申言之，公法行为是公权力主体只能以这一身份

---

① 严益州：《德国行政法上的双阶理论》，《环球法律评论》2015 年第 1 期。
② ［德］哈特穆特·毛雷尔：《行政法学总论》，高家伟译，法律出版社 2000 年版，第 429 ～ 432 页。
③ ［德］汉斯·J. 沃尔夫等：《行政法》（第 1 卷），高家伟译，商务印书馆 2002 年版，第 210 ～ 212 页。

参加行政过程的行为。① 从法律关系连续性来看，如果公权力在协商与合作中发挥了作用，由此形成的契约具有行政性，除非法律、法规特别规定以私法途径解决争议。②

司法控制行政是权力制衡，但将公共权力作为行为性质的唯一判断标准是不充分的，因为在私法方式中权力作用往往较为隐蔽而难以识别。③ 在政府治理模式下，还必须辅以另外两个标准：一是公共职能标准，即单方行为是传统上政府承担公共职能的外在表现，若以私法方式替代某一单方行为，本质上是承载了附加其上的公共职能，这一履行公共职能的方式具有公法性。二是公共任务标准，即私法方式是为完成维护和增进公共利益的行政任务，可视为具有公法性。建构"公共权力、公共职能、公共任务"的识别标准，不是以司法审查限制民主行政的自主选择和自我纠错，而是对法律尚未明确诉讼管辖的协商与契约合作方式，特别是在《行政诉讼法》及其司法解释泛化行政行为概念含义的情况下，通过一案一审的司法极简主义将之纳入行政诉讼中解决争议，这样既避免司法判决对社会价值做出选择，又对政府选择行为形式的裁量权有所约束，且借助司法平台为公共行政主体、相对人和第三人提供再协商的机会，最大限度地促进政府善治。

## 三、行政行为形式多样化的程序法规制

民主、任务导向和结果最优的隐喻是政府权力的自主性增强，但协商与契约合作下的权力社会化也会导致权力的弥散化，加之法律和司法控制的时滞性，增加了公共权力运行的失范风险，故要求行政过程必须有相应的规则来保证权力的可控运行。权力只有依靠公正程序才是可接受的。④ 行政程序不仅能弥补实体的不足，而且透过程序的引导和决策评估功能还可以帮助行政选择最佳的

---

① 这意味着私人经授权可以成为公权力主体，而国家、政府等公法主体也可以是私法的法律主体。

② 湛中乐、杨君佐：《政府采购基本法律问题研究（上）》，《法制与社会发展》2001 年第 3 期。对政府采购的法律性质的争论即为一例，我国《政府采购法》规定政府采购合同适用民事诉讼，但公法学者普遍认为政府采购合同具有公法性质。

③ 这不是秩序行政中的强制性公权力，如以私法方式委托行使警察权是不允许的，而是给付、规制行政中的弱性权力，它不会直接限制相对人的人身权或者减损已有的财产权。

④ ［英］威廉·韦德：《行政法》，徐炳等译，中国大百科全书出版社 1997 年版，第 93 页。

行为方式，也为法院审查政府行为形式选择的合法性与合理性提供了程序依据，因此政府治理行为法治化的关键是程序之治。这里不试图拟定一部行政程序法，而是根据政府治理的需求，提出规范多样化行政行为的行政程序法一般原则，以此确定程序法应当具有的主要规则。

### （一）政府治理中行政程序法的制度设计基点

政府治理要求再造传统行政程序的理念和结构，触及公共行政的真实本质，规范公共权力运行，实现政策目标和过程的最佳效果，彰显公平与民主的时代主题。为应对这些变化，行政程序法的变革应当接受交往理性的总体控制，同时兼采工具理性，以确保程序规则既能发挥民主的正当性补足作用，又能体现政府在程序中的主导作用，把公平价值融入行政化的行政程序制度。

首先，行政程序法以协商民主和交互反思为规程设计理念。公共行政的治理转型使民主成为行政正当化证成的新路径[1]，协商民主是民主行政的重要形态，它的理论基础是理性商谈理论[2]。该理论认为，当一个规范性陈述是理性商谈程序的结果时就是正确的[3]，据此法律秩序的正当性可通过理性参与者平等自由的参与话语过程并达成共识的商谈程序来论证，这是一种"程序主义的合法性（legitimacy）"[4]。在政府治理模式下，行政程序必将融入理性与平等的协商要素，表现出参与、交往理性、反思与合作的典型特征，这就要求：一是行政程序应既注重公平又包容多元价值。由于协商过程旨在提升行政的民主正当性和可接受性，辅助行政机关作出最佳的决定，因此特定行政活动涉及或者可能会影响的相关利益主体均应有参与的资格。广泛的参与性要求行政程序必须包容多重价值，创造多方主体沟通、对话和互动的开放性条件，使不同价值主体通过竞争性对话寻找到利益均衡点或者达成妥协。从分配正义来看，民主的行

① Bevir M, "Democratic Governance : Systems and Radical Perspectives", Public Administration Review (66, 2006), pp.426-436.
② Elstub S, Ercan S, Mendoça R F. "Editorial Introduction : The Fourth Generation of Deliberative Democracy", Critical Policy Studies (10, 2016), pp.139-151. 协商（商谈或者慎议）民主的学术谱系已发展出四代：第一代是协商民主的规范性理论建构，以哈贝马斯、科恩等学者为代表；第二代扩大了"协商"范畴以适应现代民主的多元化和复杂性，以德雷泽克（Dryzek）等学者为代表；第三代注重实证分析和协商机制的设计；第四代在理论与实践结合的同时，强调以实证分析证明非协商部分可以比协商部分更有效履行系统的功能。
③ [德] 罗伯特·阿列克西：《法、理性、商谈：法哲学研究》，朱光、雷磊译，中国法制出版社2011年版，第88～89页。
④ 周赟：《论程序主义的合法性理论——以罗尔斯、哈贝马斯相关理论为例》，《环球法律评论》2006年第6期。

政程序不仅要体现形式法治的平等，还要有比形式上的平等更多的实质性内容，达至公平理念上的平等。① 二是行政程序主体结构的合作性。程序主体的合作结构是行政法律关系主体在行政程序中的表现。在合作共治之下，政府的公益追求与非政府主体的个体权益考量是存在冲突的，行政程序必须秉持公益和权利保障相结合原则，公平对待公益和私人权益。② 同时以私法方式执行行政任务的普遍运用，拉动了行政程序吸纳私法程序规则的需求，公法与私法的合作互补，用私法功能补强公法，使行政程序法呈现私法化特征。③ 三是行政程序过程的交往理性。程序创造了根据证据资料进行自由对方的条件和氛围，使各种观点和方案得以充分考虑，互相辩论、相互妥协、达成共识，从而实现决策方案的优化选择。④ 政府治理需要理性交往的程序机制，使政府、社会公共组织和私人主体能够在信息共享、真诚对话、权衡考量各方利益的基础上，形成可接受的行政决定。不过，理想商谈也无法确定某次达成的共识是否具有终结性或确定性。⑤ 行政程序必须及时整合交往过程中达成的阶段性共识，反思共识中存在的问题，既要预防决策失误，又推动阶段性共识的递进整合以形成规范性制度。

其次，行政程序法以行政化规程为设计目标。现代公共行政的多样性、动态性和复杂性终结了权威单一、主体单一、方式单一的工具主义程序控权的"神话"。⑥ 但这并不意味着抛弃工具理性和程序控权功能。控制权力以阻止权力的滥用，是人类的政治理想⑦，是民主行政必须解决的问题。权力的滥用会导致恣意，程序的功能自治是为限制恣意，这一功能要借由程序规则来实现，否则失去程序控制的协商只会产生混乱和恣意。程序有存在的独立价值，但程序与实体、形式与实质是一体两面的关系，实体的实质目标要经由程序的形式合法性来达成，程序运行又以实现实体的实质追求为方向，实体消逝，程序也就没有独立存在的价值。工具理性的行政程序是公共政策和行为形式选择的行政自主控制规则，目的是规范权力运行的高效灵活，它大致包含以下内容：一是行政程序

---

① ［美］伯纳德·施瓦茨：《美国法律史》，王军等译，中国政法大学出版社 1990 年版，第 252 页。
② 周敏：《治理现代化背景下的行政程序变革与走向——以公私协力为视角》，《法律科学（西北政法大学学报）》2015 年第 6 期。
③ ［德］施密特·阿斯曼：《秩序理念下的行政法体系建构》，林明锵等译，北京大学出版社 2012 年版，第 335 ～ 336 页。
④ 季卫东：《法律程序的意义》，中国法制出版社 2004 年版，第 28 页。
⑤ ［德］罗伯特·阿列克西：《法、理性、商谈：法哲学研究》，朱光、雷磊译，中国法制出版社 2011 年版，第 109 页。
⑥ 王学辉：《超越程序控权：交往理性下的行政裁量程序》，《法商研究》2009 年第 6 期。
⑦ ［英］伯特兰·罗素：《权力论》，吴友三译，商务印书馆 2012 年版，第 222 ～ 248 页。

应当优先确保法律或者上级机关命令的执行。行政机关根据价值理性作出政策或者选择行为方式时必须处于工具理性控制下，遵守立法机关对社会价值选择形成的法律，下级机关还要遵守上级机关价值判断作出规范性要求。二是行政程序应当引导行政机关根据经验评估和选择完成行政任务的不同方案。工具理性不排除在缺少法律指引的情况下，行政机关依据经验来灵活执行任务，但必须接受最低限度的程序规制，且应提供"成本—收益"分析的程序工具，帮助行政机关选择能最大化实现公共利益的政策或行为形式。三是行政程序应当切合公共行政的专业化特点。政府治理主张借助市场和社会力量来完成行政任务，通过协商与合作来提高规则遵守的自发性，发挥不同主体的优势，减少政府管理负担，但是政府仍是公共行政的主导者，其民主正当性和技术优势尚无人替代。因此，行政程序的规则安排要符合现代行政的专业性需求，在吸收交往理性的优势的同时，也要警惕民粹主义，还要预防上下级政府间、政府与非政府主体间共谋损害公益。

### （二）行政程序的最低限度原则

最低限度程序是适用于非正式协商、合作等其他事实行为的规则[①]，它是程序正义的最基本要求，是一些人们普遍认为公正行政必须具备的程序要素。行政程序法设定非正式行政活动的程序规则，不是要使之正式化，而是鉴于这类活动会产生事实上的约束力，且为有效发挥其弹性灵活效能，程序法给予了最低的规则要求，以保护公民权利，引导政府及其公务员形成基本的程序观念，理性处理行政事务。这一程序规则主要有以下四项：

（1）案卷制度。案卷是指根据一定顺序将公务员在特定行政活动中搜集的证据、记录、法律文书等组合成卷的书面材料。它是作出行政行为、证明行政行为合法性和公务员职责履行的重要依据，是正式行政程序的基本制度。[②]鉴于书面记录行政过程的客观性，且任何履职行为亦应有适当证据证明，特别是接

---

① "最低限度程序规则"与"最低限度程序正义"的适用范畴不同，前者适用于非正式行为，后者适用于正式的诉讼、行政活动，是实现程序正义的必要条件，不符合这些条件中的任何一个，都必然导致程序的不公平或不合理。"最低限度程序规则"与"程序简化"的适用条件不同，后者是行政应急状态下行政程序的克减，事件的紧急程度不同，程序的要求亦有差异。参见戚建刚《行政紧急权力的法律属性剖析》，《政治与法律》2006年第2期；张婧飞、任峰《论对行政紧急权的规制——以最低限度的程序正义为标准》，《云南大学学报（法学版）》2007年第3期。

② 姜明安：《行政法与行政诉讼法》，北京大学出版社、高等教育出版社2015年版，第355页。

触之前，行政机关有查明相关事实的义务，因此行政机关对非正式行为中查明的事实、意见交换等情况应当形成书面材料，在程序结束后立卷归档。除依法应当保密的材料外，案卷应当允许公民、法人或者其他组织查阅。

（2）回避、说明理由与意见交换。虽然是非正式行为，但为保证行政公正性，公务员若与接触事项有利害关系的，应当回避。对于已查明的可能影响行政决定的事实、法律依据、政策、公益、惯例等因素，行政机关应当在决定前以非正式方式告知相对人，说明拟决定作出的理由，引导相对人停止、变更或者改进有关行为。同时，相对人可就事实和法律问题阐释自己的观点，提出解决方案。协商是相互意见的平等交换、逐步达成共识的过程，不应当有要求对方接受己方意见的强制或者压力。协商可以是多次的，但不是无限延续的，行政机关应及时根据行政任务急缓程度和共识达成可能性来终止协商。

（3）信息公开。[①] 民主行政的基础条件是信息公开。在交往过程中，行政机关应当将所掌握影响行政决定的信息告知相对方，相对人亦应提供支持自己观点的材料，双方合力破除信息壁垒，实现信息平等，真诚沟通，避免误判。协商的事实若涉及公共利益或者不特定多数人权益、需要社会公众知晓的，行政机关应依职权主动公开。若是影响第三人生产、生活等特殊需要的事实，除涉及国家秘密、商业秘密、个人隐私之外，第三人可以申请政府公开。

（4）第三人参与权的保障。第三人是指与非正式行为有间接利害关系的公民、法人或者其他组织。非正式协商、合作行为尽管发生在行政决定作出之前，但事实上会影响到第三人合法权益[②]，故其参与权应当为程序法所保障。同时，由于该类行为的非正式性和日常性，第三人参与主要是表达对切身利益的关心，排除对不公正行政的怀疑，因此为确保行政的专业性和效率性，第三人参与应当依申请启动。

### （三）协商制定规则的程序安排

协商制定规则程序是政策制定行为中适用协商方式的规范，是公共政策目

---

① 有关非正式行为的信息公开会产生争议，这是因为行为本身尚未形成结论，公开会给相对人造成不可预期的影响，同时该类行为属于政府日常行为，数量庞杂，且多数行为没有公开的价值，徒增行政机关工作量和信息运维成本。

② 例如，环境监管部门发现甲工厂的空气净化设施技术落后，必须更换，这对居住在工厂附近的居民生产、生活具有潜在影响。在监管部门与工厂的协商过程中，居民可以作为第三人参与其中以保障自身权利。

标和任务的形成过程。在政府治理模式下，规则的协商制定不是通常意义的"公众参与"，二者差别表现在：一则社会公共组织和私人主体不再仅是政府征求意见的对象，而是以主体身份参与规则的制定，与行政机关分享决策权，从而淡化了体制内和体制外的治理主体界限。二则协商不仅是对行政机关所提解决方案的简单回应，也是阐释问题的机会，所形成的是可以共同负责实施和持续修正的规则，而非互动一次就不再协商。因此，协商制定规则关注的是公众参与的实质意义，强调民主价值和参与效果的融合。这一程序大致包括以下内容：

首先，程序的目标与启动。协商制定规则旨在解决公共行政中存在的问题，以完成行政任务为导向。它要求参与者与所欲解决的问题具有利害关系，并有着相关的知识和能力进行面对面的协商活动以达成最佳解决方案。在协商过程中，各方用所掌握的证据材料来支撑自己的观点，民主平等地辩论，使信息得以共享和充分利用，同时也让当事一方在面对颠覆自己观点的优势证据时难以固执己见，且在共同制定规则和持续互动下，培养起参与者之间的互信，以减少规则的实施成本，从而使方案更具正当性和有效性。协商制定规则的目标确定主要源自三个方面，即法律对行政机关任务的规定、上级机关的命令和行政机关根据其职能自己确定的任务。结合工具理性原则考虑的规则对任务完成的有效性，那么是否适用协商方式制定规则的选择权应为行政机关控制。换言之，协商不是规则制定的唯一路径，行政机关应当就单独或者协商方式进行"成本—收益"分析以确定规则制定的适宜方式。因此，行政程序法应当规定行政机关享有协商制定规则的启动权，且须在协商之前由行政机关确定目标和拟采用的手段。此外，行政程序法应当赋予社会公共组织和私人主体享有请求权。对于行政机关拟单独制定规则或者尚未制定规则来达成行政任务，社会公共组织和私人主体可以向行政主管机关提出协商制定规则的申请，由该机关对申请作出相应处理。若不服处理决定，可以提起行政复议。但是，规则制定本质上是政策形成过程，属于行政自主权范畴，法院不能干预行政机关的选择方式。

其次，程序的主体。这主要涉及确定规则将会影响的各种利益，包括广度和深度两个方面。在协商主体的广度上，民主正当性要求受拟定规则影响的利益主体均有资格参与协商过程。在协商主体的深度上，它与主体利益受规则影响的强度成正向关系，即深受规则影响的利益，其主体往往有着强烈且深度的参与。基于主体利益和规则的关联程度,这里将主体区分为"直接利害关联人"①和"间接利害关联人",前者是指规则直接针对或者影响的特定利益主体,后者是指规则间接影响的一般利益主体。协商制定规则的程序不可能完全开放,只能由直接利害关联人的代表参加,或者在有充足理由认为代表人不能有效代表其利益的,经申请行政机关同意后,方可亲自参加。为缩小参与各方在资源、知识、商谈能力、对政策的影响力等方面差距,直接利害关联人应当形成组织化利益团体,而行政程序法也可以给予弱势一方以财政、信息等支持。协商达成的规则必须通过规范性文件数据库和网上检索系统公开,任何人均可以查询和下载,接受间接利害关联人监督与评论。

再有,程序的商谈规则。行政程序法应当为商谈过程提供公开公平的程序,既要维护行政机关的公益代表者和程序主导者地位,又要确保各方利益代表结构平衡,保证协商沟通的平等。商谈过程大体分为两个层次,一是具体商谈活动的规程形成,二是依据规程协商制定规则。一般而言,行政机关应当事先拟定商谈目标、信息获取、方式等具体规程,再征询其他参与者意见并予以适当修订,但经其他代表请求,规程也可以协商制定。在制定规则的协商中,行政机关应当均衡考量各方利益代表提出的方案,协调各方诉求,作出选择以形成可接受的规则,并说明理由。但是,规则不是一次性的交易,它包含了任务目标和实现标准的合意内容,使之必须对具体情况保持回应。为此,行政程序法还应当设置开放性反馈机制,建立信息披露和共享平台,创设定期评价和重启协商的反思性制度,允许行政机关通过非正式沟通来促进规则的灵活实施。

最后,程序的法律后果。规则应当是协商达成的共识。除规定未采纳意见的说明理由制度外,行政程序法要规定案卷排他性原则,明确规则是以记录在案的协商内容为依据。但是,协商制定规则的民主正当性和可接受性不能超越合法性,"法标准具有优先性,亦即欠缺可接受性并不会夺走适法决定的拘束性。反过来说,违法决定也不会因为他被接受而免于法反应的评价"。②因此,行政程序法应当设定行政系统内部对规则形成过程和规则内容的监督程序,如规则须交上级机关备案、公民有权向决定机关申请审查规则的合法性。就司法审查

---

① 秦小建:《政府信息公开的宪法逻辑》,《中国法学》2016年第3期。
② [德] 施密特·阿斯曼:《秩序理念下的行政法体系建构》,林明锵等译,北京大学出版社2012年版,第99页。

而言，法院对规则内容进行实质审查的作用是有限的，因为法官熟知法律但并非公共行政专家，所以司法审查应以协商的程序为重点，关注程序规则的遵守、权利的保障、公益的实现等，给予行政机关、社会公共组织和私人主体充分的程序空间。

### （四）合作执行行政任务的程序安排

合作执行行政任务程序（以下简称"合作行政程序"）是任务执行行为中适用私法方式行政的规范。合作可以依据协商制定的规则，也可以是行政机关依法执行任务时选择的方式，它是政策目标框架之内的行为，其载体通常表现为契约，涉及的是任务目标在操作层面的实施程序。合作行政程序的总体特征是既有私法契约的意思自治成分，又强调通过公法程序优化市场机能，且以约束公共权力为重点，旨在实现公益和私益的均衡。我国虽未制定统一的行政程序法，但是单行法规和地方行政程序规章对合作行政程序已有所规定，其中以行政合同为典型。这里重点探讨以下三个问题：

首先，参与和对象选择的程序。合作行政过程中的公共参与程度没有协商制定规则的范围广泛，且在一些情形下，合作并不意味着当事一方对合作内容没有异议，但不合作却会引致行政机关的强制执行，所以合作有时仅是不错的选择。[①] 参与的公共性不足会导致合作行政受到民主正当性缺乏和专家统治的批评，因为无论是私营化、服务外包还是契约规制都是行政机关与利害关系人之间签订契约的结果，它将民主授权政府履行的职能转移给了社会公共组织或者私人主体，使政府有了逃避民主监督的可能。不过，合作行政本质上是以协商民主为理论基础的，合作的民主正当性可以通过程序的公共性改革和责任性机制来补强。这就要求，一是合作行政程序应当注重信息公开制度建构。行政机关既要在契约订立前完整披露合作的目标、任务、时限、评估标准、权利与责任等内容，也要公开契约订立过程的合意情况以及由此形成的契约内容，还要及时公布对契约执行情况的监督和评价报告。二是合作对象应当适用竞争性方式选择。经信息公开吸纳到众多潜在合作者后，行政机关应当采用招标、竞争

---

① 例如在契约规制中，政府计划限制烟草企业产量，尽管企业往往对限制行为有异议，但是为了维续与政府的良好关系，且在契约合意过程中可以最大限度地维护自己权益，可能会形成替代方案（如在约定时间内以产量递减达到控制产量、其他政策支持等），企业会接受该规制方式。

性谈判等方式择优选择符合条件的合作方，并向社会公示。合作方在合作期间应当具有完成行政任务的财产、人员、设备等条件。三是合作过程和结果接受公共监督和问责。行政程序法可以赋权具有资质的第三方组织独立地监督或者审计契约执行情况。

其次，合作过程的监管程序。合作行政的监管程序主要包括内部监管和外部监管的方式、步骤。内部监管是行政机关对具体执行任务的合作方的管理。它要求行政机关定期检查合作方在法律、标准、技术规范等方面的执行情况，分析评估行政任务执行状态，适时调整财政补贴，这些监管工作和改进方案应当以书面报告形式及时向社会公开。为应对特殊情况下提前终止的合作任务，行政程序法应当设置政府临时接管程序，确定接管部门选定方法和资产设备接收步骤。外部监管是指权力机关、检察机关、上级行政机关、社会公共组织和私人主体对合作中政府和合作方的监督。由于这些监督方式不只是针对合作行政，行政程序法可以设置"行政监督"章节，总体上明确上述主体的监督权限。

最后，程序的法律后果。合作行政程序运行的结果通常是书面契约，这些契约不仅是公共服务供给或者规制管理的工具，也是约束行政机关和合作方的责任性机制。从责任性看，契约内容应当详细约定政府和合作方的责任和惩罚方式，也可以要求合作方遵守说明理由、信息公开、回避、禁止单方接触等程序规则，还可以规定合作方自我管理的绩效标准，或者是第三方的独立监督、审计。契约的合意责任可以是法律法规尚未规定的义务，也可以是严于法律法规已规定的义务。概言之，行政程序法应当以责任导向作为契约订立的原则。

此外，社会公共组织和私人主体承担行政任务还有个关键问题是：一部独立的私人行政程序法的制定必要性。在美国，正当程序条款只适用于"政府行为"，私人主体所从事行为符合政府行为标准的才要求适用行政程序。[1] 在德国，除私人主体以私法方式执行行政任务时较少受公法规则约束外，行政机关以私法方式行政或者私人主体以公法方式承担行政任务，都要受公法规则制约。[2] 我国理论

---

① 高秦伟：《美国行政法中正当程序的"民营化"及其启示》，《法商研究》2009 年第 1 期。
② ［德］哈特穆特·毛雷尔：《行政法学总论》，高家伟译，法律出版社 2000 年版，第 422 页。

界有主张制定统一行政程序法[1]和私人行政单独立法[2]两种观点。法律对私法方式行政规定严格的程序义务，会阻碍非政府主体参与治理的效果，且鉴于私法方式的特殊性，单独立法的理由有相当说服力。然而，我国是政府主导的治理模式，行政权对治理主体结构的架构作用大，且政府负有监管社会公共组织和私人主体执行任务的职责，因此为保证程序的有序、有效和灵活，应当制定统一的行政程序法，其中可以专章规定社会公共组织和私人主体执行行政任务的程序。

# 第四节　行政监督与救济的复合多元机制建构

传统行政法中监督与救济制度的目的是纠正行政权错误行使和保护个人权利。在任务导向和结果最优的政府治理新模式中，监督与救济制度的功能不应再拘囿于事后给付救济，而应当具有能动性、多元化，发挥促进行政任务最优化完成的法治保障与支撑功能，因此必须对监督行政和行政救济的制度结构进行改造。

## 一、权力制衡的多元监督行政机制改善

为使监督行政制度适应政府治理模式发展，建设法治的责任政府，应当改革和完善现行监督行政制度结构，建构起核心明确、保障有力和关键突出的多元、能动的监督机制。

---

① 喻少如：《合作行政背景下行政程序的变革与走向》，《武汉大学学报（哲学社会科学版）》2017年第3期。
② 周敏：《治理现代化背景下的行政程序变革与走向——以公私协力为视角》，《法律科学（西北政法大学学报）》2015年第6期。

### （一）以监察委员会的政治监督为核心

监察体制改革是国家政体和权力监督体制的重大变革，[①] 学界对国家监察体制改革的现实需要和意义是认同的。对监督行政而言，监察体制改革通过优化整合配置国家监督权，建立统一独立权威的监督机构、扩大监督对象范围、丰富监督手段以及实现执纪与执法衔接，这是适合国情的解决监督结构失衡的法治改革思路。作为人民代表大会产生的政治机关，监察委员会将成为监督政府及其公务员的核心机关。为回应政府治理变革，深化监察体制改革至少应包含以下内容：

首先，监察职能要统筹"对人监督"和"对事监督"。目前监察活动主要是"以人为主"展开的，绝大多数监察线索源于检举揭发、巡视、审计等途径，理论上讲，"人"和"事"是关联的，特别在我国实践中，"一把手"腐败是反腐的难点和重点，以至可以将能否管得住"一把手"作为区别人治与法治的标准。[②] 从保障权力良善运行来看，"对事监督"才是现代监督制度的关键，如效能监察、执法监察[③]，它是以行政权的生成与运行为基础，通过对权力的过程性和结果性控制，构建积极的腐败治理体系[④]。

健全完善监督体系应当赋予监察委员会以对事监督权。一是明确监察委员会对行政权运行过程的全面监察职能，确立执法监察和效能监察的独立地位。二是明确"对事监督"的法定范围是行政机关行使行政权或者协商作出的具有政治性影响的重大决策、决定、规范性文件等抽象行政行为。它要求行政机关在作出决定前，应当将该事项涉及的法律依据、权限、程序、腐败风险等内容报告监察委员会，经合规性确认后，行政机关方能行使权力，且监察委员会应当对其合法性、合规性及效能进行动态监督。对于未经报告所作出的决策、决定，监察委员会有权随时进行合法性审查。若存在违法、不正当行使权力或腐败风险，应当要求决策机关或提请上级机关予以修改或者废止。三是"对事监督"的法定方式为书面审查和实地调查，同时要建立起权力行使方案报告制度、权力行

---

① 1982 年《宪法》修改前，王连昌提出在人民代表大会之下设立与政府平行的国家监察机关的建议。参见王连昌：《建议重建国家监察机关》，《现代法学》1981 年第 3 期。有关我国监察体制沿革，参见朱福惠：《国家监察体制之宪法史观察——兼论监察委员会制度的时代特征》，《武汉大学学报（哲学社会科学版）》2017 年第 3 期。

② 秦前红：《国家监察体制改革宪法设计中的若干问题思考》，《探索》2017 年第 6 期。

③ 刘峰铭：《国家监察体制改革背景下行政监察制度的转型》，《湖北社会科学》2017 年第 7 期。

④ 刘艳红：《中国反腐败立法的战略转型及其体系化构建》，《中国法学》2016 年第 4 期。

使方式变更告知制度、权力行使结果备案制度。还要明确"对事监督"的法律后果，监察委员会对怠于履行监察纠错义务的行政首长，或者监察官失职失察导致政治性事件发生的，均应依法追责。

其次，监察目的要促进良法善治的实现。宏观上看，反腐败的根本目的是实现国家治理体系和治理能力现代化，因此在个案查处时，监察委员会还应当发挥提升政府善治能力的功能。一是制定和发布良善行政的行为准则或指导意见[1]，督促行政机关提供优质的公共服务和管理。如在协商制定规则中，为公务员提供规范用语、行为姿势、谈判技巧、材料准备方法、回应利益关联人的方式等内容的指导手册。这类指导性文件不具有法律强制力，但由于准则通常与公务员职业伦理和纪律相关联，所以可以作为监察机关评价政府治理能力的标准。二是健全监察建议制度。监察委员会对个案调查中发现的有关制度机制存在空白、缺陷、执行不到位、潜在风险或者其他普遍性问题，可能导致权力滥用或腐败的，可以提出个案监察建议。对于一定时期内存在的系统性、普遍性问题，可以发布监察白皮书等综合性监察建议。

### （二）以检察机关的法律监督为保障

检察机关是我国宪法设定的法律监督机关，承担着监督行政权和司法权的职能。但由于法律直接规定检察行政监督的范围有限[2]，检察权在实践中主要发挥着诉讼监督的功能，对行政权的监督与宪法定位还有较大差距。在国家监察体制改革背景下，检察机关的部分权力剥离和职能整合，再次引发了对其职能定位和权力属性的讨论，但也为优化检察机关的宪法职权、明确其法律监督的职能属性提供了契机。[3] 因此，为更好地发挥检察权对行政权的法律监督功能，与监察监督形成合力，促进政府治理法治化，应当在健全诉讼监督的同时拓展检察行政监督方式。

首先，监督政府监管。检察机关监督政府监管是推动依法行政，确保监管规则有效执行，促进公共政策目标实现，以及维护公民和其他组织合法权益的

---

[1] 在宪法理论逻辑上，最高监察机关由全国人民代表大会产生，应当具有相应的立法权或者法律解释，而监察机关作出准则、指导意见等规范性文件应是原生职能的延伸。

[2] 王玄玮：《论检察权对行政权的法律监督》，《国家检察官学院学报》2011 年第 3 期。

[3] 刘茂林：《国家监察体制改革与中国宪法体制发展》，《苏州大学学报（法学版）》2017 年第 4 期；袁博：《监察制度改革背景下检察机关的未来面向》，《法学》2017 年第 8 期。

需要。在政府治理中，检察监督既要注重对执法监管的监督，也要强化对政府与企业、社会公共组织、公民协商制定的监管规则、政府确认的私人规制手段、行政协议等"软法"监管方式的监督。作为法律监督方式，检察行政监督只能监督政府监管的合法性，监督重点是其具体监管行为。[①] 对于损害公共利益的侵权行为，检察机关还应当督促负有监管职能的政府或者社会公共组织提起民事诉讼。检察行政监督的方式是程序性的，是督促依法履行监管职责或者纠正违法行为，一般采用检察建议、督促起诉意见书、检察意见等方式，且要遵循行政处理优先原则，不能在行政权尚未行使之际就予以评价，造成检察权对行政权的不正当干预。

其次，公益诉讼监督。较之个人利益，公共利益往往会因主张者的缺位、有限认知或者不勤勉等情况而更容易受到侵害。为解决这一问题，现代法治国家的普遍做法是以法律来确认或形成客观的公共利益。[②] "公共利益"是我国法律中的常用词语，但法律保护公共利益的实体和程序规定都过于原则，导致公共利益在现实中被损害、被利用的现象经常发生。因此，法律要设定一个能够代表公共利益的主体，对侵害公共利益的行为提起并参与诉讼，实现公益性法律的作用，而检察机关具有的权威、诉讼经验和法律手段，使之成为这一主体的最佳选择。[③] 2015 年检察机关提起公益诉讼的试点改革启动，并建立起了行政和民事两种公益诉讼制度。对于政府滥用行政权或疏于监管，或者企业、社会公共组织在供给公共服务和管理中滥用特许权或怠于执行行政任务，造成公共利益重大损害的，检察机关可以提起诉讼。公益诉讼是必要的，但又是高成本和耗时的问责手段，且检察机关应当充分尊重其他主体处理自身范围内事务的职权，避免频繁诉讼，造成对正常公共管理和服务供给的干预。[④] 为此，法律应当设定诉前通知程序，要求检察机关在诉前将违法事项告知相关主体并限期改正，若违法行为在此期间获得纠正，则不必提起诉讼。

---

① 湛中乐：《三个层面构建科学的行政检察监督体系》，《人民检察》2015 年第 2 期。

② 胡锦光、王锴：《论我国宪法中"公共利益"的界定》，《中国法学》2005 年第 1 期。

③ 李艳芳、吴凯杰：《论检察机关在环境公益诉讼中的角色与定位——兼评最高人民检察院〈检察机关提起公益诉讼改革试点方案〉》，《中国人民大学学报》2016 年第 2 期。

④ 秦前红：《检察机关参与行政公益诉讼理论与实践的若干问题探讨》，《政治与法律》2016 年第 11 期。

### （三）以行政机关的专业监管为关键

政治监督和法律监督是政府行为公平性和可问责性的基本保障，进而保证了行政目标的最优化实现，但它们都增加了政府监管成本。政府是政策形成和专业知识集中的组织体，公共行政改革和质量监管的权责理应配置给政府部门或独立监管者。[①] 政府公正执行和运用监管规则，审慎行使规则规定的行政自由裁量权，才能降低监管成本和提升监管规则遵守程度。因此，要适应政府治理方式变革，建设法治政府，必须改进我国政府的监管方式。

首先，建构规制政府与企业、社会公共组织合作的法律体系。在《政府采购法》等法律基础上，制定公共行政合作法，实现合作行政及对其监管的有法可依。国务院、地方人大或政府再据此细化制定实施条例、具有地方特色的法规和规章，逐步完善政府与民间合作的法律体系。在法律内容上，一是要将平等协商、诚实守信、公平公正、合作共赢、风险共担确立为协商合作行政的基本原则，平等保护合作各方权益。在落实政府依法监管原则的同时，合理适用比例原则，以平衡公共利益和私人利益。二是监管方式至少应包括执法高权监管和动态弹性监管。在政府依法定期监管之外，法律应给予企业和社会公共组织自我行动和监督的弹性空间，并以政府监管为后盾督促其自我监督。监管实施又是审查监管规则的过程，对于发现的问题，要适时采取"一揽子"的综合改革措施，调整监管政策并改进监管规则。三是明确政府及其公务员对滥用行政协议解除权、缔约过失、违背诚实信用原则的法律责任，依法追责，以保证政策的稳定性，增强双方互信。[②] 在被监管者质疑监管时，监管者应当与之平等协商，而对于不合理的诉求，应依法作出公正处理。从相关配套立法看，应尽快制定《中华人民共和国行政程序法》，作为规制政府监管和保障合作者权益的重要法律。鉴于这一问题前文已有论述，故不再赘述。

其次，建立专业化监管机构，培育专业监管人才。目前较为普遍的是在行政系统内设立综合性和部门性监管机构，并以完成监管任务为导向，依法为监管机构配置职权和资源。这一体制的问题在于监管者事先参与制定监管政策或

---

[①] 经济合作与发展组织编：《OECD 国家的监管政策——从干预主义到监管治理》，陈伟译，法律出版社 2006 年版，第 102 页。
[②] 李楠楠：《论"问责制"在政府与社会资本合作（PPP）中的运用》，《财政科学》2017 年第 4 期。2018 年 1 月 2 日，最高人民法院发布了《最高人民法院关于充分发挥审判职能作用为企业家创新创业营造良好法治环境的通知》（法〔2018〕1 号），要求对仅因政府换届、领导人员更替等原因违约、毁约的，依法支持企业的合理诉求。

规则,又是规则的实施者,违背了"任何人不得做自己案件的法官"的法律训诫。[①] 在一定程度上,专业化发展往往会推动监管机构走向独立化,但这又会引发维持与其他政策、国家机构一致性等的问题。结合大部制改革背景,健全监管协调机制应是监管专业化建设的适宜举措。在此前提下,要将内部人才培养和外部咨询机构合作结合起来。在内部人才培养中,政府既要敢于运用聘任、委任方式招录专业监管人员,又要完善公务员培训,帮助现有公务员更新知识和提升能力以助推角色转型。在外部咨询中,政府要加强与咨询机构、专家的日常联系,注意保持监管政策的连续、协调,避免监管政策的割裂。

## 二、权利保障的多元救济机制改进

### (一) 行政诉讼制度的再创新

2014 年《行政诉讼法》和 2018 年《最高人民法院关于适用〈中华人民共和国行政诉讼法〉的解释》对行政诉讼制度已有不少创新,相当程度上突破了政府管理的理念局限,但是依然不能为政府治理中混合性纠纷提供充分、明确的审查依据和救济保障。

首先,行政诉讼受案范围有待深入拓展。《行政诉讼法》及其司法解释采用"概括+肯定/否定列举"方式确定的受案范围仍主要是单向性、强制性行为,协商性与合作性行为极少,而且行政指导、调解、行政机关作出的过程性行为等均被排除出受案范围。这意味着权利救济途径要窄于政府治理过程中主体及其行为产生的纠纷类型。同时,《行政诉讼法》规定受案范围的立法技术也值得商榷。该法第 2 条没有界定行政行为的内涵,实际是赋予了法院解释行政行为来控制行政诉讼规模的自由裁量权,那么在肯定性列举和否定性排除之间,就会产生大量有关案件性质的争议地带。在立案登记制下,这些既不属于肯定性又不属于否定性范围的案件类型,会成为法院根据具体受案数量来选择性受理,它容易导致司法权的滥用。此外,《行政诉讼法》对行政主体的认知还停留于行政机关和授权组织的层面,这也窄于政府治理的行政主体多元结构范畴。因此,

---

① 温来成等:《政府与社会资本合作(PPP)财政风险监管问题研究》,《中央财经大学学报》2015 年第 12 期。

为化解政府治理中产生的纠纷，必须将行政诉讼的受案范围和被告的主体范围作扩大调整。由于我国已经确立了立案登记制，立法技术上对行政诉讼受案范围可以采用"原则肯定＋否定列举"的方式，即公民及相关组织不服行政行为的，都可以提起行政诉讼，同时明确列举应当排除的案件类型。如此，既能促进行政诉讼与政府治理的接轨，也能推动行政诉讼与立案制度的衔接。

其次，行政裁判审查与适用依据的拓宽。在政府治理中，除国家的制定法之外，协商制定的规则、自治规约、契约等软法被大量适用于处理公共事务，它们提高了行政的正当性和可接受性，也给行政诉讼带来了新的审查对象。诚然，法院对行政的合法性审查仍是行政诉讼的重点，但是与合理性审查的结合已是不可逆转的趋势。政府与社会公共组织、企业、公民的权力分享，可以经司法的合理性解释来使之合法，如比例原则、公序良俗。同时，司法又必须坚持公权力不可处分性的底线，严格审查协商形成的规则和合作共治行为，要确保这一行为在法治范畴内以法治思维和法治方式运作。不过，就审查强度而言，法院对协商、指导、合作等柔性行为的审查应当弱于对行政处罚等强制性行为的审查力度。法院还可以在裁判文书的说理部分适当援用协商性、合意性规则，以证明政府行政的合理性与否。

最后，行政审判方式的多样化发展。新行政诉讼法为行政审判提供了一些新的程序制度，如简易程序、调解、附带民事诉讼等，但这还不能完全与政府治理中混合性纠纷的化解诉求相接轨。政府治理的行政自主、公私互动与结果最优，要求司法在公平的基础上综合运用公、私纠纷解决方式，高效率地解决争议。具体而言，一是扩大简易程序适用范围，并进一步简化程序环节。对于事实清楚、权利义务关系明确、争议不大的第一审行政案件，原则上都可以适用简易程序。二是扩大调解的适用范围。对于政府治理中公私合作产生的纠纷，都可以通过调解结案，因为合作行政是以双方协商达成合意为前提的。三是完善行政附带民事诉讼，将涉及公权力和公共职能的纠纷一概纳入行政诉讼范畴，"一揽子"解决行政争议，进而理清行政诉讼和民事诉讼的界限，建立起二者之间有效衔接的程序机制。四是增加行政和解制度。和解的当事人主义与政府治理中协商合作的民主精义是相契合的，它们都主张国家权力谦抑和尊重利益主体意愿。和解制度在刑事司法领域的适用，早已突破国家权力不可处分性的限制。况且，和解在行政审判实践中已被广泛适用，也就是通常所说的"做当事人的工作"，结果上表现为和解后的原告撤诉。

## （二）行政审判体制的内生式改革

《行政诉讼法》修改和铁路运输法院改革之际，原本是设立行政法院的良机，但由于诸多因素导致机会流失。[①] 在当前制度框架中，要与政府治理模式相适应，行政审判体制必须改革与行政区划重合的管辖机制。首先，通过司法解释给予原告管辖选择权。行政审判管辖权是防止政府干涉案件审理的制度安排。考虑到诉讼便利和对选择权的尊重，若原告选择在当地基层法院起诉，应当允许。这也符合政府治理中主体间协商合作，并由主体自行选择决定自身权益实现方式的理念。其次，加快推进行政案件的跨行政区划和相对集中管辖。以铁路运输法院集中管辖为依托，推动基层法院跨行政区划管辖，使行政案件全部纳入跨行政区划管辖范畴。对于集中管辖产生的案件数量增速过快的情况，相关法院可以打破按照业务庭的性质分案的做法，实行随机分案。最后，制订专业法官培养计划。对集中管辖行政案件的法院，高级法院应当以培养专业化行政审判人员为目标，在人员招录、遴选、培养、轮岗、生活关照等方面予以政策倾斜，同时协调政府，安排候选法官到行政机关挂职，使之熟悉行政规律。

## （三）多元纠纷解决机制重构

政府治理的混合性纠纷需要多元纠纷解决方式，且不同方式之间应当形成相互配合、有机衔接的机制。但是，我国的多元纠纷解决机制与行政诉讼之间衔接不足，替代性纠纷解决方式没有充分发挥出过滤行政争议的应有功能，导致大量争议涌入行政诉讼。行政争议往往有着由小到大的发展轨迹，相应的纠纷解决制度安排应当是由灵活性、柔性到程序性、刚性的递进。换言之，在争议初始阶段，双方矛盾较为缓和，往往是纠纷化解的最佳时期，应当尽可能提供方便、灵活的多元纠纷解决途径。通过不同纠纷解决方式的衔接递进，逐步过滤纠纷数量，使法院有权威和精力处理剩下的争议。因此，多元纠纷解决机制应当建构起替代性纠纷解决方式前置、行政复议居中、行政诉讼居后的结构。

替代性纠纷解决机制前置，有助于协调各方力量及时化解行政争议。在行政争议产生之初，当事双方之间矛盾尚未完全激化，而替代性纠纷解决方式的多元化、程序的非正式性、变通灵活性、平和互利性，正好能够满足实质性化

---

① 莫于川：《〈行政诉讼法〉修改及其遗留争议难题——以推动法治政府建设为视角》，《行政法学研究》2017 年第 2 期。

解争议的需要。相反，一旦发生行政争议即向法院起诉，在对抗性司法程序中，原、被告之间矛盾已经激化，且对采用替代性方式解决纠纷的意愿微弱。如果法院坚持适用替代性纠纷解决方式，容易造成当事人与法院之间的对抗，同时也会使公众误认为行政诉讼的纠纷解决功能不足，从而损害司法权威和公信力。替代性纠纷解决机制前置要求，一是建立政府先行化解的主体责任。在行政活动之前，政府治理的政策设计中应当有防范和处置纠纷预案，减少行政争议发生的潜在风险。在纠纷发生后，执法人员、部门领导、行政机关负责人应当依次化解，回应相对人的利益诉求，降低对抗情绪。同时，对于在行政纠纷化解中推诿或者不作为，造成严重后果的，应当追究执法人员或者相关领导的违法违纪责任。二是法制建构行政调解、行政仲裁、行政和解制度，完善各个纠纷解决机制之间的协调与衔接，给予公民对纠纷化解方式的选择权，最大限度地发挥政府化解纠纷的制度和资源优势。三是依法确立社会公共组织的纠纷化解主体地位，以填补政府和国家制定法在行政争议解决中的空白。

　　行政复议居中，有助于承前启后高效化解行政争议。行政复议对行政争议的化解能力和程度，直接影响到行政诉讼的制度安排。以政府治理的行政自主与自制原则为参照，它要求激活和强化行政复议制度的纠纷解决功能：一是扩大行政复议受案范围。行政复议的本质是上下级政府之间的层级监督，是对下级政府活动的全面监督。因此，政府治理中产生的所有纠纷均应当纳入复议范围。二是建立简化的司法化复议程序，确保行政争议得到中立、公平的解决。行政复议机构应当具有相对的独立性，建立行政复议委员会，推动行政复议权的相对集中行使，复议委员设常任委员和非常任委员，常任委员应当从具有法律职业资格的人员中选拔，非常任委员应当为公共行政、行政法领域专业人士，复议案件审理适用庭审程序，以少数服从多数原则，由委员合议讨论决定案件处理，同时实行一级复议制度，当事人不服复议决定的，可提起行政诉讼。

## 三、政府治理的司法再造

　　在国家治理体系中，法院不是政府治理的对抗者、旁观者和附和者，而是协商者与合作者。人民法院和人民政府有着相同的使命和宗旨，只是国家职能的不同分配，使之必须站在不同的角度来协调配合对方的工作。通过对行政案件的审理，法院可以发现政府治理存在的不足，并为政府治理方式的改进提供法律意见。

行政裁判文书是协商政府改善治理的方案建议。法院审理个案的裁判文书是法律上肯定或否定评价政府治理行为，它为政府完善政策目标、规范行为程序、强化行政法制建设、提高行政效率、实现公平行政提供了行为指引，也为社会公共组织、企业和公民提供了与政府协商、合作共治的行为规范，而且指明了权利救济的理性路径。同时，法院对混合性纠纷的裁判有助于规范协商合作的疆域，厘清政府专属的公共职能和公共责任。

行政审判的裁判释明和回应制度是促进政府善治的动力。行政审判应当迈向开放、合作，这是政府治理对司法的启示。开放、可接近的司法是能够提供多方交互沟通的对话平台，并通过法官释法明理，疏通当事双方矛盾，缓解司法权与行政权之间的紧张关系，弥合因争议而破损的行政法律关系，又有理有节依法肯定政府合法行为或者否定违法行为，引导后续行政依法规范进行，促进政府良善行政。

行政司法建议是法院与政府合作共治的纽带。司法建议是刚性行政裁判的柔性补强，它既能够集中反映个案审理中发现的普遍性、共性问题，使政府能够及时完善相关制度，健全政府治理机制，同时也是对公民及其他组织合法权益的保护。但是，司法建议是以行政裁判为基础的，不能以建议方式而放松对政府的诉讼监督，要将二者有机结合以规范和促进政府善治。司法建议不限于书面，法院还应当借助与政府的联席会议、协调会议、培训等合作平台来提升政府治理能力。在政府治理变革中，法院与政府各司其职又互相配合，是现代公共行政和行政法律秩序的合作建设者，共同担负了建成政府治理现代化和法治政府的时代使命。

# 结语：为了更美好的生活

　　法律的自然作用是造成一个伟大的民族，而不是统治这个伟大的民族。这是孟德斯鸠对古罗马帝国盛衰原因的总结，也是萦绕本书的魂灵。

　　新世纪以来，我国经济社会高速发展，人民生活富裕安康，中国距离民族复兴从未如此接近。光荣时代之下常伴有时代的暗影，这是一个折叠的时代。在社会转型和国家法治建设加快的背景下，公共事务愈加繁杂，政府管理遭遇瓶颈，公民对实质法治的需求日益强烈。政府理政方略和行政法面临着转型变革的现实呼唤。2013年，党的十八届三中全会提出推进国家治理体系和治理能力现代化，强调切实转变政府职能，深化行政体制改革，实现有效的政府治理。它宣告中国政府理政方略由"管"向"治"的转变。政府治理现代化的核心是法治政府，是以良法治理政府，而政府又以良法施行善治，二者互相融合、同步推进、有机统一于国家治理现代化之中。

　　政府治理根植于中国特色社会主义实践，主张政府主导的多元主体参与，公共权力运行的多向互动，协商与合作为主的治理方式，寓管理于服务之中、以人为本的行政目的。它强调政府对市场、社会和公民的责任与终极关怀，既要求政府培育企业、社会公共组织和公民管理国家事务、经济文化事务的能力，以人为中心，关心人的解放、自由和尊严，又要求政府自我变革以建成现代政府。政府治理的内核是民主，它承袭了政府管理改革成果，又摒弃了一元化、单向度、强制性的管理弊端，并从内、外两个维度进行着治理变革。在政府治理内在维度上，政府推动着其职能向有限有效方向优化，对组织机构进行扁平化改造，促进了政府活动由片面追求效率向公平行政的调适。在政府治理外在维度上，政府着力打造多元化治理主体结构，为实现公共服务最优化供给的行政目标，合理选择公私混合的多样化治理行为方式。

　　伴随政府治理变革，与政府管理相适应的传统行政法面临着挑战与困境。在功能上，政府治理要求行政法从传统的维护权力转向规范、控制权力。在价值追求上，与治理相契合的行政法主张公平和自由优先，以矫正片面追求秩序和效率所造成的消极影响。同时，传统行政组织法对政府内在维度变革的规范不足，也缺乏规范多元主体结构的制度安排。单一性、强制性的传统行政行为法也无法有效规制刚性与柔性并重的多样化治理行为，而且对抗性、单向度的传统行政程序法也无法为协商性、交互式、多向度的政府治理行为提供程序引导。特别是，政府治理的主体多元、行为多样，使得治理关系表现出公、私复合和混合状态。传统行政监督机制无法制衡政府权力的扩张，而且对政府治理产生的混合性纠纷，行政救济也缺乏足够的应对机制。

行政法必须重构自身功能与结构以回应政府治理变革。政府治理需要谦抑的行政立法，积极自主的行政执法，能动有效的行政监督与救济。行政组织法应当加快推进政府职能与机构设置的法制建构，促进政府体制改革的法定化、程序化和规范化，建立政府体制改革的监督和评价机制，并及时将改革成果通过立法固定下来。同时，要转变一元化行政主体、"政府—相对人"二元关系结构的制度设计基点，构建行政主体多元、"政府—社会公共组织、企业、公民—相对人"多向度互动网络关系结构，建立以政府责任为中心的责任体系，厘清合作共治的疆域，规范政府主导权，明确社会公共组织、企业和公民在协商共治中的辅助责任。同时，行政行为法应当以行政为面向，不偏执于传统理论的拘囿，建立"规则制定—任务执行"的行为方式体系，立法授权政府以行为方式选择权，尊重行政自主。在司法控制之外，建立交往理性的反思型行政程序法，将公平、平等价值融入行政化程序设计之中，为协商与合作治理提供充分的程序制度安排，强化对行政行为的自制力度。为保护公民权利与自由，必须强化对政府权力的制衡机制建设，建成以监察委员会的政治监督为核心、检察机关的法律监督为保障、行政机关的专业监督为关键的监督体系。在行政救济中，人民法院要进一步创新行政诉讼制度，深化行政体制改革，实质性化解行政争议，同时推进多元纠纷解决方式的功能整合，形成分工有序、强度递进和有机衔接的纠纷化解机制。此外，司法应当能动地以行政裁判、释法明理、司法建议、联席会议等方式协同政府改善治理，实现良法善治的共同使命和信仰追求。

但是，在政府治理与行政法的耦合共进中，治理的陷阱和法治的限度是不容忽视的：一是政府治理的回应性、灵活性和多样化，暗含着去中心化、去权威化，这与行政法中普遍性、权威性、时滞性的规则安排之间是有冲突的，必须协调灵活与权威的关系，警惕无政府主义和政府不作为。二是政府治理的开放性、透明性，要求不能固化利益群体、阶层，使新的利益群体能随时与政府协商共治。但是，行政法的重复实践会惯性地固化利益群体，使新的利益阶层难以挤入与政府的协商合作之中。因此，行政法必须开放制度设计，不断反思制度实践，并作出制度修正。三是政府治理存在民粹主义、民主滥用与低效、秩序失范的潜在风险，行政法要维护稳定、安全、有序的治理秩序，必须要协调好"精英治国"和"草根治国"的矛盾，确保治理秩序的可控。四是政府治理主张行政自主，但多元主体协商共治的责任分摊，导致的责任模糊和推诿责任，始终是行政法治的潜在威胁。对责任性的担忧，要求行政法对政府内部行为予以规制，建立联通内、外部行政的程序规则。同时，主体间性的网络化多元主体结构、多样化行为方式的选择也必须有完善的程序规制。诚然，政府治理现代化建设和行政法体系健全不是一蹴而就的，二者的发展完善之路，就是克服自身局限、互动共进的历程，是用法律提升政府治理能力和破解治理难题，以政府治理落实法律精神，建设法治政府的新时代征程。这也是今后研究需要长期深耕的方向。

相信法治能够造就一个伟大的民族，因为宪法给予了人民尊严，也会通过行政法让人民有着更美好的生活。

# 参考文献

## 一、中文文献

### （一）著作、学位论文文献

[1] 贺荣主编：《深化司法改革与行政审判实践研究（下）——全国法院第28届学术讨论会获奖论文集》，人民法院出版社2017版。

[2] 沈德咏主编：《全国法院优秀司法统计分析文集第十次获奖作品（四）》，法律出版社2017年版。

[3]〔美〕劳伦斯·弗里德曼：《二十世纪美国法律史》，周大伟等译，北京大学出版社2016年版。

[4] 姜明安：《行政法与行政诉讼法》，北京大学出版社、高等教育出版社2015年版。

[5] 娄成武等：《中国社会转型中的政府治理模式研究》，经济科学出版社2015年版。

[6]〔美〕登哈特·V.、登哈特·B.：《新公共服务：服务，而不是掌舵》，丁煌译，中国人民大学出版社2014年版。

[7] 俞可平：《论国家治理现代化》，社会科学文献出版社2014年版。

[8] 余凌云：《行政法讲义》，清华大学出版社2014年版。

[9]〔奥〕凯尔森：《法与国家的一般理论》，沈宗灵译，商务印书馆2013年版。

[10] 方世荣等：《"参与式行政"的政府与公众关系》，北京大学出版社2013年版。

[11]〔德〕阿图尔·考夫曼、〔德〕温弗里德·哈斯默尔：《当代法哲学和法律理论导论》，郑永流译，法律出版社2013年版。

[12] 谢庆奎：《民生视阈中的政府治理》，北京大学出版社2013年版。

[13] 王赐江：《冲突与治理：中国群体性事件考察分析》，人民出版社2013年版。

[14][英] 伯特兰·罗素：《权力论》，吴友三译，商务印书馆 2012 年版。

[15][德] 施密特·阿斯曼：《秩序理念下的行政法体系建构》，林明锵等译，北京大学出版社 2012 年版。

[16] 石佑启、杨治坤：《论部门行政职权相对集中》，人民出版社 2012 年版。

[17][德] 罗伯特·阿列克西：《法、理性、商谈：法哲学研究》，朱光、雷磊译，中国法制出版社 2011 年版。

[18][美] 戴维·E.阿普特：《现代化的政治》，陈尧译，上海人民出版社 2011 年版。

[19] 罗豪才、毕洪海编：《行政法的新视野》，商务印书馆 2011 年版。

[20][美] 朱迪·弗里曼：《合作治理与新行政法》，毕洪海、陈标冲译，商务印书馆 2010 年版。

[21] 高兴武、谢尚果：《政府职能的需求与供给分析》，广西民族出版社 2010 年版。

[22][法] 让-皮埃尔·戈丹：《何谓治理》，钟震宇译，社会科学文献出版社 2010 年版。

[23] 中国教育年鉴编辑部编：《中国教育年鉴 2009》，人民教育出版社 2010 年版。

[24] 刘天旭：《财政压力、政府行为与社会秩序》，知识产权出版社 2010 年版。

[25] 魏振瀛：《民法》，北京大学出版社、高等教育出版社 2010 年版。

[26] 周俊：《全球公民社会引论》，浙江大学出版社 2010 年版。

[27] 罗豪才、宋功德：《软法亦法：公共治理呼唤软法之治》，法律出版社 2009 年版。

[28][美] 杰里·马肖：《贪婪、混沌和治理》，宋功德译，商务印书馆 2009 年版。

[29] 石佑启等：《论行政体制改革与行政法治》，北京大学出版社 2009 年版。

[30] 杨秋菊：《政府诚信建设研究——基于政府与社会互动的视角》，上海财经大学出版社 2009 年版。

[31] 沈士光：《公共行政伦理学导论》，上海人民出版社 2008 年版。

[32] 石国亮：《服务型政府：中国政府治理新思维》，研究出版社 2008 年版。

[33] 王锡锌：《公众参与和中国新公共运动的兴起》，中国法制出版社 2008 年版。

[34] 吴浩：《国外行政立法的公众参与制度》，中国法制出版社 2008 年版。

[35] 夏书章：《行政管理学》，高等教育出版社 2008 年版。

[36][日] 盐野宏：《行政法总论》，杨建顺译，北京大学出版社 2008 年版。

[37] 章剑生：《现代行政法基本理论》，法律出版社 2008 年版。

[38][美] 加布里埃尔·A. 阿尔蒙德、[美] 小 G. 宾厄姆·鲍威尔：《比较政治学——体系、过程和政策》，曹沛霖等译，东方出版社 2007 年版。

[39] 刘莘：《诚信政府研究》，北京大学出版社 2007 年版。

[40] 马怀德：《行政法与行政诉讼法》，中国法制出版社 2007 年版。

[41] 马运瑞：《中国政府治理模式研究》，郑州大学出版社 2007 年版。

[42][美] 罗斯科·庞德：《法理学》（第 2 卷），封丽霞译，法律出版社 2007 年版。

[43][美] 罗斯科·庞德：《法理学》（第 3 卷），廖德宇译，法律出版社 2007 年版。

[44] 宋希仁：《社会伦理学》，山西教育出版社 2007 年版。

[45] 王名扬：《法国行政法》，北京大学出版社 2007 年版。

[46][新西] 迈克尔·塔格特编：《行政法的范围》，金自宁译，中国人民大学出版社 2006 年版。

[47] 陈世香：《行政价值研究——以美国中央政府行政价值体系为例》，人民出版社 2006 年版。

[48] 经济合作与发展组织编：《OECD 国家的监管政策——从干预主义到监管治理》，陈伟译，法律出版社 2006 年版。

[49] 强世功：《法律的现代性剧场：哈特与富勒论战》，法律出版社 2006 年版。

[50] 唐娟：《政府治理论》，中国社会科学出版社 2006 年版。

[51][美] 戴维·约翰·法默尔：《公共行政的语言：官僚制、现代性和后现代性》，吴琼译，中国人民大学出版社 2005 年版。

[52][德] 魏德士：《法理学》，丁晓春、吴越译，法律出版社 2005 年版。

[53][美] 劳伦斯·弗里德曼：《选择的共和国：法律、权威与文化》，高鸿钧等译，清华大学出版社 2005 年版。

[54] 叶必丰：《行政法的人文精神》，北京大学出版社 2005 年版。

[55] [德] 乌尔里希·贝克:《风险社会》，何博闻译，译林出版社 2004 年版。

[56] 丁开杰、林义：《后福利国家》，上海三联书店 2004 年版。

[57] 季卫东:《法律程序的意义》，中国法制出版社 2004 年版。

[58] [英] 简·莱恩:《新公共管理》，赵成根等译，中国青年出版社 2004 年版。

[59] 汝信等：《2005 年：中国社会形势分析与预测》，社会科学文献出版社 2004 年版。

[60] 王贵秀:《中国政治体制改革之路》，河南人民出版社 2004 年版。

[61] 杨海坤、章志远:《中国行政法基本理论研究》，北京大学出版社 2004 年版。

[62] 张康之:《公共行政中的哲学与伦理》，中国人民大学出版社 2004 年版。

[63] 张文显等：《法理学》，高等教育出版社、北京大学出版社 2004 年版。

[64] [美] E. 博登海默:《法理学：法律哲学与法律方法》，邓正来译，中国政法大学出版社 2004 年版。

[65] [德] K. 茨威格特、[德] H. 克茨:《比较法总论》，潘汉典等译，法律出版社 2004 年版。

[66] [德] 卡尔·拉伦茨:《法学方法论》，陈爱娥译，商务印书馆 2003 年版。

[67] [法] 卢梭:《社会契约论》，何兆武译，商务印书馆 2003 年版。

[68] 石佑启:《论公共行政与行政法学范式转换》，北京大学出版社 2003 年版。

[69] [英] 克里斯托弗·波利特、[比] 海尔特·鲍克尔特:《公共管理改革——比较分析》，夏镇平译，上海译文出版社 2003 年版。

[70] [美] 罗伯特·B. 登哈特:《公共组织理论》，扶松茂、丁力译，中国人民大学出版社 2003 年版。

[71] [美] 乔治·弗雷德里克森:《公共行政的精神》，张成福等译，中国人民大学出版社 2003 年版。

[72] [德] 弗里德赫尔穆·胡芬:《行政诉讼法》，莫光华译，法律出版社 2003 年版。

[73] [美] 塔尔科特·帕森斯:《社会行动的结构》，张明德等译，译林出版社 2003 年版。

[74] [美] 格罗弗·斯塔林:《公共部门管理》，陈宪等译，上海译文出版社 2003 年版。

[75][美] J.C. 亚历山大：《新功能主义及其后》，彭牧等译，译林出版社2003 年版。

[76][德] 哈贝马斯：《在事实和规范之间》，童世骏译，三联书店 2003 年版。

[77] 章剑生：《行政程序法基本理论》，法律出版社 2003 年版。

[78] 章志远：《行政行为效力论》，中国人事出版社 2003 年版。

[79][美] 理查德·A. 波斯纳：《正义 / 司法的经济学》，苏力译，中国政法大学出版社 2002 年版。

[80] 陈新民：《中国行政法学原理》，中国政法大学出版社 2002 年版。

[81][法] 勒内·达维：《英国法与法国法：一种实质性比较》，潘华仿等译，清华大学出版社 2002 年版。

[82] 邓正来、[英] J.C. 亚历山大编：《国家与市民社会：一种社会理论的研究路径》，中央编译出版社 2002 年版。

[83] 方世荣：《行政法与行政诉讼法学》，中国政法大学出版社 2002 年版。

[84][德] 奥托·迈耶：《德国行政法》，刘飞译，商务印书馆 2002 年版。

[85][美] 尼古拉斯·亨利：《公共行政与公共事务》，张昕等译，中国人民大学出版社 2002 年版。

[86] 金太军等：《政府职能梳理与重构》，广东人民出版社 2002 年版。

[87] 梁治平编：《法治在中国：制度、话语与实践》，中国政法大学出版社2002 年版。

[88][英] 马丁·洛克林：《公法与政治理论》，郑戈译，商务印书馆 2002 年版。

[89] 罗豪才：《行政法学》，北京大学出版社 2002 年版。

[90][美] 罗斯科·庞德：《法律史解释》，邓正来译，中国法制出版社2002 年版。

[91][法] 古斯塔夫·佩泽尔：《法国行政法》，廖坤明、周洁译，国家行政学院出版社 2002 年版。

[92][美] E.S. 萨瓦斯：《民营化与公私部门的伙伴关系》，周志忍等译，中国人民大学出版社 2002 年版。

[93][美] 理查德·B. 斯图尔特：《美国行政法的重构》，沈岿译，商务印书馆 2002 年版。

[94][德] 汉斯·J. 沃尔夫等：《行政法》（第 1 卷），高家伟译，商务印书馆 2002 年版。

[95] 郑永流：《法治四章：英德渊源、国际标准和中国问题》，中国政法大学出版社 2002 年版。

[96] 陈新民：《公法学札记》，中国政法大学出版社 2001 年版。

[97] [英] 戴雪：《英宪精义》，雷宾南译，中国法制出版社 2001 年版。

[98] [美] 詹姆斯·N. 罗西瑙：《没有政府的治理》，张胜军等译，江西人民出版社 2001 年版。

[99] [美] 保罗·C. 纳特、[美] 罗伯特·W. 巴可夫：《公共和第三部门组织的战略管理：领导手册》，陈振明等译校，中国人民大学出版社 2001 年版。

[100] [澳] 欧文·E. 休斯：《公共管理导论》，张成福等译，中国人民大学出版社 2001 年版。

[101] 张成福、党秀云：《公共管理学》，中国人民大学出版社 2001 年版。

[102] 方世荣：《论行政相对人》，中国政法大学出版社 2000 年版。

[103] 何增科主编：《公民社会与第三部门》，社会科学文献出版社 2000 年版。

[104] [德] 哈特穆特·毛雷尔：《行政法学总论》，高家伟译，法律出版社 2000 年版。

[105] 俞可平主编：《治理与善治》，社会科学文献出版社 2000 年版。

[106] 世界卫生组织：《2000 年世界卫生报告——卫生系统：改进业绩》，王汝宽等译，人民卫生出版社 2000 年版。

[107] [美] 斯蒂格利茨：《经济学》（下册），梁小民、黄险峰译，中国人民大学出版社 2000 年版。

[108] [澳] 马尔科姆·沃特斯：《现代社会学理论》，杨善华等译，华夏出版社 2000 年版。

[109] 孙国华、朱景文：《法理学》，中国人民大学出版社 1999 年版。

[110] [古罗马] 西塞罗：《国家篇　法律篇》，沈叔平、苏力译，商务印书馆 1999 年版。

[111] [美] 戴维·波普诺：《社会学》，李强等译，中国人民大学出版社 1999 年版。

[112] [美] 文森特·奥斯特罗姆：《美国公共行政的思想危机》，毛寿龙译，上海三联书店 1999 年版。

[113] 康晓光：《权力的转移——转型时期中国权力格局的变迁》，浙江人民出版社 1999 年版。

[114][德] 平特纳:《德国普通行政法》, 朱林译, 中国政法大学出版社 1999 年版。

[115][美] 戴维·伊斯顿:《政治生活的系统分析》, 王浦劬译, 华夏出版社 1999 年版。

[116]周天玮:《法治理想国——苏格拉底与孟子的虚拟对话》, 商务印书馆 1999 年版。

[117]周志忍:《当代国外行政改革比较研究》, 国家行政学院出版社 1999 年版。

[118][日] 盐野宏:《行政法》, 杨建顺译, 法律出版社 1999 年版。

[119]李亚平、于海编:《第三域的兴起:西方志愿工作及志愿组织理论文选》, 复旦大学出版社 1998 年版。

[120]杨建顺:《日本行政法通论》, 中国法制出版社 1998 年版。

[121]关保英:《行政法的价值定位——效率、程序及其和谐》, 中国政法大学出版社 1997 年版。

[122]张良等:《公共管理导论》, 上海三联书店 1997 年版。

[123][德] 拉德布鲁赫:《法学导论》, 米健、朱林译, 中国大百科全书出版社 1997 年版。

[124]世界银行:《1997 年世界发展报告:变革世界中的政府》, 中国财政经济出版社 1997 年版。

[125][英] 威廉·韦德:《行政法》, 徐炳等译, 中国大百科全书出版社 1997 年版。

[126][德] 马克思、[德] 恩格斯:《马克思恩格斯选集》(第 3 卷), 人民出版社 1995 年版。

[127]马孝扬、赵玲:《政府行为学概论》, 辽宁人民出版社 1995 年版。

[128]邓小平:《邓小平文选》(第 2 卷), 人民出版社 1994 年版。

[129]邓小平:《邓小平文选》(第 3 卷), 人民出版社 1993 年版。

[130]姜明安:《外国行政法教程》, 法律出版社 1993 年版。

[131][美] 列奥·施特劳斯、[美] 约瑟夫·克罗波西:《政治哲学史(下)》, 李天然等译, 河北人民出版社 1993 年版。

[132][德] 哈贝马斯:《交往行动理论》(第 1 卷), 洪佩郁、蔺青译, 重庆出版社 1993 年版。

[133] 龚祥瑞：《法治的理想与现实》，中国政法大学出版社 1993 年版。

[134] 公丕祥：《马克思法哲学思想述论》，河南人民出版社 1992 年版。

[135]［日］植草益：《微观规制经济学》，朱绍文等译，中国发展出版社 1992 年版。

[136] 中共中央文献研究室编：《十三大以来重要文献选编（中）》，人民出版社 1991 年版。

[137] 毛泽东：《毛泽东选集》（第 3 卷），人民出版社 1991 年版。

[138] 中共中央文献研究室编：《十三大以来重要文献选编（上）》，人民出版社 1991 年版。

[139]［美］詹姆斯·E. 安德森:《公共决策》，唐亮译，华夏出版社 1990 年版。

[140]［美］汤姆·L. 比彻姆：《哲学的伦理学》，雷克勤等译，中国社会科学出版社 1990 年版。

[141]［英］彼得·斯坦、［英］约翰·香德:《西方社会的法律价值》，王献平译，中国人民公安大学出版社 1990 年版。

[142]［美］伯纳德·施瓦茨：《美国法律史》，王军等译，中国政法大学出版社 1990 年版。

[143]［美］塞缪尔·P. 亨廷顿：《变化社会中的政治秩序》，王冠华等译，三联书店 1989 年版。

[144]［美］玛格丽特·波洛玛：《当代社会学理论》，孙立平译，华夏出版社 1989 年版。

[145]［德］哈贝马斯:《交往与社会进化》，张博树译，重庆出版社 1989 年版。

[146]［日］南博方：《日本行政法》，杨建顺、周作彩译，中国人民大学出版社 1988 年版。

[147]［美］帕森斯：《现代社会的结构与过程》，梁向阳译，光明日报出版社 1988 年版。

[148]［美］约翰·罗尔斯：《正义论》，何怀宏等译，中国社会科学出版社 1988 年版。

[149]［美］F.J. 古德诺：《政治与行政》，王元、杨百朋译，华夏出版社 1987 年版。

[150]［美］伯纳德·施瓦茨：《行政法》，徐炳译，群众出版社 1986 年版。

[151]［美］威尔逊：《国会政体：美国政治研究》，熊希龄、吕德本译，商

务印书馆 1986 年版。

[152]［苏联］瓦西林科夫：《苏维埃行政法总论》，姜明安、武树臣译，北京大学出版社 1985 年版。

[153]［美］约翰·奈斯比特：《大趋势：改变我们生活的十个新方向》，梅艳译，中国社会科学出版社 1984 年版。

[154]［苏联］马诺辛等：《苏维埃行政法》，黄道秀译，群众出版社 1983 年版。

[155]王珉灿：《行政法概要》，法律出版社 1983 年版。

[156]［古希腊］亚里士多德：《政治学》，吴寿彭译，商务印书馆 1983 年版。

[157]［美］托马斯·潘恩：《潘恩选集》，马清槐等译，商务印书馆 1981 年版。

[158]［美］汉密尔顿等：《联邦党人文集》，程逢如等译，商务印书馆 1980 年版。

[159]［德］马克思、［德］恩格斯：《马克思恩格斯全集》（第 21 卷），人民出版社 1965 年版。

[160]［英］约翰·洛克：《政府论（下篇)》，叶启芳、瞿菊农译，商务印书馆 1964 年版。

[161]［德］马克思、［德］恩格斯：《马克思恩格斯全集》（第 17 卷），人民出版社 1963 年版。

[162]［德］马克思：《黑格尔法哲学批判》，人民出版社 1963 年版。

[163]［德］马克思、［德］恩格斯：《马克思恩格斯全集》（第 3 卷），人民出版社 1960 年版。

[164]［法］莱翁·狄骥：《宪法论》，钱克新译，商务印书馆 1959 年版。

[165]［德］马克思、［德］恩格斯：《马克思恩格斯全集》（第 1 卷），人民出版社 1956 年版。

## （二）期刊、报告文献

[1] 石佑启、杨治坤：《中国政府治理的法治路径》，《中国社会科学》2018 年第 1 期。

[2] 程琥：《解决行政争议的制度逻辑与理性构建——从大数据看行政诉讼解决行政争议的制度创新》，《法律适用》2017 年第 23 期。

[3] 郭修江：《监督权力、保护权利、实质化解行政争议——以行政诉讼法立法目的为导向的行政案件审判思路》，《法律适用》2017 年第 23 期。

[4] 王锴、王心阳:《如何监督监督者——兼谈对监察委员会的诉讼监督问题》,《浙江社会科学》2017 年第 8 期。

[5] 袁博:《监察制度改革背景下检察机关的未来面向》,《法学》2017 年第 8 期。

[6] 郭凯乐:《基于国际比较的我国公私合作监管体制研究》,《项目管理技术》2017 年第 7 期。

[7] 刘峰铭:《国家监察体制改革背景下行政监察制度的转型》,《湖北社会科学》2017 年第 7 期。

[8] 秦前红:《国家监察体制改革宪法设计中的若干问题思考》,《探索》2017 年第 6 期。

[9] 李楠楠:《论"问责制"在政府与社会资本合作（PPP）中的运用》,《财政科学》2017 年第 4 期。

[10] 刘茂林:《国家监察体制改革与中国宪法体制发展》,《苏州大学学报（法学版）》2017 年第 4 期。

[11] 马岭:《政体变化与宪法修改:监察委员会入宪之讨论》,《中国法律评论》2017 年第 4 期。

[12] 王首杰:《激励性规制:市场准入的策略? ——对"专车"规制的一种理论回应》,《法学评论》2017 年第 3 期。

[13] 郁建兴、沈永东:《调适性合作:十八大以来中国政府与社会组织关系的策略性变革》,《政治学研究》2017 年第 3 期。

[14] 喻少如:《合作行政背景下行政程序的变革与走向》,《武汉大学学报（哲学社会科学版）》2017 年第 3 期。

[15] 朱福惠:《国家监察体制之宪法史观察——兼论监察委员会制度的时代特征》,《武汉大学学报（哲学社会科学版）》2017 年第 3 期。

[16] 莫于川:《〈行政诉讼法〉修改及其遗留争议难题——以推动法治政府建设为视角》,《行政法学研究》2017 年第 2 期。

[17] 秦前红:《全国人大常委会授权与全国人大授权之关系探讨——以国家监察委员会为研究对象》,《中国法律评论》2017 年第 2 期。

[18] 赵宇新:《社会组织发展面临四大挑战》,《中国社会组织》2017 年第 2 期。

[19] 胡斌:《私人规制的行政法治逻辑:理念和路径》,《法制与社会发展》

2017 年第 1 期。

[20] 杨彬权：《论国家担保责任——担保内容、理论基础与类型化》，《行政法学研究》2017 年第 1 期。

[21] 秦前红：《检察机关参与行政公益诉讼理论与实践的若干问题探讨》，《政治与法律》2016 年第 11 期。

[22] 程琥：《行政案件跨行政区域集中管辖与行政审判体制改革》，《法律适用》2016 年第 8 期。

[23] 宋华琳：《论政府规制中的合作治理》，《政治与法律》2016 年第 8 期。

[24] 胡皓然：《我国村民自治制度的检视与构建》，《学术界》2016 年第 7 期。

[25] 胡艳蕾：《政府购买公共服务的多元主体监督机制》，《山东师范大学学报（人文社会科学版）》2016 年第 6 期。

[26] 马怀德：《国家监察体制改革的重要意义和主要任务》，《国家行政学院学报》2016 年第 6 期。

[27] ［德］迪尔克·埃勒斯：《德国行政程序法法典化的发展》，展鹏贺译，《行政法学研究》2016 年第 5 期。

[28] 赵宏：《德国行政民营化的制度发展与学理演进》，《国家检察官学院学报》2016 年第 5 期。

[29] 中华人民共和国财政部政府和社会资本合作中心：《PPP 中心发布全国 PPP 项目库季报第 2 期》，《中国政府采购》2016 年第 5 期。

[30] 刘艳红：《中国反腐败立法的战略转型及其体系化构建》，《中国法学》2016 年第 4 期。

[31] 谭宗泽、杨靖文：《行政诉讼功能变迁与路径选择——以法与治的关系为主线》，《行政法学研究》2016 年第 4 期。

[32] 崔卓兰、丁伟峰：《治理理念与行政自制》，《社会科学战线》2016 年第 3 期。

[33] 秦小建：《政府信息公开的宪法逻辑》，《中国法学》2016 年第 3 期。

[34] 于安：《PPP 法治建设的重要意义》，《中国政府采购》2016 年第 3 期。

[35] 李艳芳、吴凯杰：《论检察机关在环境公益诉讼中的角色与定位——兼评最高人民检察院〈检察机关提起公益诉讼改革试点方案〉》，《中国人民大学学报》2016 年第 2 期。

[36] 叶敏：《城市基层治理的条块协调：正式政治与非正式政治——来自

上海的城市管理经验》,《公共管理学报》2016 年第 2 期。

[37] 何艳玲:《"无变革的改革":中国地方行政改革的限度》,《学海》2016 年第 1 期。

[38] 石佑启:《论立法与改革决策关系的演进与定位》,《法学评论》2016 年第 1 期。

[39] 温来成等:《政府与社会资本合作(PPP)财政风险监管问题研究》,《中央财经大学学报》2015 年第 12 期。

[40] 高玉贵:《法治政府视域下政府治理的现代化路径选择》,《商业经济研究》2015 年第 20 期。

[41] 黄斌:《政府治理模式演进与法治政府建设》,《安康学院学报》2015 年第 6 期。

[42] 王学辉、王留一:《通过合作的法治行政——国家治理现代化背景下行政法理论基础的重构》,《求实》2015 年第 6 期。

[43] 赵立玮:《世纪末忧郁与美国精神气质帕森斯与古典社会理论的现代转变》,《社会》2015 年第 6 期。

[44] 周敏:《治理现代化背景下的行政程序变革与走向——以公私协力为视角》,《法律科学(西北政法大学学报)》2015 年第 6 期。

[45] 高秦伟:《社会自我规制与行政法的任务》,《中国法学》2015 年第 5 期。

[46] 李德顺:《公平是一种实质正义——兼论罗尔斯正义理论的启示》,《哲学分析》2015 年第 5 期。

[47] 于维力、叶子鹏:《我国行政监督体制存在的问题及改革对策研究——基于全面深化改革的时代背景》,《南方论刊》2016 年第 5 期。

[48] 陈志敏等:《中国的 PPP 实践:发展、模式、困境与出路》,《国际经济评论》2015 年第 4 期。

[49] 何源:《德国行政形式选择自由理论与实践》,《行政法学研究》2015 年第 4 期。

[50] 杨彬权:《论担保行政与担保行政法——以担保国家理论为视角》,《法治研究》2015 年第 4 期。

[51] 应松年:《行政诉讼法律制度的完善、发展》,《行政法学研究》2015 年第 4 期。

[52] 李剑:《地方政府创新中的"治理"与"元治理"》,《厦门大学学报(哲

学社会科学版）》2015 年第 3 期。

[53] 沈德咏等：《国家治理视野下的中国司法权构建》，《中国社会科学》2015 年第 3 期。

[54] 孙萍、赵海艳：《政府治理研究现状分析：基于 CSSCI 来源期刊论文的分析》，《吉林师范大学学报（人文社会科学版）》2015 年第 3 期。

[55] 杨耀武、杨澄宇：《中国基尼系数是否真地下降了？——基于微观数据的基尼系数区间估计》，《经济研究》2015 年第 3 期。

[56] 赵宏：《法律关系取代行政行为的可能与困局》，《法学家》2015 年第 3 期。

[57] 关保英：《拓展行政监督的新内涵》，《探索与争鸣》2015 年第 2 期。

[58] 郭永园、彭福扬：《元治理：现代国家治理体系的理论参照》，《湖南大学学报（社会科学版）》2015 年第 2 期。

[59] 李洪雷：《国外行政程序法制建设简要历程》，《紫光阁》2015 年第 2 期。

[60] 吴松江、米正华：《公共治理权力结构的嬗变：原因与趋向》，《江西社会科学》2015 年第 2 期。

[61] 闫尔宝：《论作为行政诉讼法基础概念的"行政行为"》，《华东政法大学学报》2015 年第 2 期。

[62] 湛中乐：《三个层面构建科学的行政检察监督体系》，《人民检察》2015 年第 2 期。

[63] 李霞：《论特许经营合同的法律性质——以公私合作为背景》，《行政法学研究》2015 年第 1 期。

[64] 王浦劬：《论转变政府职能的若干理论问题》，《国家行政学院学报》2015 年第 1 期。

[65] 徐双敏、张巍：《职责异构：地方政府机构改革的理论逻辑和现实路径》，《晋阳学刊》2015 年第 1 期。

[66] 严益州：《德国行政法上的双阶理论》，《环球法律评论》2015 年第 1 期。

[67] 杨东升：《给付行政限度论》，《上海政法学院学报（法治论丛）》2015 年第 1 期。

[68] 张恩娜：《权力清单制度视野下政府治理法治化路径探析》，《湖南省社会主义学院学报》2015 年第 1 期。

[69] 张明军、陈朋：《2014 年度中国社会典型群体性事件分析报告》，《中

国社会公共安全研究报告》2015 年第 1 期。

[70] 朱芒：《中国行政法学的体系化困境及其突破方向》，《清华法学》
2015 年第 1 期。

[71] 乔耀章：《从"治理社会"到社会治理的历史新穿越——中国特色社
会治理要论:融国家治理政府治理于社会治理之中》，《学术界》2014 年第 10 期。

[72] 贾康等：《PPP 机制创新：呼唤法治化契约制度建设：泉州刺桐大桥
BOT 项目调研报告》，《经济研究参考》2014 年第 13 期。

[73] 朱天飚：《国家治理与新自由主义》，《学术月刊》2014 年第 7 期。

[74] 石晶：《如何评价政府治理绩效——基于公众参与的视角》，《国家治
理》2014 年第 6 期。

[75] 石佑启:《我国行政体制改革法治化研究》，《法学评论》2014 年第 6 期。

[76] 应松年：《加快法治建设——促进国家治理体系和治理能力现代化》，
《中国法学》2014 年第 6 期。

[77] 戚建刚、郭永良：《合作治理背景下行政机关法律角色之定位》，《江
汉论坛》2014 年第 5 期。

[78] 范如国：《复杂网络结构范型下的社会治理协同创新》，《中国社会科
学》2014 年第 4 期。

[79] 金国坤：《国家治理体系现代化视域下的行政组织立法》，《行政法学
研究》2014 年第 4 期。

[80] 许耀桐：《习近平的国家治理现代化思想论析》，《上海行政学院学报》
2014 年第 4 期。

[81] 于水等：《元治理视域下政府治道逻辑与治理能力提升》，《江苏社会
科学》2014 年第 4 期。

[82] 湛中乐、赵玄：《国家治理体系现代化视野中的司法审查制度——以
完善现行〈行政诉讼法〉为中心》，《行政法学研究》2014 年第 4 期。

[83] 张文显：《法治与国家治理现代化》，《中国法学》2014 年第 4 期。

[84] 王浦劬：《国家治理、政府治理和社会治理的含义及其相互关系》，《国
家行政学院学报》2014 年第 3 期。

[85] 杨晶：《以加快转变政府职能为核心——深化行政体制改革》，《行政
管理改革》2014 年第 3 期。

[86] 中国行政管理学会课题组：《政府职能现代化视角下当前政策创新的

重点及建议》，《中国行政管理》2014 年第 3 期。

[87] 何增科：《政府治理现代化与政府治理改革》，《行政科学论坛》2014 年第 2 期。

[88] 靳相木、王海燕：《改革与法治"二律背反"及其消解方式》，《贵州社会科学》2014 年第 2 期。

[89] 徐继敏：《国家治理体系现代化与行政法的回应》，《法学论坛》2014 年第 2 期。

[90] 崔卓兰：《行政自制理论的再探讨》，《当代法学》2014 年第 1 期。

[91] 裴长洪：《中国公有制主体地位的量化估算及其发展趋势》，《中国社会科学》2014 年第 1 期。

[92] 于立深：《多元行政任务下的行政机关自我规制》，《当代法学》2014 年第 1 期。

[93] 张一雄：《论行政行为形式选择裁量及其界限——以公私合作为视角》，《行政法学研究》2014 年第 1 期。

[94] 赵宏：《基本原则、抽象概念与法释义学——行政法学的体系化建构与体系化均衡》，《交大法学》2014 年第 1 期。

[95] 陈美颖：《日本公共企业的民营化改革及其启示——以 NTT 与 JR 为例》，《公司法律评论》2014 年第 0 期。

[96] 胡建淼：《政府治理现代化的关键在于法治化》，《法制资讯》2014 年第 Z1 期。

[97] 石佑启：《论有限有为政府的法治维度及其实现路径》，《南京社会科学》2013 年第 11 期。

[98] 中央机构编制委员会办公室三司：《明确任务、突出重点：扎实推进地方政府职能转变和机构改革》，《中国机构改革与管理》2013 年第 11 期。

[99] 何显明：《政府转型与现代国家治理体系的建构——60 年来政府体制演变的内在逻辑》，《浙江社会科学》2013 年第 6 期。

[100] 戚建刚：《"第三代"行政程序的学理解读》，《环球法律评论》2013 年第 5 期。

[101] 陈军：《公私合作背景下行政程序变化与革新》，《中国政法大学学报》2013 年第 4 期。

[102] 江必新：《中国行政审判体制改革研究——兼论我国行政法院体系构

建的基础、依据及构想》,《行政法学研究》2013 年第 4 期。

[103] 李健:《政府俘获影响因素与形成机理的探索性研究——以郭京毅案为例》,《公共管理学报》2013 年第 4 期。

[104] 汪自成:《合作行政:服务行政行为的一种模式》,《南京社会科学》2013 年第 4 期。

[105] 章剑生:《我国行政模式与现代行政法的变迁》,《当代法学》2013 年第 4 期。

[106] 李广宇等:《行政诉讼法修改应关注十大问题》,《法律适用》2013 年第 3 期。

[107] 刘玉江、能建国:《改革开放三十五年来非公有制经济发展的回顾与启示》,《中央社会主义学院学报》2013 年第 2 期。

[108] 马凯:《关于国务院机构改革和职能转变方案的说明》,《中华人民共和国全国人民代表大会常务委员会公报》2013 年第 2 期。

[109] 杨海坤、蔡翔:《行政行为概念的考证分析和重新建构》,《山东大学学报（哲学社会科学版）》2013 年第 1 期。

[110] 章志远:《私人参与执行警察任务的行政法规制》,《法商研究》2013 年第 1 期。

[111] 朱新力、梁亮:《公共行政变迁与新行政法的兴起》,《国家检察官学院学报》2013 年第 1 期。

[112] 江必新:《论行政规制基本理论问题》,《法学》2012 年第 12 期。

[113] 李以所:《德国"担保国家"理念评介》,《国外理论动态》2012 年第 7 期。

[114] 王浦劬:《中国的协商治理与人权实现》,《北京大学学报（哲学社会科学版）》2012 年第 6 期。

[115] 蔡林慧:《试论中国行政监督机制的困境与对策》,《政治学研究》2012 年第 5 期。

[116] 唐皇凤:《"中国式"维稳:困境与超越》,《武汉大学学报（哲学社会科学版）》2012 年第 5 期。

[117] 徐继敏:《中国行政法发展:现状、瓶颈与思路》,《法治研究》2012 年第 5 期。

[118] 张敏:《协商治理:一个成长中的新公共治理范式》,《江海学刊》2012 年第 5 期。

[119] 黄涧秋：《论"政府固有职能"对美国合同外包的约束》，《行政法学研究》2012 年第 3 期。

[120] 姬亚平：《行政决策程序中的公众参与研究》，《浙江学刊》2012 年第 3 期。

[121] 包国宪、霍春龙：《中国政府治理研究的回顾与展望》，《南京社会科学》2011 年第 9 期。

[122] 燕继荣：《变化中的中国政府治理》，《经济社会体制比较》2011 年第 6 期。

[123] 章志远：《私人参与警察任务执行的法理基础》，《法学研究》2011 年第 6 期。

[124] 潘小娟、吕芳：《改革开放以来中国行政体制改革发展趋势研究》，《国家行政学院学报》2011 年第 5 期。

[125] 王书成：《合宪性推定与塞耶谦抑主义——读〈美国宪法原则的起源和范围〉》，《政法论坛》2011 年第 5 期。

[126] 张源泉：《德国大学管理体制的演变——以〈高等学校基准法〉为线索》，《宪政与行政法治评论》2011 年第 0 期。

[127] 王克稳：《政府业务委托外包的行政法认识》，《中国法学》2011 年第 4 期。

[128] 王玄玮：《论检察权对行政权的法律监督》，《国家检察官学院学报》2011 年第 3 期。

[129] 罗豪才、宋功德：《坚持法治取向的行政改革》，《行政管理改革》2011 年第 3 期。

[130] 罗豪才、宋功德：《行政法的治理逻辑》，《中国法学》2011 年第 2 期。

[131] 杨方：《论帕森斯的结构功能主义》，《经济与社会发展》2010 年第 10 期。

[132] 章志远、胡磊：《公私协力的兴起与行政行为理论的变迁》，《山东警察学院学报》2010 年第 6 期。

[133] 公丕祥：《当代中国能动司法的意义分析》，《江苏社会科学》2010 年第 5 期。

[134] 胡悦等：《行政行为转变研究——行政私法行为之凸显》，《法律科学（西北政法大学学报）》2010 年第 5 期。

[135] 姜明安：《完善软法机制，推进社会公共治理创新》，《中国法学》2010 年第 5 期。

[136] 王锡锌、章永乐：《我国行政决策模式之转型：从管理主义模式到参与式治理模式》，《法商研究》2010 年第 5 期。

[137] 窦金波：《帕森斯的"结构—功能主义"之探析》，《济宁学院学报》2010 年第 4 期。

[138] 顾培东：《能动司法若干问题研究》，《中国法学》2010 年第 4 期。

[139] 许超：《正义与公正、公平、平等之关系辨析》，《社会科学战线》2010 年第 2 期。

[140] 李丹阳：《近 20 年中日行政改革的比较研究》，《学术研究》2009 年第 11 期。

[141] [美] 莱斯特·M. 萨拉蒙：《新政府治理与公共行为的工具：对中国的启示》，李婧译，《中国行政管理》2009 年第 11 期。

[142] 陈世香：《建国以来中国行政价值体系结构的历史演化研究》，《上海行政学院学报》2009 年第 6 期。

[143] 渠敬东等：《从总体支配到技术治理——基于中国 30 年改革经验的社会学分析》，《中国社会科学》2009 年第 6 期。

[144] 王学辉：《超越程序控权：交往理性下的行政裁量程序》，《法商研究》2009 年第 6 期。

[145] 鲁鹏宇：《论行政法学的阿基米德支点——以德国行政法律关系论为核心的考察》，《当代法学》2009 年第 5 期。

[146] 肖北庚：《论协商民主在行政决策机制中的引入》，《时代法学》2009 年第 5 期。

[147] 林奇富：《重视行政过程中协商的功能》，《探索与争鸣》2009 年第 3 期。

[148] 包国宪、郎玫：《治理、政府治理概念的演变与发展》，《兰州大学学报（社会科学版）》2009 年第 2 期。

[149] 王锡锌：《行政正当性需求的回归——中国新行政法概念的提出、逻辑与制度框架》，《清华法学》2009 年第 2 期。

[150] 章志远：《民营化、规制改革与新行政法的兴起——从公交民营化的受挫切入》，《中国法学》2009 年第 2 期。

[151] 高秦伟：《美国行政法中正当程序的"民营化"及其启示》，《法商研究》

2009 年第 1 期。

[152] 李清伟：《论公共治理理念及其法律范式的建构》,《法商研究》2009 年第 1 期。

[153] 王锡锌：《当代行政的"民主赤字"及其克服》,《法商研究》2009 年第 1 期。

[154] 张康之、张乾友：《近代国家的演进逻辑》,《社会科学战线》2008 年第 10 期。

[155] 毛群安：《31 个省份实现"新农合"全覆盖》,《中国经济周刊》2008 年第 27 期。

[156] 张康之：《论参与治理、社会自治与合作治理》,《行政论坛》2008 年第 6 期。

[157] 胡正昌：《公共治理理论及其政府治理模式的转变》,《前沿》2008 年第 5 期。

[158] 章剑生：《反思与超越：中国行政主体理论批判》,《北方法学》2008 年第 6 期。

[159] 肖扬伟：《政府治理理论：兴起的缘由、特征及其中国化路径选择》,《工会论坛》2008 年第 5 期。

[160] 贺乐民、高全：《论行政法的合作理念》,《法律科学（西北政法大学学报）》2008 年第 4 期。

[161] 石佑启、杨治坤：《法治视野下行政体制改革探索》,《宁波大学学报（人文科学版）》2008 年第 4 期。

[162] 王天华：《行政委托与公权力行使——我国行政委托理论与实践的反思》,《行政法学研究》2008 年第 4 期。

[163] 薛刚凌：《政府权力结构改革的回顾与前瞻》,《河北学刊》2008 年第 4 期。

[164] 张光：《财政规模、编制改革和公务员规模的变动：基于对 1978—2006 年的实证分析》,《政治学研究》2008 年第 4 期。

[165] 中华人民共和国国务院：《关于深化行政管理体制改革的意见》,《中华人民共和国国务院公报》2008 年第 11 期。

[166] 俞可平：《中国治理变迁 30 年（1978—2008)》,《吉林大学社会科学学报》2008 年第 3 期。

[167] 蒋红珍:《非正式行政行为的内涵——基于比较法视角的初步展开》,《行政法学研究》2008 年第 2 期。

[168] 胡锦涛:《高举中国特色社会主义伟大旗帜　为夺取全面建设小康社会新胜利而奋斗》,《求是》2007 年第 21 期。

[169] 丁丽红、孙才华:《行政私法合同初论》,《湖北社会科学》2007 年第 9 期。

[170] 何海波:《中国行政法学的外国法渊源》,《比较法研究》2007 年第 6 期。

[171] 张国庆、曹堂哲:《权力结构与权力制衡：新时期中国政府优化公共权力结构的政策理路》,《湖南社会科学》2007 年第 6 期。

[172] 金自宁:《解读"治安承包"现象——探讨公法与私法融合的一种可能性》,《法商研究》2007 年第 5 期。

[173] 谌洪果:《天人交战的审判：哈特与富勒之争的再解读》,《法律方法与法律思维》2007 年第 0 期。

[174] 葛云松:《法人与行政主体理论的再探讨——以公法人概念为重点》,《中国法学》2007 年第 3 期。

[175] 张婧飞、任峰:《论对行政紧急权的规制——以最低限度的程序正义为标准》,《云南大学学报（法学版)》2007 年第 3 期。

[176] 高秦伟:《行政法中的公法与私法》,《江苏社会科学》2007 年第 2 期。

[177] 顾海兵等:《中国经济安全分析：内涵与特征》,《中国人民大学学报》2007 年第 2 期。

[178] 吴家庆、王毅:《中国与西方治理理论之比较》,《湖南师范大学社会科学学报》2007 年第 2 期。

[179] 薛刚凌:《多元化背景下行政主体之建构》,《浙江学刊》2007 年第 2 期。

[180] 翟小波:《"软法"及其概念之证成：以公共治理为背景》,《法律科学（西北政法学院学报)》2007 年第 2 期。

[181] 张立荣、冷向明:《当代中国政府治理范式的变迁机理与革新进路》,《华中师范大学学报（人文社会科学版)》2007 年第 2 期。

[182] 章志远:《公用事业特许经营及其政府规制——兼论公私合作背景下行政法学研究之转变》,《法商研究》2007 年第 2 期。

[183] 陈振明、和经纬:《政府工具研究的新进展》,《东南学术》2006 年第 6 期。

[184] 燕继荣:《协商民主的价值和意义》,《科学社会主义》2006 年第 6 期。

[185] 周赟:《论程序主义的合法性理论——以罗尔斯、哈贝马斯相关理论为例》,《环球法律评论》2006 年第 6 期。

[186] 王锡锌:《公共决策中的大众、专家与政府——以中国价格决策听证制度为个案的研究视角》,《中外法学》2006 年第 4 期。

[187] 陈都峰:《国外行政改革的内动力机制及其启示》,《理论与现代化》2006 年第 3 期。

[188] 戚建刚:《行政紧急权力的法律属性剖析》,《政治与法律》2006 年第 2 期。

[189] 王书成:《中国行政法合理性原则质疑》,《行政法学研究》2006 年第 2 期。

[190] 郭道晖:《政府治理与公民社会参与》,《河北法学》2006 年第 1 期。

[191] 江必新、李春燕:《统一行政行为概念的必要性及其路径选择》,《法律适用》2006 年第 Z1 期。

[192] 顾平安:《政府治理的基本特征和主要形式》,《党政干部学刊》2005 年第 10 期。

[193] 崔卓兰、闫立彬:《论民主与效率的协调兼顾——现代行政程序的双重价值辨析》,《中国行政管理》2005 年第 9 期。

[194] 饶慧等:《组织扁平化理论与行政体制改革》,《经济与社会发展》2005 年第 9 期。

[195] 周永坤:《权力结构模式与宪政》,《中国法学》2005 年第 6 期。

[196] 罗豪才、宋功德:《公域之治的转型:对公共治理与公法互动关系的一种透视》,《中国法学》2005 年第 5 期。

[197] 陈庆云等:《公共管理理念的跨越:从政府本位到社会本位》,《中国行政管理》2005 年第 4 期。

[198] 褚添有:《行政法治:中国政府行政改革的制度保障》,《天中学刊》2005 年第 3 期。

[199] 金青梅:《完善我国公共行政监督体系的理论思考》,《成都行政学院学报（哲学社会科学）》2005 年第 3 期。

[200] [法] Bruno T:《法国行政法精要》,沈军译,《公法研究》2005 年第 2 期。

[201] 石佑启:《论公共行政变革与行政行为理论的完善》,《中国法学》

2005 年第 2 期。

[202] 孙开红：《论当代中国政府权力社会化》，《云南行政学院学报》2005 年第 2 期。

[203] 胡锦光、王锴：《论我国宪法中"公共利益"的界定》，《中国法学》2005 年第 1 期。

[204] 张晏、龚六堂：《分税制改革、财政分权与中国经济增长》，《经济学（季刊)》2005 年第 1 期。

[205] 朱光磊、张志红：《"职责同构"批判》，《北京大学学报（哲学社会科学版)》2005 年第 1 期。

[206] 严存生：《社会治理与法治》，《法学论坛》2004 年第 6 期。

[207] 黄学贤：《行政法中的法律保留原则研究》，《中国法学》2004 年第 5 期。

[208] 高秦伟：《行政私法及其法律控制》，《上海行政学院学报》2004 年第 4 期。

[209] 刘银喜：《政府治理理论的兴起及其中国化》，《内蒙古大学学报（人文社会科学版)》2004 年第 4 期。

[210] 王健等：《"复合行政"的提出——解决当代中国区域经济一体化与行政区划冲突的新思路》，《中国行政管理》2004 年第 3 期。

[211] 董晓宇：《公共管理的由来及其与公共行政的内在差异——由传统公共行政到公共管理研究之一》，《北京行政学院学报》2004 年第 1 期。

[212] 杜钢建：《行政法治：政府改革的制度保证》，《中国行政管理》2003 年第 4 期。

[213] 石佑启：《论公共行政之发展与行政主体多元化》，《法学评论》2003 年第 4 期。

[214] 陈奇星：《中国公共行政监督机制现状分析与对策思考》，《国家行政学院学报》2003 年第 3 期。

[215] 邝少明、夏伟明：《论行政改革权的法制化》，《中山大学学报（社会科学版)》2003 年第 3 期。

[216] 王锡锌、章永乐：《专家、大众与知识的运用：行政规则制定过程的一个分析框架》，《中国社会科学》2003 年第 3 期。

[217] 李艳芳：《美国的公民诉讼制度及其启示——关于建立我国公益诉讼制度的借鉴性思考》，《中国人民大学学报》2003 年第 2 期。

[218] 梁莹：《治理、善治与法治》，《求实》2003 年第 2 期。

[219] 毛寿龙：《现代治道与治道变革》，《江苏行政学院学报》2003 年第 2 期。

[220] 杨解君：《论行政法理念的塑造：契约理念与权力理念的整合》，《法学评论》2003 年第 1 期。

[221] 章志远：《行政行为概念之科学界定》，《浙江社会科学》2003 年第 1 期。

[222] 罗豪才：《行政法的核心与理论模式》，《法学》2002 年第 8 期。

[223] 刘熙瑞：《服务型政府——经济全球化背景下中国政府改革的目标选择》，《中国行政管理》2002 年第 7 期。

[224] 邝少明、张威：《论行政改革权》，《中山大学学报（社会科学版）》2002 年第 6 期。

[225] 陈振明：《政府再造——公共部门管理改革的战略与战术》，《东南学术》2002 年第 5 期。

[226] 李俊江、马颋：《英国公有企业改革的绩效、问题及其对我国的启示》，《吉林大学社会科学学报》2002 年第 5 期。

[227] 任晓林：《从多重跨越到多元共生：中国公共行政价值的基本特征》，《云南行政学院学报》2002 年第 2 期。

[228] 孙柏瑛：《当代政府治理变革中的制度设计与选择》，《中国行政管理》2002 年第 2 期。

[229] 高秦伟：《中国行政监督体制的思考与重构》，《江西行政学院学报》2002 年第 1 期。

[230] 王锡锌：《自由裁量与行政正义——阅读戴维斯〈自由裁量的正义〉》，《中外法学》2002 年第 1 期。

[231] 张庆东：《公共问题：公共管理研究的逻辑起点》，《南京社会科学》2001 年第 11 期。

[232] 孔繁斌：《政治学知识的转向：治理理论与公共管理》，《南京社会科学》2001 年第 9 期。

[233] 江必新：《司法解释对行政法学理论的发展》，《中国法学》2001 年第 4 期。

[234] 孙国华、何贝倍：《法的价值研究中的几个基本理论问题》，《法制与社会发展》2001 年第 4 期。

[235] 郭湛：《论主体间性或交互主体性》，《中国人民大学学报》2001 年第

3 期。

[236] 湛中乐、杨君佐：《政府采购基本法律问题研究（上）》，《法制与社会发展》2001 年第 3 期。

[237] 黄灵荣、申佳陶：《法治：政府治理的理性》，《理论与改革》2001 年第 2 期。

[238] 薛刚凌：《行政主体之再思考》，《中国法学》2001 年第 2 期。

[239] 刘文富、顾丽梅：《网络社会的政府治理》，《行政人事管理》2000 年第 8 期。

[240] 王世雄：《规范政府管理方式　提高政府治理水平》，《探索与争鸣》2000 年第 7 期。

[241] 王世雄：《我国行政监督体制的现状与发展趋向》，《政治与法律》2000 年第 6 期。

[242] 金太军：《西方公共行政价值取向的历史演变》，《江海学刊》2000 年第 6 期。

[243] 沈岿：《重构行政主体范式的尝试》，《法律科学（西北政法学院学报）》2000 年第 6 期。

[244] 卓泽渊：《论法的价值》，《中国法学》2000 年第 6 期。

[245] 张树义：《论行政主体》，《政法论坛（中国政法大学学报）》2000 年第 4 期。

[246] 张树义：《行政主体研究》，《中国法学》2000 年第 2 期。

[247] 杨冠琼：《经济全球化与发达国家的政府治理范式创新运动》，《北京行政学院学报》2000 年第 2 期。

[248] 张成福：《责任政府论》，《中国人民大学学报》2000 年第 2 期。

[249] 谢庆奎：《中国政府的府际关系研究》，《北京大学学报（哲学社会科学版）》2000 年第 1 期。

[250] 胡伟：《在经验与规范之间：合法性理论的二元取向及意义》，《学术月刊》1999 年第 12 期。

[251] 杨解君：《行政主体及其类型的理论界定与探索》，《法学评论》1999 年第 5 期。

[252] 俞可平：《治理和善治引论》，《马克思主义与现实》1999 年第 5 期。

[253] 高兆明：《公共权力：国家在现代的历史使命》，《江苏社会科学》

1999 年第 4 期。

[254] 孙笑侠：《论法律对行政的综合化控制——从传统法治理论到当代行政法的理论基础》，《比较法研究》1999 年第 Z1 期。

[255][英] 鲍勃·杰索普：《治理的兴起及其失败的风险：以经济发展为例的论述》，漆蕪译，《国际社会科学杂志（中文版）》1999 年第 1 期。

[256][瑞士] 弗朗索瓦-格扎维尔·梅里安：《治理问题与现代福利国家》，肖孝毛译，《国际社会科学杂志（中文版)》1999 年第 1 期。

[257][英] 格里·斯托克：《作为理论的治理：五个论点》，华夏风译，《国际社会科学杂志（中文版)》1999 年第 1 期。

[258] 李昕：《中外行政主体理论之比较分析》，《行政法学研究》1999 年第 1 期。

[259] 薛刚凌：《我国行政主体理论之检讨——兼论全面研究行政组织法的必要性》，《政法论坛（中国政法大学学报)》1998 年第 6 期。

[260] 马力宏：《论政府管理中的条块关系》，《政治学研究》1998 年第 4 期。

[261] 叶必丰：《二十世纪中国行政法学的回顾与定位》，《法学评论》1998 年第 4 期。

[262] 吕友臣：《"行政主体理论"评析》，《研究生法学》1998 年第 2 期。

[263] 余凌云：《论行政契约的救济制度》，《法学研究》1998 年第 2 期。

[264] 朱维究、阎尔宝：《程序行政行为初论》，《政法论坛》1997 年第 3 期。

[265] 皮纯协、冯军：《关于"平衡论"疏漏问题的几点思考——兼议"平衡论"的完善方向》，《中国法学》1997 年第 2 期。

[266] 叶克林：《现代结构功能主义：从帕森斯到博斯科夫和利维——初论美国发展社会学的主要理论流派》，《学海》1996 年第 6 期。

[267] 罗豪才、甘雯：《行政法的"平衡"及"平衡论"范畴》，《中国法学》1996 年第 4 期。

[268] 李猛：《从帕森斯时代到后帕森斯时代的西方社会学》，《清华大学学报（哲学社会科学版)》1996 年第 2 期。

[269] 苏力：《变法，法治建设及其本土资源》，《中外法学》1995 年第 5 期。

[270] 崔卓兰：《依法行政与行政程序法》，《中国法学》1994 年第 4 期。

[271] 朱芒、吴微：《日本行政程序法》，《行政法学研究》1994 年第 1 期。

[272] 罗豪才等：《现代行政法的理论基础——论行政机关与相对一方的权

利义务平衡》，《中国法学》1993 年第 1 期。

[273] 顾昂然：《行政诉讼法的制定对我国社会主义民主政治和法制建设有重大意义》，《中国法学》1989 年第 3 期。

[274][美] 伯纳德·施瓦茨：《行政法体系的构成》，刘同苏译，《环球法律评论》1989 年第 3 期。

[275] 张友渔：《关于行政诉讼法的两点意见》，《中国法学》1989 年第 4 期。

[276] 张尚鷟：《试论我国的行政诉讼制度和行政诉讼法》，《中国法学》1989 年第 1 期。

[277] 郑林：《把政府工作的法制建设提到政治体制改革的日程上来：学习邓小平同志党和国家领导制度的改革的体会》，《中国法学》1987 年第 5 期。

[278] 杨祖功、曾宪树：《论西欧的"福利国家危机"》，《世界经济》1985 年第 4 期。

[279] 徐炳、刘曙光：《美国联邦行政程序法》，《环球法律评论》1985 年第 2 期。

[280] 王连昌：《建议重建国家监察机关》，《现代法学》1981 年第 3 期。

[281] 佟庆才：《帕森斯及其社会行动理论》，《国外社会科学》1980 年第 10 期。

[282] 孙国华：《坚持民主和法制是无产阶级的治国方针——兼论"人治"和"法治"》，《现代法学》1980 年第 3 期。

[283] 中国共产党中央委员会：《中国共产党第十一届中央委员会第三次全体会议公报》，《实事求是》1978 年第 4 期。

[284] 王绎亭：《第一讲——国家与法是阶级统治的工具》，《法学》1958 年第 1 期。

### （三）报纸、电子资源文献

[1] 习近平：《决胜全面建成小康社会 夺取新时代中国特色社会主义伟大胜利》，《人民日报》2017 年 10 月 28 日第 1 版。

[2] 中华人民共和国国务院促进民间投资专项督查政策文件，http：//www.gov.cn/zhengce/zhuti/2016minjiantouzi/qwybgt.htm。

[3] 国家发展与改革委员会：《深圳市卫计委承诺纠正公立医院药品集团采购改革试点中滥用行政权力排除限制竞争行为》，http：//www.ndrc.gov.cn/

gzdt/201704/t20170407_843758.html。

[4]《推动行政审批制度改革向深处发力——国务院第三次大督查发现典型经验做法之三十一》，http：//www.gov.cn/hudong/2017-02/15/content_5168108.htm。

[5] 中华人民共和国民政部：《2014 年社会服务发展统计公报》，http：//www.mca.gov.cn/article/sj/tjgb/201506/201506008324399.shtml。

[6] 中国新闻网：《国标委：部分推荐性国家标准不应由政府管，要下放》，http：//www.chinanews.com/gn/2015/03-20/7146480.shtml。

[7]《北京宣言——最高审计机关促进良治》，《中国审计报》2014 年 2 月 14 日第 4 版。

[8] 陈传荣：《机关干部挂职社会组织的思考》，《组织人事报》2013 年 7 月 30 日第 5 版。

[9] 胡锦涛：《坚定不移沿着中国特色社会主义道路前进　为全面建成小康社会而奋斗》，《人民日报》2012 年 11 月 18 日第 1 期。

[10] 汪洋：《关键要代表最广大人民根本利益》，《南方日报》2012 年 3 月 6 日第 A03 版。

[11] 宋功德：《我国公共行政模式之变：从单向管理转向合作行政》，《人民日报》2009 年 6 月 24 日第 15 版。

## 二、外文文献

[1] Lane J E, "Political Modernisation : The Rule of Law Perspective on Good Governance", Open Journal of Political Science（1，2015）.

[2] Elstub S, Ercan S, Mendoça R F. "Editorial Introduction : The Fourth Generation of Deliberative Democracy", Critical Policy Studies（10，2016）.

[3] Braithwaite J, Restorative Justice and Responsive Regulation : The Question of Evidence : no. 2014/51, Canberra : The Australian National University. Regulatory Institutions Network, 2014.

[4] Boyd M, "Unequal Protection under the Law : Why FDA

Should Use Negotiated Rulemaking to Reform the Regulation of Generic Drugs", Cardozo Law Review（35，2014）.

[5] Botero J C，Nelson R L，Pratt C，"Indices and Indicators of Justice，Governance，and the Rule of Law：An Overview"，Hague Journal on the Rule of Law（2，2011）.

[6] Kaufmann D，Kraay A，Mastruzzi M，The Worldwide Governance Indicators：Methodology and Analytical Issues，World Bank Policy Research Working Paper：no. 5430，Washington：WB，2010.

[7] Ebbesson J，"The Rule of Law in Governance of Complex Socio-ecological Changes"，Global Environmental Change（3，2010）.

[8] Weber R F，"New Governance，Financial Regulation，and Challenges to Legitimacy：The Example of the Internal Models Approach to Capital Adequacy Regulation"，Administrative Law Review（62，2010）.

[9] Muchmore A I，"Private Regulation and Foreign Conduct"，San Diego Law Review（47. 2，2010）.

[10] Leyland P，Anthony G，Administrative Law，Oxford：Oxford University Press，2009.

[11] Kooiman J，Jentoft S，"Meta-Governance：Values，Norms and Principles，and the Making of Hard Choices"，Public Administration（4，2009）.

[12] SØrensen E，Torfing J，"Making Governance Networks Effective and Democratic through Meta-Governance"，Public Administration（2，2009）.

[13] Wade W，Forsyth C，Administrative Law，Oxford：Oxford University Press，2009.

[14] Lubbers J S，"Achieving Policymaking Consensus：The (unfortunate) Waning of Negotiated Rulemaking"，South Texas Law Review（49，2008）.

[15] Kaufmann D，Kraay A，"Governance Indicators：Where are

we, where should we be going？", The World Bank Research Observer（1, 2008）.

[16] Paton P D, "Between a Rock and a Hard Place：The Future of Self-regulation：Canada between the United States and the English/Australian Experience", Journal of the Professional Lawyer, 2008.

[17] Bozeman B, Public Values and Public Interest：Counterbalancing Economic Individualism, Washington, D.C.：Georgetown University Press, 2007.

[18] Mkandwire T, "'Good Governance'：The Itinerary of an Idea", Development in Practice（4/5, 2007）.

[19] Vincent J P, "The New Public Contracting：Public versus Private Ordering", Indiana Journal of Global Legal Studies（2, 2007）.

[20] Sagers C, "The Myth of 'Privatization'", Administrative Law Review（1, 2007）.

[21] Bevir M, "Democratic Governance：Systems and Radical Perspectives", Public Administration Review（66, 2006）.

[22] Cuellar M F, "Rethinking Regulatory Democracy", Administrative Law Review（2, 2005）.

[23] Lobel O, "The Renew Deal：The Fall of Regulation and the Rule of Governance in Contemporary Legal Thought", Minnesota Law Review（2, 2004）.

[24] Kersbergen K V, Waard F V, "'Governance' as a Bridge between Disciplines：Cross-disciplinary Inspiration Regarding Shifts in Governance and Problems of Governability, Accountability and Legitimacy", European Journal of Political Research（2, 2004）.

[25] Hill C J, Lynn L E, "Governance and Public Management：An Introduction", Journal of Policy Analysis and Management（1, 2004）.

[26] Freeman J, "Extending Public Law Norms through Privatization", Harvard Law Review（5, 2003）.

[27] Brugue Q, Gallego R, "A Democratic Public Administration", Public Management Review（3, 2003）.

[28] Bickers, Kenneth N, Williams J T, Public Policy Analysis : A Political Economic Approach, Boston, MA : Houghton Mifflin, 2001.

[29] Coglianese C, "Is Consensus an Appropriate Basis for Regulatory Policy ? : Regulatory Policy Program Working Paper : RPP-2001-02", Cambridge, MA : Center for Business and Government, 2001.

[30] Coglianese C, "Assessing the Advocacy of Negotiated Rulemaking : A Response to Philip Harter", New York University Environmental Law Journal (9, 2001) .

[31] Harter P J, "Assessing the Assessors : The Actual Performance of Negotiated Rulemaking", New York University Environmental Law Journal (9, 2001) .

[32] Freeman J, Langbein L I, "Regulatory Negotiation and the Legitimacy Benefit", New York University Environmental Law Journal (9, 2001) .

[33] Pierre J. eds., Debating Governance : Authority, Steering & Democracy, Oxford : Oxford University Press, 2000.

[34] Diller M, "The Revolution in Welfare Administration : Rules, Discretion, and Entrepreneurial Government", New York University Law Review (5, 2000) .

[35] Freeman J, "The Private Role in Public Governance", New York University Law Review (3, 2000) .

[36] Freeman J, "The Contracting State", The Florida State University Law Review (1, 2000) .

[37] Dana D A, "The New 'Contractarian' Paradigm in Environmental Regulation", University of Illinois Law Review (1, 2000) .

[38] Ziamou T, "Alternative Modes of Administrative Action : Negotiated Rule-making in the United States, Germany and Britain", European Public Law (1, 2000) .

[39] Gunningham N, Sinclair D, "Regulatory Pluralism : Designing Policy Mixes for Environmental Protection", Law & Policy (1, 1999) .

[40] Stoker G, "Governance as Theory : Five Propositions", International Social Science Journal (155, 1998).

[41] Jessop B, "The Rise of Governance and the Risks of Failure : The Case of Economic Development", International Social Science Journal (155, 1998).

[42] Gaudin J P, "Modern Governance, Yesterday and Today : Some Clarifications to be gained from French Government Policies", International Social Science Journal (155, 1998).

[43] Merrien F X, "Governance and Modern Welfare States", International Social Science Journal (155, 1998).

[44] Kazancigil A, "Governance and Science : Market-like Modes of Managing Society and Producing Knowledge", International Social Science Journal (155, 1998).

[45] Smouts M C, "The Proper Use of Governance in International Relations", International Social Science Journal (155, 1998).

[46] De Senarclens P, "Governance and the Crisis in the International Mechanisms of Regulation", International Social Science Journal (155, 1998).

[47] Coglianese C, "Assessing Consensus : The Promise and Performance of Negotiated Rulemaking", Duke Law Journal (6, 1997).

[48] Jessop B, "Capitalism and its Future : Remarks on Regulation, Government and Governance", Review of International Political Economy (3, 1997).

[49] Freeman J, "Collaborative Governance in the Administrative State", UCLA Law Review (1, 1997).

[50] Horton-Stephens K J, Competitive Tendering and Contracting by Public Sector Agencies : Industry Commission Inquiry Report, Melbourne : Australian Government Publishing Service, 1996.

[51] Rhodes R A W, "The New Governance : Governing without Government", Political Studies (4, 1996).

[52] The Commission on Global Governance, Our Global Neighborhood, Oxford : Oxford University Press, 1995.

[53] Balkin J M, "Populism and Progressivism as Constitutional Categories", Yale Law Journal (7, 1995).

[54] Rosenau J N, "Governance in the Twenty-first Century", Global Governance (1, 1995).

[55] Ogus A, "Rethinking Self-regulation", Oxford Journal of Legal Studies (1, 1995).

[56] Shapiro I eds., The Rule of Law, New York : New York University Press, 1994.

[57] Ackerman S R, "Consensus versus Incentives : A Skeptical Look at Regulatory Negotiation", Duke Law Journal (6, 1994).

[58] World Bank, Governance and Development, Washington, D.C.: WB, 1992.

[59] Lloyd D, The Ideal of Law, London : Penguin Group, 1991.

[60] Raz J, The Authority of Law : Essays on Law and Morality, Oxford : Clarendon Press, 1990.

[61] World Bank, Sub-Saharan Africa : From Crisis to Sustainable Growth, Washington, D.C. : WB, 1989.

[62] Sunstein C R, "Beyond the Republican Revival", The Yale Law Journal (8, 1988).

[63] Ackerman S R, "Progressive Law and Economics : and the New Administrative law", The Yale Law Journal (2, 1988).

[64] Bozeman B, All Organizations are Public : Bridging Public and Private Organizational Theories, San Francisco : Jossey-Bass, 1987.

[65] Becker G S, "A Theory of Competition among Pressure Groups for Political Influence", The Quarterly Journal of Economics (3, 1983).

[66] Maslow A H, Motivation and Personality, New York : Harper & Row Publishers, 1970.

[67] Waldo D, "Development of Theory of Democratic Administration",

The American Political Science Review（1，1952）.

[68] Dahl R A, "The Science of Public Administration : Three Problems", Public Administration Review（1，1947）.

[69] Weber M, Essays in Sociology, Gerth H H, Wright M C, trans. New York : Oxford University Press, 1946.

[70] OECD, "Evaluating Public Participation in Policy M-aking", http : //www.keepeek.com/Digital-Asset-Management/oecd/governance/evaluating-public-participation-in-policy-making_9789264008960-en#page1.

[71] Sachiko M, Durwood Z, "Rule of Law, Good Gover-nance and Sustainable Development", http : //www.inece.org/conference/7/vol1/05_Sachiko_Zaelke.pdf.

[72] Notice of Availability of a Final Addendum to the Handbook for Habitat Conservation Planning and Incidental Ta-ke Permitting Process, https : //www.federalregister.gov/articles/2000/06/01/00-13553/notice-of-availability-of-a-final-addendum-to-the-handbook-for-habitat-conservation-planning-and#h-12.